別冊◆企業会計

サステナビリティ情報等の有報開示に対応 2023年 改正開示府令の実務ガイド

中央経済社【編】

中央経済社

●執筆者一覧

担当章	
PART 1	
❶	廣川　斉（金融庁企画市場局企業開示課長） [聞き手]：三井千絵（㈱野村総合研究所 上級研究員）
❷	若林義人（西村あさひ法律事務所 弁護士・米国公認会計士） 美﨑貴子（西村あさひ法律事務所 弁護士）
❸	中條恵美（サステナビリティ基準委員会 常勤委員）
❹	三井千絵（㈱野村総合研究所 上級研究員）
❺ ❻	河辺亮二（米国公認会計士）
❼	結城秀彦（公認会計士）
PART 2	
❶① ❶②	前田和哉（EY新日本有限責任監査法人 公認会計士）
❶③	船木博文（EY新日本有限責任監査法人 公認会計士）
❷	美﨑貴子（西村あさひ法律事務所 弁護士） 若林義人（西村あさひ法律事務所 弁護士・米国公認会計士）
❸	松澤　香（三浦法律事務所 弁護士／OnBoard㈱ CEO）
❹	古河友紀（PwCあらた有限責任監査法人 米国公認会計士）

目　次

PART 1　改正開示府令の概要と対応に向けた体制整備

金融庁企業開示課長に聞く

❶　サステナビリティ情報に関する改正開示府令の意義，関係者への期待と今後の展望

廣川　斉（金融庁企画市場局企業開示課長）

［聞き手］：三井千絵（㈱野村総合研究所 上級研究員）

❷ 記述情報開示の充実に向けた動きと改正開示府令の概要

❸ サステナビリティ情報開示に関する海外の動向・国内基準化の展望

❹ 投資家アンケートにみるサステナビリティ開示への期待

❺　気候変動リスク開示のためのデータ収集法

❻　人的資本開示のためのデータ収集法

❼　サステナビリティ情報等の開示に対する監査人の役割

PART 2　改正開示府令で変わった記載実務

❶「サステナビリティに関する考え方及び取組」の記載欄

①　サステナビリティ全般に関する開示

②　気候変動関連情報に関する開示

③　人的資本に関する開示

❷ 将来情報の記載と虚偽記載の責任

❸ 「従業員の状況」欄に記載すべき多様性に関する開示 女性管理職比率，男性育児休業取得率，男女間賃金差異

コーポレートガバナンスに関する開示
❹ 「コーポレート・ガバナンスの概要」「監査の状況」「株式の保有状況」

PART 1

改正開示府令の概要と対応に向けた体制整備

金融庁企業開示課長に聞く

❶ サステナビリティ情報に関する改正開示府令の意義，関係者への期待と今後の展望

❷ 記述情報開示の充実に向けた動きと改正開示府令の概要

❸ サステナビリティ情報開示に関する海外の動向・国内基準化の展望

❹ 投資家アンケートにみるサステナビリティ開示への期待

❺ 気候変動リスク開示のためのデータ収集法

❻ 人的資本開示のためのデータ収集法

❼ サステナビリティ情報等の開示に対する監査人の役割

金融庁企業開示課長に聞く

❶ サステナビリティ情報に関する改正開示府令の意義，関係者への期待と今後の展望

廣川　斉　金融庁企画市場局企業開示課長

ひろかわ・ひとし●1996年４月大蔵省入省。2017年金融庁総務企画局企画課保険企画室長兼信用制度企画室長。2018年金融庁金融担当大臣秘書官事務取扱。2021年７月より現職。

聞き手：三井千絵　㈱野村総合研究所　上級研究員

みつい・ちえ●2020年までIFRS財団のIFRSタクソノミ諮問グループのメンバー，2020年よりCFA協会企業開示指針委員会の委員，国内では2021年より経済産業省非財務情報の開示指針研究会の委員を務める。

Ⅰ　改正開示府令の趣旨・意義

■記述（非財務）情報開示拡充の経緯とサステナビリティ情報

三井：なぜ有報でサステナビリティ情報の開示が必要になったのか，改めて，今回の開示府令改正の趣旨をお聞かせください。記述情報の開示自体は，ここ数年来取り組まれていますが，とりわけ今回の改正の意義はどこにあるのでしょうか。

廣川：端的に申し上げると，金融商品取引法に基づく法定開示書類である有価証券報告書の利用者の方々にとって，サステナビリティ情報の重要性が高まっているということだと思います。サステナビリティ情報については，国際的にはシングルマテリアリティなのか，ダブルマテリアリティなのかといったこと

が議論されてきた中で，日本としては有価証券報告書において，どういう情報を求めていくのか，翻ってそもそも有価証券報告書を何のために作成しているのかということについては，金融審議会のディスクロージャーワーキング・グループ（DWG）でも改めて議論になったところです。

有価証券報告書の利用者は主に投資家ですので，投資家の投資判断にとって，重要性の高い情報を開示事項にしていくということが，基本的な考え方です。その意味で，今回の改正の背景としては，投資家が企業の中長期的な企業価値を評価するうえで，サステナビリティ情報が，重要な情報になってきているという点が非常に大きいのだと思います。

有価証券報告書においては，財務情報すなわち企業活動を数値で表したものが伝統的に主とされてきました。そこに近年，非財務情報と呼ばれるものが，順次記載事項として追加されてきたという歴史的な流れがあります（**図表１**）。

図表１　開示府令（記述情報関連）改正経緯

改正時期	改正内容
2003(平成15)年	コーポレートガバナンスに関する情報，リスクに関する情報，経営者による財務・経営成績の分析についての開示の充実等
…	会社法，金商法，内部統制報告制度等に伴う改正
2008(平成20)年	監査報酬の開示・監査人交代時の開示
2010(平成22)年	コーポレートガバナンスに関する開示の充実（コーポレートガバナンス体制等）
2016(平成28)年	譲渡制限付株式（いわゆるリストリクテッド・ストック）関連
2017(平成29)年	有価証券報告書の記載内容に「経営方針」を追加
2018(平成30)年	開示内容の共通化・合理化や非財務情報の開示充実（「財政状態，経営成績及びキャッシュ・フローの状況の分析」に係る記載の統合と対話に資する内容の充実）
2019(平成31)年	経営方針，事業等のリスク，役員報酬，政策保有株式，監査役会等の活動状況等の開示の充実
2023(令和５)年	サステナビリティに関する企業の取組みの開示，コーポレートガバナンスに関する開示など

（出所）　編集部作成

廣川：今回の改正では，サステナビリティ情報が注目されているわけですけれども，これまでにコーポレートガバナンスに関する情報，企業にとっての事業上の重要なリスク，あるいは経営方針や経営者自身による経営成績の分析・評価といった情報をきちんと開示していただくような形で，非財務情報の記載が充実してきたという経緯があり，その延長線上にサステナビリティ情報の開示もあると捉えています。

三井：つまりこれまでも，有価証券報告書の利用者である投資家を想定して，非財務情報の記載を充実させてきており，その一環だという整理ですね。

廣川：財務諸表などに記載される過去の情報は，企業の将来を占うにあたっての出発点にはなりますが，これから企業がどうなっていくのか，特に市場での企業の将来価値を評価するにあたってはそれだけでは十分ではないということだと私は理解しています。

企業価値を分析する手法として，将来の利益，キャッシュ・フローを現在価値で割り引いて評価するというアプローチがあります。そういうアプローチがあるということは，将来にどれぐらい利益やキャッシュ・フローを生む力があるのかを投資家は知りたいということですし，その評価に資する情報がますます求められているということだと思います。

その中で，サステナビリティに関する情報の重要性が，日本だけではなく，グローバルにみても，高まってきています。とりわけ注目されているのが「気候変動」であり，そのような流れの中で日本でも制度化していくということだと理解しています。

三井：今回，有価証券報告書等の記載項目へのサステナビリティ情報の追加は非常に注目を集めています。やはり，多くの人がパッと思い浮かぶのは，今言及された「気候変動」です。TCFD（気候関連財務情報開示タスクフォース）開示とか，ISSB（国際サステナビリティ基準審議会）基準とか色々いわれてはいるけれども，金融庁としては，今回の改正は，それを受けて対応したのではなく，有価証券報告書の非財務情報の充実という綿々と取り組んできた流れの中で，今年は，将来の企業価値を評価するに際して重要な影響を持つサステナビリティ情報について拡充したいという考えが根底にあると理解してよいでしょうか。

廣川：今回の開示府令の改正は，TCFDに代表されるように，気候変動の開示を求める声の高まりやそれに応える企業の情報開示の進展という，世界的な潮流を受けたものでもあるという点は間違いではありません。記述情報（非財務情報と同義）の中で今求められている情報が，気候変動をはじめとするサステナビリティ情報だという整理ですし，それを念頭に，一昨年の秋からDWGでも議論を進めてきたわけです。

TCFDだけであれば，統合報告やサステナビリティレポート等で対応するということでもよかったのかもしれませんが，この議論をスタートしたタイミングで，ISSBの設立の動きが出てきており，かつヨーロッパでも制度開示としてサステナビリティ情報をさらに取り込んでいこうという動きがすでに出ていたような状況でした。制度開示を所管している金融庁としてはそうした海外の動向を意識せざるを得ない状況であったと思います。

■コーポレートガバナンス・コード2021年改訂とTCFD開示

三井：コーポレートガバナンス・コードが2021年に改訂された際に，プライム企業に気候変動に関するリスクなどについてTCFD並みの開示を求める補充原則が追加になり，投資家の中では，それはどこに書いてもらえるのかといったことが話題になりました。今回の開示府令の改正は，それらの声を受けて，今度は記載場所について明示したというようにも感じます。

廣川：コーポレートガバナンス・コードについてはご理解のとおりです。そもそもがコンプライ・オア・エクスプレインベースですし，開示書類として有価証券報告書を想定しているわけではありません。また，2021年改訂に係る議論の時点では先ほど述べたISSBやヨーロッパの動きがはっきりしておらず，当時海外の動きで最も意識していたものがTCFDでした。国際動向を注視しつつ，開示の範囲や程度，開示媒体について検討したわけですが，その時点ではまだ法定開示には至らないという判断だったのだと思います。

もう少し丁寧に説明しますと，グローバルにみると，米国サステナビリティ会計基準審議会（SASB）なども含めて，民間の基準設定主体が数多く存立する中で，TCFDは，G20の下部組織である金融安定理事会（FSB）のもとで検討されてきたプロジェクトであったことや，経済産業省や環境省とともにTCFDコンソーシアムにオブザーバー参加するなど，これまでも一所懸命取り組んできたこと，といった背景もあって，TCFDは例示として挙げやすかったといった面もあると思います。

厳密にはコーポレートガバナンス・コードの中では「国際的に確立された開示の枠組みであるTCFDまたはそれと同等の枠組み」という言葉が使われており，ISSBにおける基準開発の動きのような流れを意識したニュアンスであったものの，その時点でははっきりしていなかったので，このような表現となっています。

今回は，ISSBの動きもヨーロッパでの制度開示の導入もはっきりしてきたので，さらに次のステップとして，有価証券報告書での開示に焦点が当たったという理解でよいかと思います。

参考　コーポレートガバナンス・コード補充原則3－1③

上場会社は，経営戦略の開示に当たって，自社のサステナビリティについての取組みを適切に開示すべきである。また，人的資本や知的財産への投資等についても，自社の経営戦略・経営課題との整合性を意識しつつ分かりやすく具体的に情報を開示・提供すべきである。

特に，プライム市場上場会社は，気候変動に係るリスク及び収益機会が自社の事業活動や収益等に与える影響について，必要なデータの収集と分析を行い，国際的に確立された開示の枠組みであるTCFDまたはそれと同等の枠組みに基づく開示の質と量の充実を進めるべきである。

Ⅱ　企業への期待等

■好事例のポイント

三井：好事例集でも，今回盛り込まれた項目の記載例が取り上げられていますが，企業側にはどういった記載を期待されているのでしょうか。

廣川：新設されたサステナビリティの記載欄は，非常に自由度が高く，企業の創意工夫・取組みをそのまま書いていただけるものとなっています。大事なことは，今まさに取り組まれていることを，有価証券報告書の利用者の方々にできるだけわかりやすく伝えていただくことであり，そこがサステナビリティ情報開示のスタートだと考えています。その観点から，どういった情報の開示がより有益なのかについて有価証券報告書の利用者の声もヒアリングし，比較的良い開示だとご意見いただいているものを，開示府令と合わせて1月31日に，好事例集という形で紹介させていただいています。

利用者へのヒアリングの中で，企業価値の向上にどのような影響を与えるのかという観点からの開示が有用であるというご意見がありました。企業価値の向上にその企業のサステナビリティに関する考え方や取組みがどうつながっていくのかを，その企業の事業や事業戦略に応じてストーリーとして示してほしい，企業なりのサステナビリティに関する経営戦略があって，その戦略を実行していくうえで，どういう指標や目標を定めているのかということを，投資家の方々は知りたい，ということだと思います。指標や目標があることではじめて，定点観測ができるということにもなります。

ですから，開示をするにあたっては，「ガバナンス」，「戦略」，「リスク管理」，「指標及び目標」という枠組みをうまく活用して書いていただくことが，1つのポイントになってくると思います。

■企業の課題・困難

三井：サステナビリティ情報の開示にあたり，想定されている企業サイドの課題や困難などはあるのでしょうか。金融庁としては，その解決策についてはどのように考えていらっしゃいますか。

廣川：3月期決算の有価証券報告書の提出会社については，進行年度で開示をお願いすることになります。1月末に開示府令の改正を公表して，3月期の決算から開示してくださいということになるのですが，やっていないことを無理して書いてくださいということではなく，今年は各社の現在の取組みをわかりやすく伝えてください，そこからサステナビリティの法定開示をスタートしましょうという気持ちでお願いさせていただいています。

様々な課題や困難があると思います。たとえば，サステナビリティ情報の開示をしようと考えたときに，自社のサステナビリティ課題を特定できているのかというそもそも論が生じることもあると思います。

実際に何を課題として特定されているかに応じて記載内容は変わってきます。気候変動を課題として特定されているのであれば，それについて書くということになりますが，取組みがまだ進んでいないとお考えの企業もあると思います。やっていないことは書けませんので，その場合にはそもそも何が記載できるかを検討するところが課題になると思います。

先進的な取組みを行われている企業でも多くみられる課題として，グループ内の小規模な会社や，グローバルに展開する企業内の会社すべてにおいて，同様のレベルで取り組まれているわけではないという点が挙げられます。有価証券報告書の情報は，連結ベースが基本ですので，このような課題が生じ得ます。この点，実際にパブリックコメントでもご意見をいただいたのですが，提出会社と主要な連結子会社あるいは主要なセグメントについて，そこで実際に行っている取組みをわかりやすく開示していただくという方法もあるのではないかと考えています。

繰り返しになりますが，連結ベースで，取り組んでもいないことを開示することは困難ですので，それを踏まえたうえでの記載欄となっています。

■会計監査人の役割

三井：経理や開示担当者はもちろん，これまで有報をチェックしてきた会計監査人や監査役等にとっても，新たな試みになる可能性がありますが，監査人にはどういった役割を期待されていますか。

廣川：監査人の方々が担われているのは財務諸表監査です。財務諸表監査では，財務情報の適正性について検討されるわけですが，非財務情報であるサステナビリティ情報の記載欄は，財務諸表監査の対象ではありません。ただ，だからといってサステナビリティ情報の開示について監査人は無関係かというと，それは正確ではありません。財務諸表監査を行うにあたって，監査人は有価証券報告書に含まれる非財務情報も含めた「その他の記載内容」も通読したうえで，財務諸表との間に重要な相違があるかどうかの確認を行うことになっています。

サステナビリティ情報に関する記載欄では，たとえば気候変動に関してどのようなリスクがその企業にあるかについて，記載することになっています。そこで特定されているリスクと，財務諸表を作成していく過程あるいはそれを監査する過程で特定されているリスクとの間に齟齬がないかどうかといった観点からの見方はありうると思います。

最近の財務諸表は，見積りの要素が非常に多く，たとえば減損においても将来の見積りが重要な要素になっています。極端な例として考えると，サステナビリティや気候変動の観点から，特定国で特定事業に非常に大きな影響を与える規制が入ってしまったなどという場合には，当然，その事業の将来性に影響が想定されるわけですから，このような点では監査人も関心を持っていただく必要があると思います。

■企業価値にとってマイナスの情報（リスク）

三井：サステナビリティ情報と企業価値との関連について，将来の価値を生み出す部分だけではなく，価値の毀損を生じさせる部分に対する情報もしっかり記載していくという理解でよいでしょうか。

廣川：おっしゃるとおりです。４つの構成要素の中で，「戦略」という項目がまさにそれに当たると思います。リスクと機会について，どのように企業が想定をして，それに対してどう対応していくのかを記載するところです。リスクに関する情報は，利用者にとっても非常に重要であると考えられますし，気候変動１つとってみても物理的リスクと移行リスクという２つのリスクが想定されるくらいですから，あらゆるサステナビリティ課題に相応のリスクが存在すると考えられます。

サステナビリティ情報に関する記載欄に何を書くべきかについては，人的資本を除けば，基本的には，企業による「重要性の判断」に基づいてサステナビリティ課題を特定していただくことになりますが，その中で，たとえば，サプライチェーンの人権問題が重要な課題であると特定されるのであれば，人権に問題があるような状況を放置するだけでもリスクになり得ますから，情報開示の点でもリスクをどう説明するのかは，非常に大きな要素になると思います。

三井：ありがとうございます。リスクに関する情報は，有価証券報告書に最も頼っていますので，我々も期待しているところです。

Ⅲ　投資家の期待

■投資家の投資判断に役立つ開示とは

三井：１月31日に改正開示府令が公布され，本書の刊行が決定してから，投資家に対して今回の改正で期待する開示内容は何かという点についてアンケートをとりました（PART１「❺投資家アンケートにみるサステナビリティ開示への期待」）。その結果，日本の投資家からの票が集まったのが「サステナビリティに関する考え方及び取組」でした。これに対して海外の投資家は，回答者数は日本の投資家に比べて多くはありませんが，「排出量（Scope３まで含む）」に票が集まりました。海外では投資家自身にも開示規制が課されており，また投資先への説明のため，よりScope３の情報が必要になっていることが考えられます。そのほか，日本のすべての上場企業のダイバーシティに関する情報（「従業員関連の数値情報（男女の賃金差，男性育児休業取得率，管理職に占める女性の割合）」）が今年１年で揃うことについて期待しているといったコメントもありました。

対象が限られたアンケート結果とはいえ，実際にこのような声が投資家からは寄せられているわけですが，金融庁としては，どういったことを投資家側が期待していると考えていらっしゃいますか。

廣川：三井さんがおっしゃった以上のことはなかなか申し上げられないかもしれませんが，金融庁の公式な見解ではなく，あくまでも私の個人的な印象をお話ししたいと思います。

ただ，投資家の期待といいますと議論の範囲が広くなりすぎるかと思いますので，日本の法定開示は投資家の投資判断に役に立つかどうかという観点，とりわけ中長期的な企業価値を評価・判断するうえで役に立つ情報であるかどうかという点が勘案されているという前提のもとでお話しいたします。

そのような前提のもとで，実際にどういう情報が役に立つかということを考えますと，私の印象では，大きく２つのものの見方があると思っています。

１つは，比較可能な共通指標によって企業を相対的に評価するというアプローチです。そうしたアプローチをとる投資家が特にグローバルには多いのではないかと感じます。この観点から，ESGの世界でも，可能な限り定量的な共通指標を求めたいというニーズがあると考えています。そうしたニーズがあるため，たとえば，気候変動に関しては，ISSBが基準を策定していると考えられます。日本の中でいいますと，今回の改正開示府令の中でも，女性管理職比率，男性の育休取得率，男女間賃金格差の３つをダイバーシティの共通指標として取り入れています。

もう１つは，中長期的な企業価値に影響を与える事業戦略や経営戦略を，可能な限り具体的に理解したいというニーズがあると理解しています。これは，日本の機関投資家に比較的多い印象を持っているのですが，事業戦略と紐づいた実際のKPI，指標・目標を，その戦略とともに知りたいというニーズです。

内閣官房で開催された非財務情報可視化研究会が昨年の夏（2022年８月）に「人的資本可視化指針」を公表しています。その中で，人的資本の可視化という文脈ではあるのですが，「具体的開示事項の検討は，大きく，①自社固有の戦略やビジネスモデルに沿った独自性のある取組・指標・目標の開示，②比較可能性の観点から開示が期待される事項の２つの類型に整理される」ということを述べています。非財務情報可視化研究会には機関投資家の方々が複数メンバーに入っていますので，こういった２つの要素が，日本の機関投資家の中では重視されているという印象を持っています。

■英文開示

三井：海外の投資家についてはどうでしょうか。たとえば今回は自由に記載する部分が多くなりますから，英文開示の価値がより高まるかもしれません。これについてはどのように考えていらっしゃいますか。

廣川：金融庁においても英文開示の促進は重要な課題だと認識しています。コーポレートガバナンス改革の文脈でも，金融審議会DWGでも，議題の１つとして取り上げてきました。現状をみてみますと，たとえば，株主総会招集通知や決算説明資料などの任意書類における英文開示は，相当程度進んできていると認識しています。全市場時価総額ベースで約９割の企業が決算短信，株主総会招集通知の英文開示を実施または実施予定であることが確認されています。しかしながら，有価証券報告書の英文開示については，実施企業が少数にとどまっているというのが，私どもの認識です。これからまさに有価証券報告書の英文開示を充実させていこうというところですので，ぜひ積極的に対応していただきたいと考えています。

コーポレートガバナンス・コードにおいても，補充原則３－１②で，「特に，プライム市場上場企業は，開示書類のうち必要とされる情報について，英語での開示・提供を行うべきである」とされています。さらに金融審議会DWGの昨年６月の報告書（「金融審議会ディスクロージャーワーキング・グループ報告 ― 中長期的な企業価値向上につながる資本市場の構築に向けて ―」）でも，「プライム市場…に上場する企業は，積極的に有価証券報告書の英文開示を行うことが期待される」という一文を入れており，期待は強いということでよいかと思います。

■有価証券報告書の株主総会前開示

三井：今，株主総会の話が出ましたが，せっかく有価証券報告書においてサステナビリティに関連する今後の企業価値に影響する情報を開示するようになっても，有価証券報告書の開示が株主総会の後というのは残念に思います。金融庁としては，投資家の期待をどう捉えていらっしゃいますか。

廣川：有価証券報告書の総会前提出について投資家の期待が非常に強いというのは，金融庁も認識しています。コーポレートガバナンス改革の議論の中でも，そういう声は継続的にお伺いしていましたし，海外の投資家などからは，英文で１か月前に開示されるのが理想だというご意見をいただいています。

2018年の金融審議会DWGでも議論はされており，「有価証券報告書の株主総会前提出が拡大していくことが望ましい」と，当時のDWG報告書（「金融審議会ディスクロージャーワーキング・グループ報告 ― 資本市場における好循環の実現に向けて ―」）に書かれています。また，昨年６月のDWG報告書では，「中長期的な企業価値を判断する上でサステナビリティ情報の重要性が世界的に高まる中で，グローバルな経営を行う上場企業において，株主総会前にサステナビリティ情報を記載した有価証券報告書が提出されることは特に重要」だと指摘されています。

ただ，実際に有価証券報告書を株主総会前に提出するのは実務上ハードルが高く，すでに実施している企業でも，多くは株主総会の１，２日前の開示となっているなど，実務があまり進んでいないという状況にあることも認識しています。３月決算企業であれば，株主総会の開催時期が，事業年度が終了してから３か月後の６月末であり，株主総会１か月前に有価証券報告書を提出するとなると，事業年度終了後２か月程度しかないため，現実的に難しいと思います。

そこで，もう少し企業の方々も取り組みやすくなるような仕掛けや工夫がないと，これはなかなか進んでいかないのではないかという思いはあります。たとえば，これまでにも，有価証券報告書と会社法上の事業報告の一体的な開示を推進するために，経済産業省，法務省と連携して，一体的な開示の記載例やFAQをお示しするような取組みを行ってきました。株主総会前の有価証券報告書の提出についても，企業にとってプラスになることを意識していただけるような環境整備を考えていかないといけない時期に来ているのではないかと考えています。

三井：株主総会の開催時期が海外に比べても早いですし，有価証券報告書に記載されるサステナビリティ情報が増えるということは，対話すべき内容も増えているということだと思うので，その時期を後ろ倒しにすることもありうるとは思います。もちろん，金融庁だけではなかなか対応が難しいとは思いますけれども，総合的な見方が必要になってきますね。

Ⅳ　今後の展望

■ISSB，SSBJが開発する基準との関係

三井：開示改革はこれで終わりではないと思いますが，今後の展望をお聞かせください。ISSBでサステナビリティ開示の基準の開発が進んでいますが，そこで出来てくる基準やそれを踏まえて日本のサステナビリティ基準委員会（SSBJ）が開発する基準をどう法定開示に取り込んでいくのかという問題もあると思います。国内対応，国際対応含め，サステナビリティ情報の開示に関連してどのような取組みを行っていかれるのでしょうか。

廣川：今後の展望については，金融審議会DWGの昨年12月の報告書（「金融審議会ディスクロージャーワーキング・グループ報告」2022年12月27日）に詳しく書かせていただいています。2023年３月期から改正開示府令の適用で求められるサステナビリティ情報の記載欄は，あくまでも，今，企業が実際に取り組まれていることを開示していただく自由度の高い記載欄です。そこが出発点にはなるのですが，今後のサステナビリティに関する情報開示というのは，必ずしもその範囲内にとどまるものではありません。その先を視野に入れておく必要があるという考え方が，昨年12月のDWG報告書で示されています。

今の段階で確定的なことは申し上げられませんが，12月のDWG報告書では，「ISSBにおける基準開発の方向性を見据えながらサステナビリティ情報に関する我が国の開示基準を開発し，これを法定開示である有価証券報告書に取り込

んでいく場合には，我が国の開示基準設定主体や当該開示基準設定主体が開発する開示基準を，法令の枠組みの中で位置付けることが重要である」というところまでは，示させていただきました。

■サステナビリティ情報に対する保証のあり方

三井：この12月のDWG報告では，サステナビリティ情報に対する第三者保証についても，言及されています。

廣川：サステナビリティ情報に対する第三者による保証については，国際的にも米国やヨーロッパではすでに保証を義務化する案が公表されており，段階的に導入していくということが示されているほか，国際監査・保証基準審議会（IAASB）も基準開発を進めています。このような国際的な動向を注視しつつ，今後，サステナビリティ情報の記載欄に記載されている情報について，第三者による保証をどうするのかについても，引き続き検討課題として整理をしています。保証を「導入する」とまでは示していませんが，検討の対象としては認識しているというところです。

昨年12月の報告書では，「有価証券報告書において，我が国の開示基準に基づくサステナビリティ情報が記載される場合には，…国際的に保証を求める流れであることを踏まえ，将来的に，当該情報に対して保証を求めていくことが考えられる。」と述べています。

三井：グローバルに活動しているような企業や投資家にとっては，確定でなくても方向性を示していただけることが重要だと思います。

■人的資本開示を次のアジェンダに

廣川：これまでの話の中で「人的資本」の開示についてはほとんど触れていませんでした。日本の中でサステナビリティの課題としてより強く意識されているテーマが人への投資であると思います。どういう事業を行っていたとしても，人的資本が重要課題でないような企業は，あまりないのではないでしょうか。

その意味で，サステナビリティ情報の記載欄の中で，人的資本についてのみ，すべての企業に，人材育成方針と社内環境整備方針の記載を求めています。先ほど申し上げた女性管理職比率，男性育休取得率，男女間賃金格差の３指標も，人的資本の中の多様性に関する指標と整理しており，共通指標としてすべての企業に開示をお願いしています。人的資本については，今の段階から，しっかり開示していただきたいと考えています。

なぜこの話を最後に申し上げているかというと，今後の国際対応の中で，特にISSBの基準策定に日本としても積極的に関与していきたいと考えているからです。IFRS S１号「サステナビリティ関連財務情報開示に関する全般的要求事項」およびIFRS S２号「気候関連開示」は，今年の前半には最終化されるといわれています。問題はその次の基準開発のアジェンダについてです。これについては，ISSBから市中協議が予定されていますので，日本から次のサステナビリティ課題の１つのテーマとして，人的資本を取り上げてはどうかということを積極的に意見発信していきたいと思っています。

正確に申し上げますと，すでにメッセージを出しております。今年，G７の議長国は日本が務めますが，５月にG７財務大臣・中央銀行総裁会議があり，その後，首脳会合もありますが，『人的資本を含むサステナビリティ開示の推進』を財務トラックのプライオリティとして公表済です。G７議長国の立場としても，人的資本開示が重要であることを訴えていきたいと考えています。

三井：人的資本を押し出すことにどういった意義を感じていらっしゃいますか。

廣川：次の基準開発のアジェンダに関して，ヨーロッパなどでは，生物多様性など，Eの延長の優先課題を考えていらっしゃる方が多いように感じているのですが，日本としては人的資本が重要だというメッセージを発することによって，Eだけでなく，Sも，もちろんGも大事なんだと，改めて再確認される契機にもなるのではないかと思います。この点でも，日本が投じた一石は，国内外で非常にインパクトがあるのではないかと個人的には感じています。

三井：そういう意味では，今回，この６月以降に提出される有価証券報告書で人的資本開示の良い事例が出てきたり，投資家サイドとしてもそれを活用して良い対話が行われるといった良い結果が出てくれば，国際的な意見発信力にもつながってくるのでしょうか。

廣川：もちろん非常に有益だと考えています。これまでにも先進的な企業では，人的資本に関連する開示を，最近ですと有価証券報告書で，以前は統合報告書等で記載されており，１月末に公表した好事例集にも，人的資本関連の開示例を数多く取り上げさせていただいています。そういった開示は，国際的な意見発信の際にも参考になっていますし，そういう開示があったからこそ，「人的資本可視化指針」の策定時に，企業の考えと機関投資家の考えがうまく噛み合ったような形で議論ができたのではないかと考えています。

投資家を意識した日本の企業の人的資本に関する取組みと開示から，意見発信をしていくうえでの非常に有益なインプットをいただいていると感じます。

三井：日本の意見発信のエビデンスとしてそういった実務が積み重なっていくとすばらしいですね。

■総　括

三井：最後に，企業の方へのメッセージをお願いします。

廣川：今回の改正については，海外の投資家に限らず，基準設定主体など様々な関係者の方々からも一定の評価はされているように感じています。やはりISSBで基準の策定が進められていることもありますが，そういった国際動向を踏まえつつも，日本として一歩先に進む意思決定をしたという点で，有価証券報告書の記載欄や，コーポレートガバナンス・コードのTCFDの推奨といったところも含めて，全般的に日本の対応は評価されており，今後について期待もされていると思います。

冒頭でも申し上げたように，今回の改正は，これまで少しずつ進めてきた記述情報の開示の拡充の流れに位置づけられるものです。経営層が情報開示にコミットすることが求められているわけですから，今回の改正を受けて，経営層がサステナビリティ課題をビジネス課題として捉えられるようなきっかけになっていくと思います。最低限の開示で済ますということではなく，気候変動などをビジネス課題としてしっかり捉え，リスク管理を徹底していくという考え方に意識変革が起きていくような開示につながればと思います。

最後に，繰り返しになりますが，進行年度である2023年３月期から適用することには，経済界の一部から反発もありました。それを重々承知のうえで，今現在行われている取組みをそのまま書いていただくことからスタートしませんかと申し上げています。最初からハードルを上げてしまうと，やる気をそいでしまうと考えています。できることからやってみましょうという気持ちで，少しずつ日本全体がレベルアップできればよいと考えていますし，そのために少しでも多くの企業にとって納得感のある開示の枠組みを提供できればと考えております。

三井：本日はありがとうございました。

（2023年３月９日，オンラインにて収録）

❷ 記述情報開示の充実に向けた動きと改正開示府令の概要

西村あさひ法律事務所 弁護士・米国公認会計士　若林義人
西村あさひ法律事務所 弁護士　美﨑貴子

Summary
2023年１月31日に開示府令が改正され，有価証券報告書等にサステナビリティ情報等の記載が求められるようになった。このような記述情報の開示の充実は，今始まったものではなく，何年にもわたって検討が重ねられてきたものである。本章では，記述情報の開示の充実に向けた一連の検討状況を踏まえつつ，記述情報の開示についての基本的な視点を述べるとともに，改正内容の概要を紹介する。

2023年１月31日に，「企業内容等の開示に関する内閣府令及び特定有価証券の内容等の開示に関する内閣府令の一部を改正する内閣府令」（令和５年内閣府令第11号，以下「改正開示府令」という）が公布され，同日から施行された。これと併せて，「企業内容等の開示に関する留意事項について（企業内容等開示ガイドライン）」が改正された（以下，同ガイドラインを「開示ガイドライン」といい，改正後の同ガイドラインを「改正開示ガイドライン」という）。

これらは，近時の有価証券報告書等の記述情報（非財務情報）の記載の充実に向けた流れを受けたものである。そこで，本章では，近時の記述情報（非財務情報）の記載の充実に向けたこれまでの動きと改正開示府令の概要を述べる。

Ⅰ　記述情報に対する期待の高まり

1　記述情報（非財務情報）とは

「財務情報」とは，金融商品取引法193条の２「財務計算に関する書類」において提供される情報をいい，「記述情報（非財務情報）」とは，開示書類において提供される情報のうち，財務情報以外の情報を指すことが一般的とされている（2018年６月28日公表，金融審議会「ディスクロージャーワーキング・グループ報告 ― 資本市場における好循環の実現に向けて ―」（以下「2018年DWG報告」という）２頁）。

財務情報および記述情報の開示は，投資家による適切な投資判断を可能とするとともに，投資家と企業との建設的な対話を促進することで，企業の経営の質を高め，企業が持続的に企業価値を向上させる観点から重要とされている（前掲２頁）。

記述情報は，過去情報である財務情報を補完する役割があるとされている。経営環境の不確実性が高まる中，財務情報だけでは企業を十分に理解するに足る情報を得ることが難しくなってきており，企業のビジネスモデルや今後の戦略，抱えているリスク情報等を提供することによって，財務情報だけでは読み取れない情報を投資家に提供することが可能になるとされている。また，財務情報と相互連携することによって，より投資判断に必要な情報が提供可能になるともされている。投資家によっては，投資判断に重要な情報として，短期的な観点からは財務情報がより重要視され，長期的な観点からは非財務情報がより重要視されるとの意見もあるとされている。中長期的な観点からは特に，記述情報（非財務情報）が重要とされている（金融庁「記述情報の開示に関する原則」（2019年３月19日，以下「開示原則」という）Ⅰ総論，金融庁チャンネル（You Tube）「【記述情報の解説１】記述情報の開示の全体像」）。

2　ディスクロージャーワーキング・グループによる検討

（1）　2016年ディスクロージャーワーキング・グループ報告

記述情報の充実については，2015年にディスクロージャーワーキング・グループが設置され，2016年４月18日に金融審議会「ディスクロージャーワーキング・グループ報告 ― 建設的な対話の促進に向けて ―」（以下「2016年DWG報告」という）が公表された。

このディスクロージャーワーキング・グループは，「企業と投資家の建設的な対話を促進する観点も踏まえつつ，投資家が必要とする情報を効果的かつ効率的に提供するための情報開示のあり方等について幅広く検討を行うこと」を目的として設置されたものである（金融審議会「ディスクロージャーワーキング・グループ」（第１回）議事録（2015年11月10日））。

2016年DWG報告では，会社法に基づく事業報告・計算書類，金融商品取引法（以下「金商法」という）に基づく有価証券報告書，取引所規則に基づく決算短信等について，それぞれの制度の目的を踏まえながら整理・共通化・合理化し，自由度を高めることが重要であるなどと提言された（2016年DWG報告３頁）。それとともに，企業のガバナンス強化に向けた取組みの進展や社会・環境問題への関心の高まりなどを受けて，「非財務情報の開示の充実」に向けて，開示を義務化すべき非財務情報についての考え方を整理しておくことも重要との提言がなされた（2016年DWG報告13頁）。

（２） 2018年ディスクロージャーワーキング・グループ報告

また，2017年にもディスクロージャーワーキング・グループが設置され，前記のとおり2018年６月28日に2018年DWG報告が公表された（**図表１**）。

図表１　2018年DWG報告概要

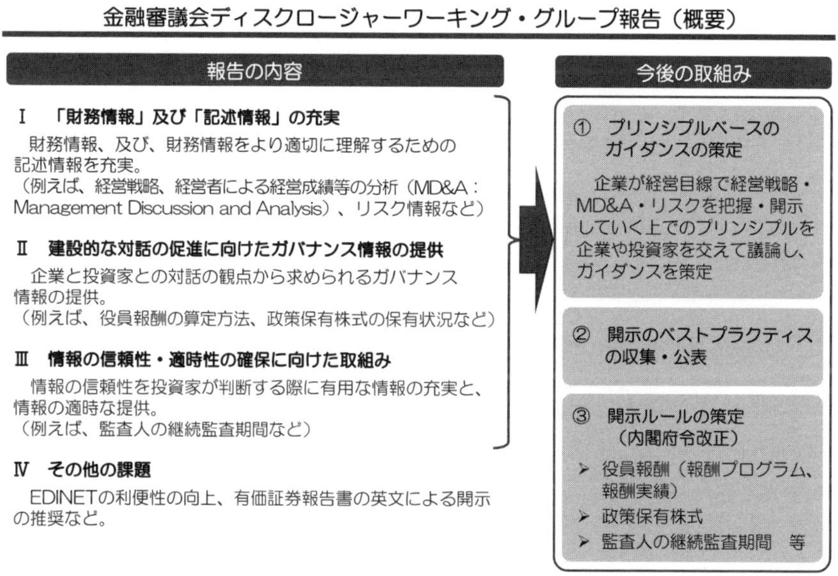
金融審議会ディスクロージャーワーキング・グループ報告（概要）
報告の内容
Ⅰ 「財務情報」及び「記述情報」の充実
財務情報、及び、財務情報をより適切に理解するための記述情報を充実。
（例えば、経営戦略、経営者による経営成績等の分析（MD&A：Management Discussion and Analysis）、リスク情報など）
Ⅱ 建設的な対話の促進に向けたガバナンス情報の提供
企業と投資家との対話の観点から求められるガバナンス情報の提供。
（例えば、役員報酬の算定方法、政策保有株式の保有状況など）
Ⅲ 情報の信頼性・適時性の確保に向けた取組み
情報の信頼性を投資家が判断する際に有用な情報の充実と、情報の適時な提供。
（例えば、監査人の継続監査期間など）
Ⅳ その他の課題
EDINETの利便性の向上、有価証券報告書の英文による開示の推奨など。
今後の取組み
① プリンシプルベースのガイダンスの策定
企業が経営目線で経営戦略・MD&A・リスクを把握・開示していく上でのプリンシプルを企業や投資家を交えて議論し、ガイダンスを策定
② 開示のベストプラクティスの収集・公表
③ 開示ルールの策定（内閣府令改正）
➢ 役員報酬（報酬プログラム、報酬実績）
➢ 政策保有株式
➢ 監査人の継続監査期間　等

（出所）　金融庁ホームページ「『ディスクロージャーワーキング・グループ報告 ― 資本市場における好循環の実現に向けて ―』の概要」

2018年DWG報告では，**図表1**のとおり，「財務情報及び記述情報の充実」，「建設的な対話の促進に向けたガバナンス情報の提供」，「情報の信頼性・適時性の確保に向けた取組み」および「その他の課題」についての提言がなされ，今後の取組みとして，「プリンシプルベースのガイダンスの策定」，「開示のベストプラクティスの収集・公表」，および「開示ルールの策定（内閣府令改正）」が報告された。

2018年DWG報告では，「経営戦略・ビジネスモデル」，「経営者による財政状態，経営成績及びキャッシュ・フローの状況の分析（MD&A）」，「リスク情報」，「重要な契約」，「ガバナンスに関する情報」等の記述情報の開示の充実を実現していくことが重要であるとの提言がなされた。そして，開示内容について具体的に定めるルールを整備するとともに，ルールへの形式的な対応にとどまらない開示の充実に向けた企業の取組みを促すため，開示内容や開示への取組み方についての実務上のベストプラクティス等から導き出される望ましい開示の考え方・内容・取組み方をまとめたプリンシプルベースのガイダンスを策定すべきとされた（2018年DWG報告9頁）。

これを受けて，開示府令の改正だけでなく財務情報以外の「記述情報」について，開示の考え方，望ましい開示の内容や取組み方をまとめた原則として，2019年3月19日付で開示原則が定められた。

（3） 2022年ディスクロージャーワーキング・グループ報告

そして，2021年にディスクロージャーワーキング・グループが新たに設置され，2022年6月13日に金融審議会「ディスクロージャーワーキング・グループ報告 — 中長期的な企業価値向上につながる資本市場の構築に向けて —」（以下「本DWG報告」という）が公表された。

2018年DWG報告を受けて，制度改正が進められるとともに，開示原則が策定され，「記述情報の開示の好事例集」が定期的に公表・更新されるなど，実務への浸透を図る継続的な取組みが進められてきた。そのような中で，企業と投資家との対話や開示実務の進展などにより，企業情報の開示，特に記述情報の開示の充実が進み，その有用性は着実に高まっている。また，経済社会情勢をみると，「企業経営や投資家の投資判断におけるサステナビリティの重要性の急速な高まり」および「企業のコーポレートガバナンスに関する議論の進展」など大きな変化が生じていること，国内外で気候変動対応に関する取組みが加速しており，海外からの投資を呼び込むうえでは，国際的な動きを踏まえた資本市場の一層の整備が求められる，といった課題認識のもと，金融担当大臣の諮問を受け，この2021年度のディスクロージャーワーキング・グループが設置され，検討が開始された（金融審議会「ディスクロージャーワーキング・グループ」（第１回）議事録（2021年９月２日），本DWG報告１頁）。

本DWG報告では，「サステナビリティに関する企業の取組の開示」，「コーポレートガバナンスに関する開示」，「四半期開示をはじめとする情報開示の頻度・タイミング」，および「その他開示に係る個別課題」についての提言がなされた（**図表２**）。

また，本DWG報告を受けて改正開示府令が定められた。

図表２　2022年DWG報告概要

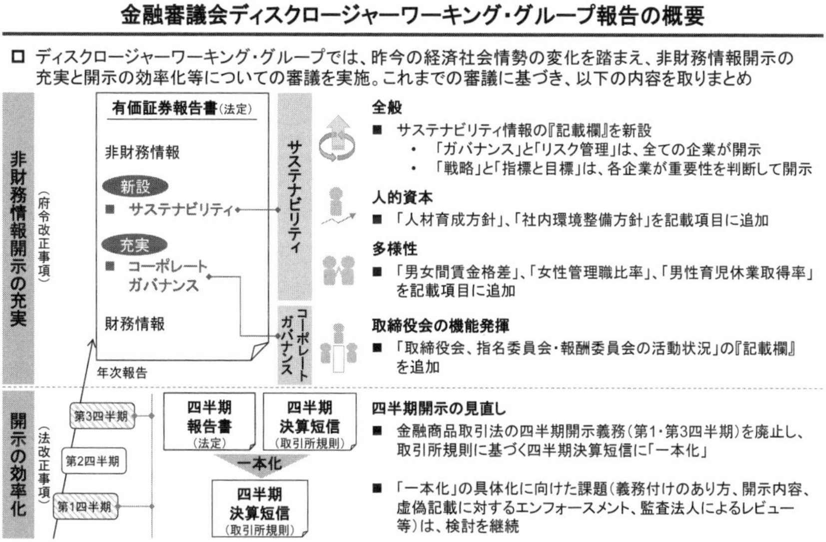
金融審議会ディスクロージャーワーキング・グループ報告の概要
ロ ディスクロージャーワーキング・グループでは、昨今の経済社会情勢の変化を踏まえ、非財務情報開示の充実と開示の効率化等についての審議を実施。これまでの審議に基づき、以下の内容を取りまとめ
非財務情報開示の充実
（府令改正事項）
有価証券報告書（法定）
非財務情報
新設
■ サステナビリティ
充実
■ コーポレートガバナンス
財務情報
年次報告
サステナビリティ
コーポレートガバナンス
全般
■ サステナビリティ情報の『記載欄』を新設
・「ガバナンス」と「リスク管理」は、全ての企業が開示
・「戦略」と「指標と目標」は、各企業が重要性を判断して開示
人的資本
■ 「人材育成方針」、「社内環境整備方針」を記載項目に追加
多様性
■ 「男女間賃金格差」、「女性管理職比率」、「男性育児休業取得率」を記載項目に追加
取締役会の機能発揮
■ 「取締役会、指名委員会・報酬委員会の活動状況」の『記載欄』を追加
開示の効率化
（法改正事項）
第3四半期
第2四半期
第1四半期
四半期報告書（法定）
四半期決算短信（取引所規則）
一本化
四半期決算短信（取引所規則）
四半期開示の見直し
■ 金融商品取引法の四半期開示義務（第1・第3四半期）を廃止し、取引所規則に基づく四半期決算短信に「一本化」
■ 「一本化」の具体化に向けた課題（義務付けのあり方、開示内容、虚偽記載に対するエンフォースメント、監査法人によるレビュー等）は、検討を継続

（注）上記の他，企業が他者と締結する重要な契約の開示要件の明確化，英文開示の促進についても取りまとめている

（出所）金融庁ホームページ「金融審議会『ディスクロージャーワーキング・グループ報告』―中長期的な企業価値向上につながる資本市場の構築に向けて―概要」

Ⅱ　改正開示府令の概要

1　一連の改正の整理

2018年DWG報告を受けて，2019年１月31日に「企業内容等の開示に関する内閣府令の一部を改正する内閣府令」（平成31年内閣府令第３号，以下「2019年改正開示府令」という）が公布，施行され，有価証券報告書の記載項目が一部変更された。

さらに，本DWG報告を受けて改正開示府令が公布，施行され，新たに有価証券報告書の記載項目について見直しがなされた。

それぞれの主な改正内容は，**図表３**のうち，囲みがなされた以下の項目である。

図表３　2019年改正開示府令および改正開示府令による有価証券報告書記載事項（開示府令第三号様式参照）

	2019年改正開示府令	改正開示府令（2023年改正）
第一部【企業情報】		
第１【企業の概況】		
1	主要な経営指標等の推移	
2	沿革	
3	事業の内容	
4	関係会社の状況	
5	従業員の状況	従業員の状況 既存項目に加え，以下の項目を記載する。 • 女性管理職比率 • 男性育児休業取得率 • 男女間賃金差異
第２【事業の状況】		
1	経営方針，経営環境及び対処すべき課題等 • 経営方針・経営戦略等の内容の記載にあたっては，連結会社の経営環境についての経営者の認識の説明を含め，事業の内容と関連づけて記載する。	経営方針，経営環境及び対処すべき課題等

	● 経営上の目標達成状況を判断するための客観的な指標等がある場合には，その内容を記載する。	
		新設：サステナビリティに関する考え方及び取組 ●「ガバナンス」，「リスク管理」について記載する。 ●「戦略」，「指標及び目標」のうち重要なものについて記載する。 ● 上記にかかわらず人的資本に関する戦略ならびに指標および目標について記載する。人材育成方針や社内環境整備方針は「戦略」に記載する。当該方針に関する指標の内容や当該指標による目標・実績は「指標及び目標」に記載する。
2	事業等のリスク ● 経営者が認識している主要なリスクについて，当該リスクが顕在化する可能性の程度や時期，当該リスクが顕在化した場合に連結会社の経営成績等の状況に与える影響の内容，当該リスクへの対応策等を記載する。	事業等のリスク
3	経営者による財政状態，経営成績及びキャッシュ・フローの状況の分析 ● 資金調達の方法や資金需要の動向等について経営者の認識を含めて，具体的にわかりやすく記載する。	経営者による財政状態，経営成績及びキャッシュ・フローの状況の分析
4	経営上の重要な契約等(※)	
5	研究開発活動	
第３【設備の状況】		
1	設備投資等の概要	
2	主要な設備の状況	
3	設備の新設，除却等の計画	
第４【提出会社の状況】		
1	株式等の状況	
2	自己株式の取得等の状況	
3	配当政策	
4	コーポレート・ガバナンスの状況等 (1) コーポレート・ガバナンスの概要 ● コーポレート・ガバナンスに関する基本	コーポレート・ガバナンスの状況等 (1) コーポレート・ガバナンスの概要 ● 既存項目に加え，取締役会，指名委員会

	的な考え方を記載したうえで，提出会社の企業統治の体制の概要および当該企業統治の体制を採用する理由を具体的に記載する。 (2) 役員の状況 (3) 監査の状況 • 監査役監査の組織，人員および手続について具体的にわかりやすく記載する。監査役および監査役会の活動状況（開催頻度，主な検討事項，個々の監査役の出席状況および常勤監査役の活動等）を記載する。 (4) 役員の報酬等 • 役員の報酬等の額またはその算定方法の決定に関する方針の内容および決定方法を記載する。当該方針を定めていない場合には，その旨を記載する。 (5) 株式の保有状況 • 保有目的が純投資目的である投資株式と純投資目的以外の目的である投資株式の区分の基準や考え方を記載する。	および報酬委員会ならびに任意に設置する委員会その他これに類するものの活動状況（開催頻度，具体的な検討内容，個々の取締役または委員の出席状況等）を記載する。 (2) 役員の状況 (3) 監査の状況 • 監査役および監査役会の活動状況について，主な検討事項ではなく「具体的な検討内容」を記載する。 •「内部監査の実効性を確保するための取組」を記載する。 (4) 役員の報酬等 (5) 株式の保有状況 • 既存項目に加え，政策保有株式の保有目的を，提出会社と政策保有株式の発行者との間の営業上の取引，業務上の提携等としている場合には，その概要を記載する。
第5【経理の状況】		
1	連結財務諸表等	
2	財務諸表等	
第6【提出会社の株式事務の概要】		
第7【提出会社の参考情報】		
1	提出会社の親会社等の情報	
2	その他の参考情報	
第二部【提出会社の保証会社等の情報】 【略】		

（※） 経営上の重要な契約等については，本DWG報告において提言がなされたが，引き続き具体的な検討が必要なため，別途改正を行うこととされた（金融庁「『企業内容等の開示に関する内閣府令』等の改正案に対するパブリックコメントの結果等について」（2023年１月31日）２．主な改正内容）。

2　改正開示府令の概要

本DWG報告を受けて定められた改正開示府令の主な点は以下のとおりであ

る。

(1) サステナビリティ情報の「記載欄」の新設

本DWG報告では，近時，サステナビリティに関する取組みが企業経営の中心的な課題となるとともに，それらの取組みに対する投資家の関心が世界的に高まっていると報告された。また，同時に，サステナビリティ開示の基準策定やその活用の動きが急速に進んでいるとも報告された。これらの状況を踏まえ，企業情報の開示の主要項目としてサステナビリティ開示を位置づけ，その内容について継続的な充実を図ること等が検討された。そして，有価証券報告書において，サステナビリティ情報を一体的に提供する枠組みとして，独立した「記載欄」を創設すること等が提言された（本DWG報告３～４頁）。

これを受けて，改正開示府令では，新たに有価証券報告書等において「サステナビリティに関する考え方及び取組」の記載欄が設けられた。

また，本DWG報告では，有価証券報告書以外の任意開示等において，企業の創意工夫を生かしつつ，気候変動対応をはじめとするサステナビリティ開示の質と量の充実が進むよう企業を促すとともに，投資家も含め，サステナビリティ開示の適切な評価・分析，さらにはそれを活用した対話が進むよう促すこと等が提言された（本DWG報告４頁）。

この点，本DWG報告では，サステナビリティ情報は，企業の将来情報を含むところ，投資家の投資判断にとって有用な情報を提供する観点では，事後に事情が変化した場合において虚偽記載の責任が問われることを懸念して企業の開示姿勢が萎縮することは好ましくないとの提言もあり，改正開示ガイドラインでは，有価証券届出書に記載される将来情報で重要な事項について，「一般に合理的と考えられる範囲で具体的な説明が記載されている場合には，…将来情報と実際に生じた結果が異なる場合であっても，直ちに虚偽記載等の責任を負うものではないと考えられる」と明記された（改正開示ガイドライン５-16-２）[(1)]。さらに，任意開示書類の参照についても，参照先の書類に虚偽の表示

(1) 有価証券報告書や四半期報告書の取扱いにも準用されており，本章では，総称して「有価証券報告書等」という。

または誤解を生ずるような表示があっても，直ちに有価証券報告書等に係る虚偽記載等の責任を負うものではないことが明記された（改正開示ガイドライン5-16-4）。

なお，気候変動対応に関する開示については，実例や事例が積み上がっているものの，開示項目を早急に決めるのではなく，今後具体的開示内容の検討に取りかかることが期待されるとしたうえで，現時点においては，有価証券報告書等に設けるサステナビリティ情報の記載欄において，企業が，業態や経営環境等を踏まえ，気候変動対応が重要であると判断する場合に開示することとすべきとの提案がなされた（本DWG報告12頁）。

また，人的資本，多様性に関する開示についても，長期的に企業価値に関連する情報として，近年機関投資家においても着目されているほか，海外において人的資本の情報開示が進んでいることを踏まえて，投資家の投資判断に必要な情報を提供する観点から人的資本や多様性に関する情報について，サステナビリティ情報の記載欄の中で記載すべきとの提言がなされた（本DWG報告14頁）。

これを受けて，改正開示府令では，「サステナビリティに関する考え方及び取組」の記載欄の中に，人的資本（人材の多様性を含む）に関する戦略ならびに指標および目標についての記載が求められることとなった。

（2） コーポレートガバナンスの状況に関する開示

本DWG報告では，2018年DWG報告以後，スチュワードシップコードの再改訂（2020年3月）や，コーポレートガバナンス・コードの再改訂（2021年6月）など着実な進展がみられること，2022年4月から，東京証券取引所における上場株式の市場区分が再編され，市場区分に応じたコーポレートガバナンス・コードの適用が行われるなど，ガバナンス向上に向けた枠組みの整備が進められていることを受けて，企業情報の開示においても，投資家と企業との間の中長期的な企業価値の向上に向けた対話に資するべく，コーポレートガバナンスに関する取組みの進展を適切に反映させることが求められるとの提言がなされた（本DWG報告18頁）。そして，取締役会，委員会等の活動状況の記載欄を有価証券報告書に設け，「開催頻度」，「主な検討事項」，「個々の構成員の出席状況」を記載項目とすべきとの提言がなされた。

これを受けて，改正開示府令では，取締役会等の活動状況（開催頻度，具体的な検討内容，個々の取締役または委員の出席状況等）の記載が求められることとなった。

また，監査の信頼性確保に関する開示についても，本DWG報告では，2018年DWG報告以後，監査役等の活動状況の開示，監査上の主要な検討事項（KAM）の導入，内部監査部門が取締役会や監査役会等に対して適切に直接報告を行う仕組み（デュアルレポーティングライン）の構築が進められていることが確認された。そのうえで，監査役会等における実質的な活動状況の開示を求め，投資家と監査役等との対話を促進させていくことが重要として，現在の有価証券報告書の枠組みの中で，監査役会等の活動状況等の説明やKAMについての監査役等の検討内容を開示することが望ましいとの提言がなされた。さらに，内部監査部門が取締役会や監査役会等に対して適切に直接報告を行う仕組み（デュアルレポーティングライン）の構築については，投資家にとっても有用と考えられることから，有価証券報告書の開示項目とすべきとの提言がなされた（本DWG報告19～21頁）。

これを受けて，改正開示府令では，有価証券報告書の「監査の状況」において，監査役および監査役会の活動内容として，「主な検討事項」ではなく「具体的な検討内容」の記載が求められたほか，内部監査の状況等の一環として，デュアルレポーティングラインの有無を含む内部監査の実効性を確保するための取組みの記載が求められることとなった。

（3） 政策保有株式等に関する開示

本DWG報告では，政策保有株式（保有目的が純投資以外の上場株式）について，2018年DWG報告以後，政策保有株式の保有方針，個別銘柄毎の保有目的・効果等の開示が求められるようになったが，その開示については，なお投資家からみた好事例と実際の開示との乖離が大きいとの指摘があると報告された。そして，投資家と投資先企業との対話において，政策保有株式の保有の正当性について建設的に議論するための情報が提供されることが望ましいとして，政策保有株式の発行会社と業務提携等を行っている場合は，有価証券報告書の開示項目とすべきであるとの提言がなされた（本DWG報告21頁）。

これを受けて，改正開示府令では，政策保有株式の保有目的を，提出会社と政策保有株式の発行者との間の営業上の取引，業務上の提携等としている場合には，その概要の記載が求められることとなった。

一方，本DWG報告では，「重要な契約」の開示についても，諸外国と比較して開示が不十分であり，開示すべき契約の類型や求められる開示内容を具体的に明らかにすることで，適切な開示を促すことが考えられるとして，「企業・株主間のガバナンスに関する合意」，「企業・株主間の株主保有株式の処分・買増し等に関する合意」，「ローンと社債に付される財務上の特約」について検討が行われ，「重要な契約」に関して当該契約内容等の開示が求められることを明確化すべきとの提言がなされた（本DWG報告31～36頁）。ただし，有価証券報告書等での開示対象等の明確化にあたっては，円滑な施行に向け，既契約の取扱いなど，実務的な課題についても十分検討を行うべきとの指摘もあり（本DWG報告36頁），引き続き具体的な検討が必要であるとして，改正開示府令における改正対象には含まれず，別途改正を行うこととされた。

Ⅲ　記述情報の開示に関する原則

2018年DWG報告において，ルールへの形式的な対応にとどまらない開示の充実に向けた企業の取組みを促すため，望ましい開示の考え方・内容・取組み方をまとめたプリンシプルベースのガイダンスを策定すべきと提言されたことを受けて，開示原則が定められた。開示原則全体に関する総論としてのポイントは，**図表４**の５つの点とされている。

図表4　開示原則総論のポイント

経営目線の議論の適切な反映	•取締役会や経営会議における経営方針・業績評価・経営リスクに関する議論のディスクロージャーへの適切な反映 •経営トップによるディスクロージャーに関する基本方針の提示
重要性（マテリアリティ）	情報の重要性（マテリアリティ）の判断における業績に与える影響度およびその発生の蓋然性の考慮，ならびに重要性のディスクロージャーへの適切な反映
資本コスト等に関する議論の反映	取締役会や経営会議における，成長投資・手許資金・株主還元のあり方や資本コストに関する議論，ならびにそれらを踏まえた今後の経営の方向性のディスクロージャーへの適切な反映
セグメント情報	経営上，事業ポートフォリオのあり方についての検討が求められている中，経営の目線を十分に踏まえた深度あるセグメント情報の開示
わかりやすさ	よりわかりやすい開示の実現に向けた，図表，グラフ，写真等の積極的な活用

（出所）　金融庁ホームページ「記述情報の開示の充実に向けた研修会」における説明資料（企業内容等の開示に関する内閣府令改正のポイント）をもとに筆者が作成

本DWG報告では，上記開示原則は，経営方針・経営戦略等，経営成績等の分析，事業等のリスクを中心に開示の考え方を整理したものとなっており，サステナビリティ開示の充実を進めるにあたっては，企業価値に関連した投資家の投資判断に必要な情報が開示されるよう，国際的な動向も踏まえつつ改訂すべきとの提言がなされた（本DWG報告５頁）。

これを受けて，金融庁は「記述情報の開示に関する原則（別添）― サステナビリティ情報の開示について ―」を新たに定めた（金融庁「『企業内容等の開示に関する内閣府令』等の改正案に対するパブリックコメントの結果等について」（2023年１月31日）２．主な改正内容)。その中で，サステナビリティに関する考え方および取組みについて，「企業の中長期的な持続可能性に関する事項について，経営方針・経営戦略等との整合性を意識して説明するものである」としたうえで，「企業が，業態や経営環境等を踏まえ，重要であると判断した具体的なサステナビリティ情報について，「ガバナンス」，「戦略」，「リスク管理」，「指標及び目標」の４つの構成要素に基づき開示すること」とされた。

また，国内において具体的開示内容の設定が行われていないサステナビリティ情報の記載にあたって，たとえば，国際的に確立された開示の枠組みである気候関連財務情報開示タスクフォース（TCFD）またはそれと同等の枠組みに基づく開示をした場合には，適用した開示の枠組みの名称を記載することが考えられるとされている。

Ⅳ　好事例集の更新

金融庁は，2019年３月に，投資家・アナリストおよび企業からなる勉強会を開催した結果を取りまとめた「記述情報の開示の好事例集」（以下「好事例集」という）を公表したが，その後も複数回更新されている。開示内容の充実を図るうえでは，開示に関するルールやプリンシペルベースのガイダンスの整備に加え，適切な開示の実務の積上げを図る取組みも必要であり，好事例集は，記述情報の開示に関する原則とあわせて利用することにより，より理解が深まるとされている（開示原則）。好事例集では，開示例において，好事例として着目したポイントを示したうえで，当該ポイントについて金融庁のコメントが記載されている（ただし，開示の好事例としての公表をもって，開示例の記載内容に誤りが含まれていないことを保証するものではないとされている）。

2023年１月31日には，「記述情報の開示の好事例集2022（サステナビリティ情報等に関する開示）」が公表され，改正開示府令によって新たに有価証券報告書等に記載が求められることとなったサステナビリティ情報等についての開示例が掲載されることとなった[(2)]。

Ⅴ　小　括

以上のとおり，改正開示府令は，近時の有価証券報告書等の記述情報の記載の充実に向けた動きを受けて定められたものである。記述情報の記載の充実は，

(2)　本章脱稿後の2023年３月24日に「記述情報の開示の好事例集2022」が更新され，「コーポレート・ガバナンスの概要」，「監査の状況」，「役員の報酬等」および「株式の保有状況」に関する開示の好事例が追加されているため，参照されたい。

投資家の投資判断に必要な情報を提供することを目的としており，その記載にあたっては，法令等で求められる事項を形式的に記載するだけでなく，「わかりやすさ」が求められている。好事例集などの記載を踏まえ，今後は，各企業がそれぞれの事業の特性にあわせて，独自にわかりやすい有価証券報告書等を作成することが求められていくと思われる。

■著者紹介

若林義人（わかばやし・よしと）
2007年 弁護士登録，2008年 会計士補登録，2017年 米国公認会計士。国内外のM&A・投資，株主総会対応，コーポレートガバナンスを含む企業法務全般を取り扱う。主な論文として，『スクイーズ・アウトの法務と税務（第３版）』（共著，中央経済社，2021年），「事後的な検討等の観点からどう考えるべきか『会計上の見積り』における法的留意点」（旬刊経理情報No. 1583（2020年７月10日増大号））などがある。

美﨑貴子（みさき・たかこ）
2008年 弁護士登録。2012年 東京電力福島原子力発電所事故調査委員会（国会事故調）協力調査員。2014-2017年　証券取引等監視委員会（総務課，取引調査課，開示検査課）出向。インサイダー取引や開示規制違反などの金融商品取引法違反をはじめ，危機管理案件全般を取り扱う。主な論文として，「事後的な検討等の観点からどう考えるべきか『会計上の見積り』における法的留意点」（旬刊経理情報No. 1583（2020年７月10日増大号））などがある。

❸ サステナビリティ情報開示に関する海外の動向・国内基準化の展望

サステナビリティ基準委員会 常勤委員　中條恵美

Summary

本章では，サステナビリティ開示に関する国際的な基準開発の動向と，わが国のサステナビリティ開示の進展およびサステナビリティ基準委員会（SSBJ）における基準の開発の動向について解説を行う。なお，文中意見に関する部分は，筆者の私見であり，SSBJの見解を示すものではないことを申し添える。

Ⅰ　国際的なサステナビリティ開示基準設定主体の状況

サステナビリティ情報に関する開示基準やフレームワーク等については，これまで気候関連財務開示タスクフォース（Task Force on Climate-related Financial Disclosures：TCFD）や国際統合報告評議会（International Integrated Reporting Council：IIRC）などの設立経緯が様々な設定主体が基準等を開発してきたこともあり，複数の基準が乱立していた。

これに対して，サステナビリティ報告の進展やそうした報告の標準化を求める要望が高まる中で，主要な設定主体の間で協調の動きが進むとともに，国際的な会計基準の設定主体としてすでに実績があり，堅固なガバナンス体制を備えグローバルで信認のあるIFRS財団から新たなサステナビリティ開示基準設定主体の創設が提案され，多くの支持が得られた。

このため，2021年11月にIFRS財団が国際的なサステナビリティ開示基準の開発を目的とする国際サステナビリティ基準審議会（International Sustainability Standards Board：ISSB）を設置することが公表された。ISSBの目的は，投資家および他の資本市場参加者の十分な情報に基づく意思決定を支援するため，企業のサステナビリティに関連するリスクおよび機会に関する情報を提供する，開示基準の包括的なグローバル・ベースライン（世界的に要求される包括的な枠組み）を提供することにある。

1　ISSBによるサステナビリティ開示基準の開発の動向

ISSBは，2022年３月にIFRS S１号「サステナビリティ関連財務情報の開示に関する全般的要求事項」（以下「S１基準」という）およびIFRS S２号「気候関連開示」（以下「S２基準」という）の公開草案を公表した。

基準のそれぞれの目的は**図表１**のとおりである。

図表１　IFRSサステナビリティ開示基準の目的

基　準	目　的
S１基準「サステナビリティ関連財務情報の開示に関する全般的要求事項」	投資家が企業価値に関する重大なサステナビリティ関連のリスクおよび機会の影響を評価することが可能となる情報の開示を企業に求めること
S２基準「気候関連開示」	気候関連のリスクおよび機会に特化した開示の要求事項を定めること

S１基準の全般的要求事項は①開示の基本原則と②コア・コンテンツが含まれており，①はIASBの概念フレームワークやたとえば，「重要性がある（material）」の定義などIFRS会計基準のIAS第１号「財務諸表の表示」およびIAS第８号「会計方針，会計上の見積りの変更及び誤謬」と整合的な定義や要求事項が含まれている。②の要求事項は，TCFDを基礎として，ガバナンス，戦略，リスク管理，指標および目標の観点から設定されている。

S２基準はテーマ別要求事項としての最初の公開草案として気候関連開示が定められており，TCFDの提言が織り込まれている。また，付録B「産業別要求事項」としてSASBスタンダード(1)の産業別要求事項を基礎とした，気候関連の産業別開示要求事項が定められている。

ISSBは，いわゆるビルディング・ブロック・アプローチを前提に基準開発

(1)　SASB（Sustainability Accounting Standards Board，サステナビリティ会計基準審議会）によるサステナビリティ開示に関する業種別の基準。SASBはIIRCとの合併により2021年６月にValue Reporting Foundation（VRF）を設立し，VRFは2022年８月にIFRS財団に統合されている。

を行うこととしている。このアプローチの下では，ISSBが投資家に焦点を当てたサステナビリティ開示基準を開発し，これを包括的なグローバル・ベースラインと位置づけたうえで，各法域において，ISSBのサステナビリティ開示基準が採用され，必要に応じて追加の要求事項が定められることが想定されている。

ISSBでは，寄せられたコメントを踏まえた再審議を行っており，その中で，S２基準案に含まれていた付録B「産業別開示要求」は，当初は例示的なガイダンスの一部となるよう，S２基準を修正することが暫定決定されている。また，企業の規模等に応じた，いわゆる「スケーラビリティ」や「プロポーショナリティ」を考慮した取扱いや，追加的なガイダンスの提供も検討されている。

2023年２月のISSBボード会議では，S１基準およびS２基準の両方について，2024年１月１日以後開始する年次報告期間から発効すること，また，S１基準およびS２基準の両方を同時に適用した場合に限り，早期適用を容認することが暫定決定された。また，S１基準およびS２基準の書面投票に向けたプロセス（balloting process）を開始するための十分な協議と分析を完了したことが確認され，2023年６月までに基準の最終化を目指している。

2　欧州および米国のサステナビリティ基準開発の動向

欧州では，欧州委員会（European Commission：EC）から非財務報告指令（Non-Financial Reporting Directive：NFRD）の改正案として，2021年４月に企業サステナビリティ報告指令（Corporate Sustainability Reporting Directive：CSRD）案が公表され，2022年11月に最終的に承認されたことが公表された。このCSRDに基づく開示基準である欧州サステナビリティ報告基準（European Sustainability Reporting Standards：ESRS）が，欧州財務報告諮問グループ（European Financial Reporting Advisory Group：EFRAG）において検討され，2022年11月にESRS案の最初の一式（first set）が欧州委員会に提出された。今後，欧州委員会にて議論され，2023年６月までに採択される予定である。

ESRSは，投資家よりも幅広い利用者を想定した，ダブル・マテリアリティの概念をベースとした目的を提示している。すなわち，報告企業が様々なステークホルダー（環境を含む）に与える重要性があるサステナビリティの影響，および報告企業自身の価値創出のために重要性があるサステナビリティ関連のリスクおよび機会について，比較可能で信頼性のある情報を提供し，サステナビリティ報告の利用者が，報告企業のサステナビリティに関する目的，立場およびパフォーマンスを理解し，意思決定の参考にすることができる情報を提供することを目的としている。

ESRSは従業員500人以上の上場会社等に対しては，2024年から適用される予定である。また，EU市場での純売上高が大きいEU域外企業グループは，2028年度からESRSまたはこれと同等と認められた第三国の基準に準拠して報告することが求められている。

米国では，証券取引委員会（Securities and Exchange Commission：SEC）が2022年３月に気候関連開示規則案を公表してパブリックコメントを募集し，検討が進められている。SECの提案は投資家に焦点を当てている点ではISSBと同様であるが，年次報告書の財務諸表外の記載のみならず，財務諸表の注記においても，気候変動に関する開示を義務づけることを提案している点が特徴的である。また，SECの提案は一部の企業に対して2023年からの適用を提案していたが，現時点で確定していない。

Ⅱ　国内基準化の展望

1　国内のサステナビリティ情報開示の状況

近年，サステナビリティに関する企業の取組みに対する投資家の関心が高まっており，わが国では，主に統合報告書やサステナビリティ報告書などの任意開示書類においてサステナビリティ情報開示が行われている。また，2021年６月に改訂されたコーポレートガバナンス・コード(2)では，サステナビリティについての取組みを適切に開示すべきとされており，プライム市場上場会社については，気候変動に関してTCFDまたはそれと同等の国際的な枠組みに基づく開示の質と量の充実を進めるべきであるとされている。これを受けて，プライム市場上場会社を中心にサステナビリティに関する取組みと開示が進んでおり，わが国

(2)　株式会社東京証券取引所「コーポレートガバナンス・コード～会社の持続的な成長と中長期的な企業価値の向上のために～」（2021年６月11日）補充原則３－１③

のTCFD賛同機関数は1,211（2023年２月14日時点[3]）と急速に増加している。

さらに，2023年１月に改正された企業内容等の開示に関する内閣府令（以下「開示府令」という）では，有価証券報告書等にサステナビリティ情報の「記載欄」が新設され，「ガバナンス」および「リスク管理」については，必須記載事項とされ，「戦略」および「指標及び目標」については，重要性に応じて記載が求められている。2023年３月31日以後に終了する事業年度に係る有価証券報告書等から適用されることとなる。

今回の開示府令の改正では，サステナビリティ開示に関して，細かな記載事項は規定されておらず，各企業の現在の取組状況に応じて柔軟に記載できるような枠組みとされている。

2　サステナビリティ基準委員会の設立

サステナビリティ基準委員会（SSBJ）は，ISSBが設置されることを受け，わが国においても国際的なサステナビリティ開示基準の開発に対して意見発信を行うことや国内基準の開発を行うための体制整備が必要との見解が市場関係者より示されたことを踏まえ，公益財団法人財務会計基準機構（FASF）内に，2022年７月に設立された。

SSBJについては，以下のような重要な役割を果たすことが期待されている。

- 国内の開示実務や投資家の期待や意見を集約し，わが国からの国際的な意見発信の中心となること
- ISSBにおけるサステナビリティ開示基準の策定動向を踏まえつつ，日本における具体的開示内容について実務面も踏まえた検討を行うこと

2022年12月に公表された金融審議会ディスクロージャーワーキング・グループ「ディスクロージャーワーキング・グループ報告」（令和４年度）（以下「ワーキング・グループ報告」という）では，今後，ISSBにおける基準開発の方向性を見据えながらサステナビリティ情報に関するわが国の開示基準を開発し，これを法定開示である有価証券報告書に取り込んでいく場合には，わが国の開

(3)　経済産業省ホームページ「日本のTCFD賛同企業・機関」https://www.meti.go.jp/policy/energy_environment/global_warming/tcfd_supporters.html

示基準設定主体や当該開示基準設定主体が開発する開示基準を，法令の枠組みの中で位置づけることが重要であるとされている。そのうえで，ワーキング・グループ報告では，SSBJを金融商品取引法上のサステナビリティ開示基準の設定主体として位置づける方向で，今後必要となる関係法令の整備を行うとともに，SSBJが開発する開示基準について，個別の告示指定によりわが国の「サステナビリティ開示基準」として設定することが記載されている。

このため，現時点ではSSBJの法的な位置づけは定まっていないが，わが国のサステナビリティ開示基準に対する資本市場関係者のニーズを踏まえると，早急に基準開発に関する審議を開始することがSSBJの目的に適うと考えられ，2023年１月より，基準開発に関する審議が行われている。

3　わが国におけるサステナビリティ開示基準に係る基本的な考え方

SSBJが2022年11月に公表した「サステナビリティ基準委員会の運営方針」では，サステナビリティ開示基準の開発に関する基本的な方針を示しており，わが国におけるサステナビリティ開示基準は，投資家が意思決定を行う際に有用な，企業のサステナビリティ関連のリスクおよび機会に関する開示項目を定めることを基本的な考え方としている。欧州では投資家よりも幅広い利用者を想定して基準開発が行われているが，SSBJが開発するサステナビリティ開示基準は，ISSBと同様に，投資家を主な利用者として想定している。

サステナビリティ関連財務情報の比較可能性を高め，かつ，わが国のサステナビリティ開示基準の信認を確保するためには，SSBJによる基準を次のとおり，高品質で国際的に整合性のあるものとして開発し，これを対外的に示していくことが必要であると考えられる。

（1）　高品質な基準

高品質なサステナビリティ開示基準は，基本的には，それを用いて作成されたサステナビリティ関連財務情報が投資家の意思決定にとって有用であることを目的とする。目まぐるしく経済環境が変化する中，サステナビリティ開示基準が高品質であるためには，そのような経済環境の変化に対し，市場関係者のニーズを踏まえ，適時に基準開発の要否および基準開発を行う場合のその時期を検討する必要があると考えられる。

また，高品質なサステナビリティ開示基準は，それを用いてサステナビリティ関連財務情報を作成することが作成者にとって過度の負担とならないこと等，基準開発のプロセスに参画する市場関係者のコンセンサスが得られるよう審議を行うことが必要である。さらに，それを用いて作成されたサステナビリティ関連財務情報が，今後国際的に求められる程度に保証を受けることが可能となるよう基準開発を行うことが考えられる。

（2） 国際的な整合性

ISSBが市場関係者からの要望により国際的なサステナビリティ開示基準の開発を目的として設置されたことを踏まえると，SSBJの基準開発にあたっては，SSBJによる基準を包括的なグローバル・ベースラインとされるIFRSサステナビリティ開示基準の内容と整合性のあるものとすることが，市場関係者にとって有用であると考えられる。

ここで，SSBJがサステナビリティ開示基準の開発を行うにあたって，国際的に整合性のあるものかどうかを検討する際には，SSBJによる基準により作成されたサステナビリティ関連財務情報が，国際的な比較可能性を大きく損なわせないものとすることを基本としている。この考え方は，サステナビリティ関連財務情報が，企業の一般目的財務報告の一部として開示され，企業の財務諸表に含まれる情報を補足し，補完するものであることを踏まえて，企業会計基準委員会（ASBJ）が開発する会計基準が国際的に整合性のあるものであるかどうかを検討する際の考え方と同様の考え方を示している。

4 会計基準との関係

前述のとおり，サステナビリティ関連財務情報は，企業の一般目的財務報告の一部として開示されるものであり，企業の財務諸表に含まれる情報を補足し，補完するものである。わが国の上場企業等では，原則として日本基準を用いて財務諸表が作成されるが，一定の要件を満たすことを条件に，米国会計基準，指定国際会計基準（IFRS会計基準）および修正国際基準(4)のいずれかを用いて連結財務諸表を作成することができることとされており，2022年12月31日現在，上場企業が連結財務諸表の作成に用いる会計基準別の企業数および時価総額の全体に占める割合は**図表2**のとおりである。

図表2 会計基準別企業数および時価総額の全体に占める割合

会計基準	企業数	時価総額の全体に占める割合
日本基準	3,702	52.1%
指定国際会計基準（IFRS）(※)	260	45.7%
米国会計基準	6	2.2%
合　計	3,968	100%

（※）指定国際会計基準を適用している企業には適用を決定した企業および適用予定の企業を含む。

このため，SSBJにおいてサステナビリティ開示基準の開発を行うにあたっては，わが国の上場企業等が，会計基準として日本基準のみならず，他の一般に公正妥当と認められる会計基準を適用することを想定して基準開発を行うことが予定されている。IFRSサステナビリティ開示基準においても，企業の財務諸表が仮にIFRS会計基準に準拠していない場合でも，他の一般に公正妥当と認められる会計原則（GAAP）に準拠している場合には，IFRSサステナビリティ開示基準を適用できることとされており，この取扱いと整合するものである。

5　わが国固有の要求事項

IFRSサステナビリティ開示基準では，包括的なグローバル・ベースラインを提供し，各法域固有の要求事項を追加するビルディング・ブロック・アプローチが提案されている。このため，SSBJにおいて，わが国固有の要求事項を検討する場合には，原則として，市場関係者からニーズの高い情報に関して，サステナビリティ基準諮問会議から提言があったものについて開発の検討を行うこととされている。

---

(4)　修正国際基準（国際会計基準と企業会計基準委員会による修正会計基準によって構成される会計基準）

2022年12月に開催された第2回サステナビリティ基準諮問会議では，SSBJはISSBのS1基準案およびS2基準案が確定することを前提に，これらの基準を日本基準に取り入れるかどうかについて審議することを優先し，それ以外の新規のテーマについては，2023年3月の基準諮問会議後から受付を開始し，新規のテーマ提案があった場合には，その後の基準諮問会議から検討を開始することとされた。

6　周辺諸制度との関係

サステナビリティ開示基準の開発にあたっては，サステナビリティ開示をとりまく様々な要因を考慮する必要がある。周辺諸制度との関係は，これらとの整合性の確保など，サステナビリティ開示基準の開発作業と深く関わるものであり，基準の開発にあたって基盤整備的な意味で検討が必要な課題であると考えられる。たとえば，地球温暖化対策の推進に関する法律（温対法）では，特定の事業者に温室効果ガスの排出量の報告が義務づけられているなど，既存の法令や規制において，サステナビリティ情報の一部の開示が求められている場合があり，これらとの整合性については考慮の対象となると考えられる。

また，現在サステナビリティに関する法令や規制についての議論が活発に行われていることから，今後定められる法令や規制との整合性についても考慮の対象となると考えられる。特に，これまで主に任意開示書類の中で開示されていたサステナビリティ情報が，金融商品取引法上の法定書類である有価証券報告書の中で開示されることを踏まえると，基準開発にあたって追加で考慮すべき要因があると考えられるため，現在検討中の基準開発計画において論点として取り上げられており，今後検討される予定である。

7　サステナビリティ開示基準の開発の計画

SSBJは2023年1月に**図表3**のプロジェクトを開始することを決定した。

図表3　現在開発中のプロジェクト

日本版S1プロジェクト	ISSBのS1基準に相当する基準（日本版S1基準）の開発
日本版S2プロジェクト	ISSBのS2基準に相当する基準（日本版S2基準）の開発

これらのプロジェクトは，前述のSSBJのサステナビリティ開示基準の開発方針のとおり，SSBJが開発する基準を国際的に整合性のあるものとする取組みの一環として行われるものである。

現時点では，ISSBのS１基準およびS２基準が確定されていない状況であるものの，SSBJのサステナビリティ開示基準の開発状況を明示することにより，国内外の関係者の予見可能性が高まると考えられることから，あわせて，サステナビリティ開示基準に関する今後の開発計画を公表している。

(1) 基準の公表時期および適用時期

2023年２月２日現在の計画では，ISSBよりS１基準およびS２基準の確定基準が2023年６月末までに公表されることを前提に，SSBJの日本版S１プロジェクトおよび日本版S２プロジェクトは，**図表４**のとおり公開草案および確定基準の公表目標時期を示している。

図表４　日本版S１基準およびS２基準の目標公表時期

1	公開草案の目標公表時期	2023年度中（遅くとも2024年３月31日まで）
2	確定基準の目標公表時期	2024年度中（遅くとも2025年３月31日まで）

上記の目標どおりに確定基準を公表した場合，確定基準公表後に開始する事業年度，遅くとも2025年４月１日以後に開始する事業年度から早期適用が可能となる予定である。すなわち，３月決算企業を想定した場合，2026年６月末までに公表される，2026年３月期に係る有価証券報告書からSSBJによる基準に基づくサステナビリティ開示が可能となる予定である。これは，特に米国や欧州において事業を行う日本企業がこれらの法域においてサステナビリティ開示基準に対応することになる際に，あわせてSSBJが公表する基準にも対応したいとのニーズを踏まえて検討されたものである。また，確定基準公表後に終了する事業年度（３月決算を想定した場合，2025年３月期）から早期適用を認めるべきとの意見があり，このような場合も早期適用を可能とするかどうかはSSBJにおいて今後審議が行われる予定である。

一方，強制適用を求める時期については，現時点で具体的に示されておらず，今後の基準開発において検討されることが予定されている。強制適用を求める時期を定めるうえでは，国際的なサステナビリティ開示基準への対応が必要となる企業を含め，わが国の資本市場関係者からのニーズを踏まえた検討が必要となると考えられる。ただし，SSBJが開発する基準を適用することとなる企業のこれまでのサステナビリティ開示への対応状況は様々であり，これまでの任意開示から法定開示に取り込まれることが予定されていることから，これらの点も総合的に勘案したうえで，基準の公表後，相応の準備期間を考慮し，慎重に検討する予定であることが開発計画において示されている。

(2) 本プロジェクトにおいてSSBJが開発する基準の範囲

ISSBが公表するIFRSサステナビリティ開示基準および付属するガイダンス等の文書には，規範性があるもの，すなわち，基準に準拠した旨を表明するにはそのすべてに従わなければならないものと，そうでないものがある。SSBJによる基準を国際的に整合性のあるものとして開発するためには，国際的な基準の規範性と整合性のあるものとすることが考えられるため，ISSBの文書の規範性を下記の①から③に整理し，SSBJが開発する基準の規範性を原則としてISSBと整合させることを予定している。

① ISSBが，規範性があると位置づけた文書

原則として，当該文書の内容は日本基準においても規範性があるものとして取り込むことを検討する。

② ISSBが，当初は規範性がないが将来的に規範性がある基準となる可能性があると位置づけた文書

ISSBが，当該文書を規範性がないものと位置づける期間においては，以下の③と同様に扱う。ISSBが，当該文書を規範性があるものとして位置づけることが明らかになった時点で，当委員会として，当該文書の内容について，日本基準においても規範性があるものとして取り込むことを検討する。

③ ISSBが，規範性がないと位置づけた文書

原則として，当該文書の内容は，日本基準において規範性があるものとして取り込まない方針とする。ただし，基準全体の一貫性を確保する観点等から規範性をもたせることが適当と考えられる場合，当該文書の全部または一部について，規範性があるものとして取り込むことがある。また，当該文書の内容について，規範性がないガイダンスとして公表することがある。

たとえば，ISSBのS２基準案に含まれていた付録B『産業別開示要求』は，ISSBの審議において，当初は例示扱いとし，規範性がないものとすることが暫定決定されているため，②に該当する。したがって，日本版S２プロジェクトにおいても，当初はISSBのS２基準案の付録Bに相当する産業別の基準を開発することはせず，ISSBにおいて規範性があるものとして位置づけられることになった場合に，改めて当付録Bを踏まえた産業別の基準を開発するかどうかを検討することとしている。

(3) 各プロジェクトの主な論点

現時点では，ISSBのS１基準およびS２基準が確定されていない状況であるものの，確定基準が公表されるまでの間に可能な範囲で検討を進めておくことが適切と考えられることから，日本版S１プロジェクトおよびS２プロジェクトにおいて，検討を予定している主な論点を整理し，公表している。論点の整理にあたっては，S１基準およびS２基準案に対して，SSBJから意見発信を行う際に，内容を検討していることを踏まえて，以下①から③のように分類している。

① S１基準案およびS２基準案に対してSSBJからコメントをした事項

SSBJは，その前身の組織であるSSBJ設立準備委員会を含め，ISSBの公開草案について審議を行い，懸念がある点や明確化が必要となる点などについてコメントをしている。このため，SSBJによる基準の検討にあたっては，これらの論点を中心に検討をすることが考えられる。

② ISSBの再審議において新たに追加された要求事項

ISSBの再審議において新たに追加された要求事項に関しては，SSBJにおいてこれまで十分な検討が行われていないため，暫定決定の内容を踏まえて，今後検討することが考えられる。

③ 日本の制度等にあわせて追加または修正の検討を事務局が提案する事項

サステナビリティ情報が，金融商品取引法上の法定書類である有価証券報告書の中で開示され，今後SSBJが開発する開示基準がわが国の「サステナビリティ開示基準」として設定される予定であることを踏まえ，Ｓ１基準およびＳ２基準の内容が日本の制度等にあわせて追加または修正が必要かどうかを検討することが考えられる。

この論点リストは，SSBJにおける基準開発の状況およびISSBを含む国際的な基準開発の状況に応じて随時更新される予定であり，最新のものはサステナビリティ基準委員会のホームページ(5)を参照いただきたい。

おわりに

ISSBのサステナビリティ開示基準は2023年６月までに最終化が予定されており，確定されていない状況であること，また，SSBJにおける議論も開始されたばかりであるため，SSBJの基準開発計画については，SSBJの基準の開発状況や国際的な動向を踏まえ，随時改訂される予定である。

わが国のサステナビリティ開示基準の開発にあたっては，国際的な比較可能性を図りつつ，サステナビリティ開示が財務諸表に比べ歴史が浅く，発展段階にあることも踏まえて，市場関係者の間で丁寧な議論を尽くし，コンセンサスを得ながら進めることが必要であると考えられる。SSBJでは，審議状況や国際的な動向について，積極的に情報提供を行うことを予定している。また，関係者の皆様からも積極的にご意見をお寄せいただきたい。

■著者紹介

中條恵美（ちゅうじょう・えみ）

サステナビリティ基準委員会　常勤委員　兼企業会計基準委員会　常勤委員　公認会計士

EY新日本有限責任監査法人　品質管理本部を経て2022年７月より現職　企業会計基準委員会ではディスクロージャー，税効果，実務対応専門員会を担当。

(5) 現在開発中のサステナビリティ開示基準に関する今後の計画（https://www.asb.or.jp/jp/project/plan-ssbj.html）

❹ 投資家アンケートにみる サステナビリティ開示への期待

㈱野村総合研究所 上級研究員　三井千絵

Summary

有価証券報告書に新たに追加されるサステナビリティ情報のセクションに，投資家等関係者はどのように期待しているか，緊急アンケートを実施した。期待する項目として，回答者全体では「従業員関連の数値情報」，日本の投資家は「サステナビリティに関する考え方及び取組」，海外の投資家は「排出量（Scope 3 まで含む）」を選ぶ人が多かった。非常に短い期間で実施したにもかかわらず，積極的な回答が寄せられ，この新しい開示への期待の高さを感じさせた。

2023年３月期決算企業の有価証券報告書から適用される改正開示府令では，新たにサステナブル情報のセクションが追加される。そこで求められる新たな開示項目は「サステナビリティに関する考え方及び取組」だ。ほかにも「従業員の状況」欄に「女性管理職比率」，「男性育児休業取得率」，「男女間賃金格差」の開示が追加される。これらの開示を投資家等関係者はどのように期待しているか，緊急アンケートを実施した。

Ⅰ　アンケートの概要

1　アンケートの内容

アンケートは2023年２月８日から15日まで収集し，45名が回答を寄せてくれた。質問は，まずＱ１として今回の有報で追加される項目を以下のように分類し，「最も期待する項目」を２つまで選択してもらった。また，「どのような内容を開示してほしいか」をＱ２で文章での回答を求めた。文章での回答はスキップされやすいが，33名が回答をしてくれた。

まずＱ１では，今回の改正開示府令で追加される内容に沿って，以下の選択肢を設けた。

- サステナビリティに関する考え方及び取組
- 従業員関連の数値情報（男女の賃金差，男性育児休業取得率，管理職に占める女性の割合）
- TCFDの開示全般
- 排出量（Scope 1，2 まで）
- 排出量（Scope 3 まで含む）
- 人的資本について（人材育成，社内環境整備など）
- 人的資本についての指標とその目標，実績
- 人権DDなど，人権に対する対応
- その他

なお，最も重要だと思うものを２つまで選択するように質問したが，２つ以上選択しているケースもあった。その場合は，重要だと考える項目が“分散している”とみて，選択した数だけ重みを下げた（例：通常２つ選択すればそれぞれを１点としたが，５つ選択している場合は，それぞれに$\frac{2}{5}$点を割り振ったうえで合計した。逆に１つしか選択していない場合は，それを２点とした）。アンケートは日本語・英語の併記で行った。

2　回答者の属性等

回答者は，バイサイド，セルサイド問わずアナリスト（元アナリスト）が10名（うち日本国内が９名），ファンドマネージャーが５名（うち国内と回答したのが３名，ロンドンが１名，無回答１名），ガバナンス系投資家団体役員を含む責任投資部門の担当者が10名（うち国内が５名，UKが２名，アジア・パシフィック３名）となっている（**図表１**）。

次に回答者で多かったのはアカデミック４名（すべて国内），銀行・保険４名（国内３名，アジア・パシフィック１名），企業のIRなど開示する側であると思われる回答者も４名いた。そのほかコンサルタントと個人投資家が２名ずつ，データプロバイダー，インベストメントバンカー，レギュレーター，団体職員が各１名（すべて国内）となっていた。

図表1 回答者の属性

	アナリスト(※1)	ファンド(ポートフォリオ)マネージャー	責任投資部門(投資家団体含む)	アカデミック	銀行/保険/その他金融	個人投資家	コンサル	企業(開示側)	その他(※2)
国内	9	3	5	4	3	2	2	4	4
国外(含未回答)	1	2	5		1				

(※1) バイサイド－セルサイド。非現役含む。
(※2) IB，データベンダー，レギュレーター，その他団体

Ⅱ 日本の投資家は従業員関連・サステナビリティ，海外はScope 3を期待

サステナビリティ情報について，政府は人的資本（従業員教育や社内環境整備方針）を重視しているとか，EUでは自然資本に関する情報開示のフレームワークが注目されているなどといった声も聞こえてくるが，実際のところ投資家はどのような情報を必要としているのだろうか。

1 最も期待する項目

(1) 回答者全体

アンケートのQ1「最も期待する項目」については，回答者全体では1位が「従業員関連の数値情報（男女の賃金差，男性育児休業取得率，管理職に占める女性の割合）」で回答全体の22.2%を占めた。2位は「サステナビリティに関する考え方及び取組」の20.0%，3位は「排出量（Scope 3まで含む）」の16.3%であった（**図表2**）。

図表2 「最も期待する項目」(Q1，全体)

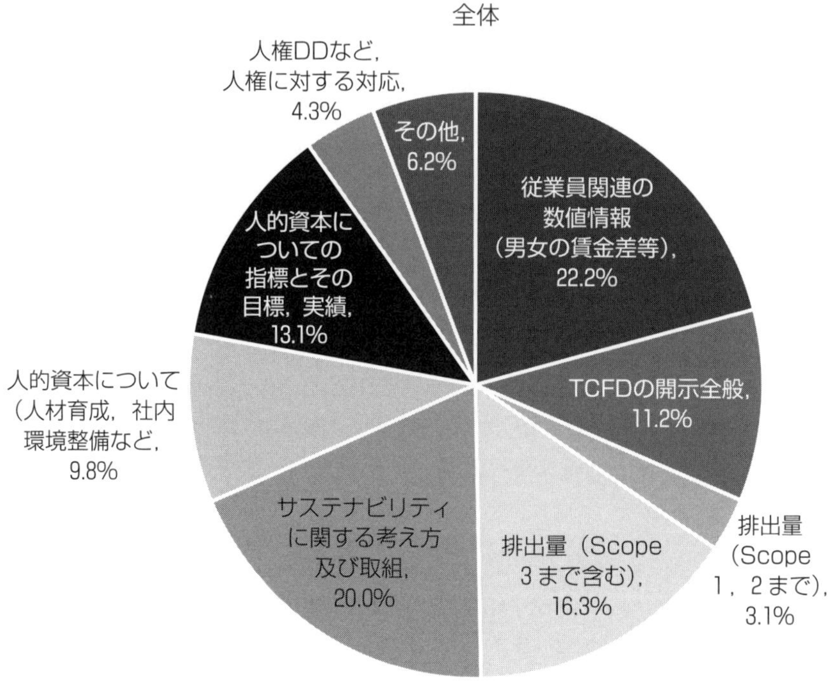

(2) 投資家

次に回答者全体から，企業側，アカデミック，コンサルタント，レギュレーターを除いて，投資家等“開示を評価する側”(以下「投資家等」という)だけで合計すると，やはり1位は「従業員関連の数値情報」で，回答全体の20.1%だった(**図表3**)。しかし2位は入れ替わり「排出量(Scope 3まで含む)」の17.9%。僅差であるが3位は「サステナビリティに関する考え方及び取組」で16.3%であった。

どちらの場合も4位は「人的資本についての指標とその目標，実績」で，全体では13.1%，投資家等に絞った場合は14.6%となっていた。1位から4位までの差は，投資家等に絞ったほうが小さくなっており“重要だ”と考える開示項目も若干多様化しているようだ。逆にいえば，投資家のほうが今回の改正で有価証券報告書に追加される内容にはより広範囲に様々な期待を寄せている一

図表３ 「最も期待する項目」（Q１，投資家）

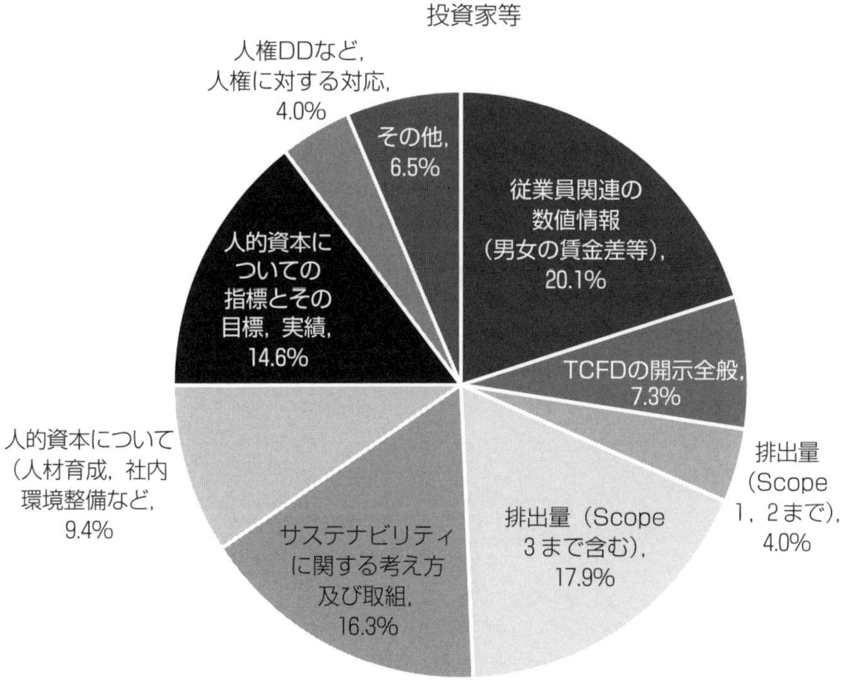

方で，企業やコンサルタントは特定の開示項目を強く意識している傾向があるのかもしれない。なお，国内のある個人投資家は「２つだけ選べということで回答はしたが，すべてが必要」とQ２のコメントボックスに記載していたため付記しておきたい。

（3） 日本／海外（所在地）

次に回答者が日本か海外かで，違う傾向がないかみてみることにした。投資家等の回答だけを，回答者の所在地が日本か日本以外かで分けてみると（日本人か外国人かで分けているわけではない），日本では「サステナビリティに関する考え方及び取組」が１位になる。僅差で「従業員関連の数値情報」，そして「人的資本についての指標とその目標，実績」と続く。そこから少し減って４位が「排出量（Scope３まで含む）」だ。国内では「Scope１，２まででよい」

という意見もみられた一方で，日本以外を集計すると，1位が「排出量（Scope 3まで含む)」で2位が「TCFD全般」と，日本の回答者との違いが顕著であった。

Ⅲ　どのような内容を開示してほしいか

次にQ2「どのような内容を開示してほしいと考えているか」について，得られたコメントをみていきたい。

1　国内投資家

国内のアナリストでは「サステナビリティの基本となる気候変動，人権に関する内容について，自社が社会にどのように影響を与えうるかを記載してもらいたい」，「関連指標を開示すればよいということではなく，サステナビリティ情報が企業業績にどう影響を及ぼすかを書いてほしい」と，サステナビリティ情報としてそのような取組みを行ったかだけではなく，どのような効果があったか，あるいはどのような効果を狙っているのかについても，文章による説明を求めるような意見がみられた。

また，ポートフォリオマネージャーからは「長期目標値と照らし合わせた実績データの開示」，エンゲージメントで情報を必要とするであろう責任投資部門からは「定量情報だけでなく，その数値の意味するところ，課題，今後の施策」という意見が得られ，回答者それぞれの業務に関連していると感じられる特徴があった。

一方，銀行・保険・その他の金融サービスの回答者からは「既存の財務情報だけでよい。上場企業に本業以外に余計な手間をかけさせたくないため」というコメントがあった。この点，筆者は，非財務情報を開示することは上場企業の説明責任として“本業の一部”であると考えるが，このような意見が出てくる背景を思いめぐらすと興味深い。

2　海外投資家

日本以外からの意見としては「他の国の開示制度と互換性のあるコンテンツ」という英語の回答があり，比較可能性の観点からもこれはもっともな意見であろう。同様に英語の回答で「(個々の）ESG課題より，標準化された開示」という意見もあった。

また,「現在はKPIの明確な数値目標がなく，一般的で説明的な開示が多い。原則主義的な開示規則だとこれは変わらないだろう。Scope 3とネットゼロの目標年など定量化された開示を求める」という意見は，今回に限らずよく海外の投資家から指摘される点だ。そのほか,「検証可能なデータ」,「成功を定義する主要な指標」,「設備投資額」といった要望が挙げられており,「気候変動への対応のネガティブな影響も開示してほしい」と少し厳しい意見もみられた。

3　投資家以外

投資家以外，すなわち開示情報を利用する側ではない回答者の意見も，それぞれの特徴を示しており興味深い。

行政に従事する回答者からは「毎年の具体的なアクションとその定量・定性的効果，目標とのギャップを埋めていく戦略」という意見が得られた。排出量削減など様々なサステナビリティ関連の行動には，今や国としての目標もあり，上場企業に着実に実行してほしいのは投資家だけではない，ということかもしれない。

アカデミックの回答者からは,“それが日本の最重要課題だから”として「従業員が子どもを産み，育てやすい環境を整えるためにどのような取組みをしているか」という意見が寄せられた。

一方，企業（開示する側）からは「ESGのKPIを自社の企業価値向上につなげるプロセス」，またコンサルタントからは「長期的なオポチュニティに関する取組み，議論」といった意見が得られた。それぞれの意見は，各々が置かれた立場の違いをうかがわせるものとなった。

Ⅳ　それぞれの期待ギャップ

以上のように，回答者数は50名以下と決して多くはなかったものの，アンケートの集計結果は，国内と国外，またそれぞれの役割の違いなどがイメージできる興味深いものとなった。

まず特徴的なのは，投資家など開示情報を評価する側と作成する側の期待に若干のすれ違いが見受けられる点である。投資家側は「実績値や影響の説明」を求める一方で，企業側は「企業価値向上につなげる」「長期的なオポチュニティ」といった“(未実現の）可能性”をより多く示すことがよいと考えるようだ。

また，投資家側同士でも日本と海外の間で違いがみて取れた。海外からは，海外の基準との互換性や検証可能性，また会計基準に従って開示される「設備投資額」といった情報に期待が寄せられている。これはサステナビリティ情報のような記述情報は，財務諸表と異なり，プライマリーな言語の影響を受けやすい開示であるため，日本語を母国語としない投資家にとっても少しでもわかりやすいもの，信頼できるものを求めるということだろうか。

一方，国内の投資家は，その企業が社会に対して与える，あるいはサステナビリティに関する取組みが業績に対して与える“影響の説明”を求める点が特徴的であったが，それでも，“実績値”のような定量的な開示を求める点は海外の投資家と同様である。

期待する開示コンテンツについては，国内の投資家は「従業員」や「人的資本」に関する情報について排出量以上に期待を寄せているようである。一方，海外の投資家は，アンケート結果をみる限り，Scope 3 や，気候変動関連の情報を求めているようだ。

私見ではあるが，この背景として昨今議論となっている「投資家の開示」に関する規制強化が関係しているのではないかと考えている。EUでは数年前から，投資家，投資ファンドのESGの開示規制（Sustainable Finance Disclosure Regulation：SFDR）の導入が段階的に行われていく中で，投資先の気候変動関連情報やその他のESGに関わる開示情報を集める必要性が高まった。

昨年（2022年）には米国でも，投資ファンドの開示規制強化の提案がなされ，投資先企業の排出量をもとにポートフォリオの排出量の開示を求める提案が行われている。それゆえ投資家は投資先企業の排出量を知る必要がある。しかし，現在日本国内でファンドを販売する投資家には，自主的にTCFDレポートなどを作成しない限りはそういった必要がない。

とはいえ，海外の投資家も，有価証券報告書における従業員に関する開示には強い関心を寄せている。改正開示府令で求められる新規開示項目として，ジェンダー・ペイギャップや女性管理職比率などが含まれることを彼らに伝えると「それは楽しみだ。来年にはすべての企業の数字が揃うのですね！」と期待を示す。日本企業の女性管理職比率は非常に低い水準（ILOの調査結果(注)によれば，世界全体27％，日12％，仏32％，米40％，英36％，独29％，伊27％，加35％）にあることから，海外の投資家も常に意識している課題だからであろう。

まとめ ―新しい有価証券報告書に向けて―

今回の改正開示府令は，非常に「原則主義的」で，規定を読んでも具体的な開示がイメージしにくい。逆にいえば各社が投資家にとって必要な情報は何かを考え，最適だと思う説明を自らデザインすることも可能だ。では投資家にとって必要な情報とは何かということで，今回のアンケートは非常に短い期間で実施したため，回答者数自体は決して多くはなかったが，国内外問わず，みな積極的な回答をしてくれた。新しい開示に対する期待の表れといえるだろう。従業員関連の数値情報や，今回の改正では盛り込まれてはいないものの，Scope 3など重要性が高まっている開示は今後行われる方向なのか，投資家側もより情報を求めているということが，背景にあるのではないか。

現在，ISSBをめぐる基準開発については，現在審議中のS 2基準（IFRS S 2号『気候関連開示』）の次に，どのテーマを取り上げてほしいかという議論がある。おそらく2023年中には次に取り上げるテーマについてアジェンダ・コンサルテーションが行われるだろう。これについては，自然資本関連であったり，人権，人的資本などを推す意見が聞かれるが，今回のアンケート結果を踏まえると，投資家が必要とする情報には，必ずしも，そのような特定のテーマに優先順位があるとは限らず，別の軸があるようにも思える。

たとえば，それは国内・国外でも比較に耐えうる「明確な数字」である場合

(注) https://www.ilo.org/tokyo/information/pr/WCMS_736289/lang--ja/index.htm「2018年現在のデータで見ると，女性管理職比率が最も高い地域は中南米・カリブ（39％）と北米及び欧州（約37％）であり，逆に最も低いのは西アジア・北アフリカ（12％）」となっている。

もあれば，「企業価値向上にどう関連するかといった説明」という場合もあるだろう。さらに，特定の目標・計画に関する進捗を表してほしいといった「変化の情報」を求める場合もある。投資家といっても一枚岩ではなく，その投資方法や投資先に応じて，投資先の選定からエンゲージメントまで様々なステージで必要となる情報は異なっている。

そのような中で，どういった開示を行えばよいかは企業にとっても悩みどころだろう。そしてこのような開示項目の追加に対して，「負担が増える」とネガティブに受け止めている企業もあるかもしれない。しかし，サステナビリティに関する取組みをするのであれば，それは投資家に，ステークホルダーに知られなければ“損”である。どうせ開示を行う必要があるのであれば，投資家が評価しやすい説明をするほうが“得”である。今回の有価証券報告書の開示に関する改正は，自社の努力を説明する機会が増えたとポジティブに捉えてもよいのではないだろうか。

投資家側もサステナビリティ情報をどのようにその投資行動に反映させるかについては，いまだ手探りの状態であろう。新しい有価証券報告書の開示について，企業が投資家と対話を行ってより良い開示を目指すことは，投資家にとってもその投資手法を成熟させる良い機会となりうる。また，企業にとっても自社の取組みを振り返り，外部の評価を意識することになり，よりサステナブルな経営の確立に役立つだろう。

■著者紹介

三井千絵（みつい・ちえ）

㈱野村総合研究所　上級研究員。専門は企業開示，コーポレートガバナンス，ESG／インパクト投資とその制度・政策。2020年までIFRS財団のIFRSタクソノミ諮問グループのメンバー，2020年からグローバルで17万人の会員が所属する投資家団体CFA協会における企業開示指針委員会の委員を務め，意見発信を行っている。また国内では2021年から経済産業省　非財務情報の開示指針研究会で委員を務めている。

❺ 気候変動リスク開示のためのデータ収集法

米国公認会計士　河辺亮二

Summary
サステナビリティ開示の目的は，企業への投資の視点が，事業価値の向上にとどまらず，社会的な責任，環境に対する責任に関心が広がってきたことへの対応である。これまでの短期，中期における財務パフォーマンスの開示に限定せず，中長期的に企業の活動全体（製品の販売，サービスの提供，建設，生産活動，原材料の調達から廃棄，従業員の雇用，ダイバーシティの拡大など）が生態系や社会全般に及ぼす影響を広範囲に測定して開示することが求められている。ここではサステナビリティ開示項目のうち，気候変動リスクすなわち温室効果ガス（GHG）の排出が地球温暖化に及ぼすデータの整備に関する具体的なアプローチについて解説していく。

Ⅰ　気候変動リスク開示の目的

気候変動リスク開示では，企業の温室効果ガス（Greenhouse Gas，以下「GHG」という）の排出量（熱，水，天然ガス等の利用量等）が，社会や地球環境に及ぼす潜在的なリスクをどの程度有しているのかについて，必要に応じて金額換算しつつ，GHG削減のための取組みが企業の財務指標にどの程度のインパクトを及ぼすのかについて開示することが求められる。一方で，気候変動に対する企業活動による影響はマイナスの面ばかりではなく，企業が開発し顧客に提供する環境対応の製品やゼロエミッションの最新テクノロジー，ソリューション等が，企業価値の向上，株価への良い影響につながることもありうる。

すなわち，気候変動リスク開示は大きく，①企業活動によって生じるGHG排出等のマイナスの価値およびリスクの開示と，②製品の提供によるゼロエミッションへの貢献からもたらされるプラスの価値およびリスクの開示に分けられる。

さらに，企業自らが率先してGHG削減に向けた投資を行い，将来に向けてアクションをとることで，環境の保全，ゼロカーボン（ゼロエミッション），3R（Reduce，Reuse，Recycle）社会を実現し，世界的な課題である地球温暖化を防止することこそが究極の目的である。これまでも各社で推進されてきたと思われるISO14001[(1)]認証の取得の活動や，製品のLCA[(2)]の取組みを，具体的なGHG削減目標と対応させて，削減量を社会に対してコミットするというのがそのエッセンスである。

Ⅱ　気候変動リスク情報の構造の理解（4階層モデル）

気候変動リスクに関して企業で管理するべき情報は，**図表1**に示すように概念的に大きく4つのデータ階層となる。

1　第1階層のデータ

第1階層は，GHGプロトコル[(3)]のScope 1，2で示されている主にインターナル（企業内部），ならびに製品やサービスを供給する側での熱，電力使用に伴う排出量のデータである。今回改正された開示府令と同時に公表された「記述情報の開示に関する原則（別添）— サステナビリティ情報の開示について —」の中で「積極的に開示することが期待される」とされた情報は本階層の情報であり，その目的はGHG排出等のマイナスの価値およびリスクの情報提供である。

2　第2階層のデータ

第2階層は，主にGHGプロトコルのScope 3で示される企業外部のサプライチェーン全体，すなわち原材料のサプライヤーや，輸送配送を担当する物流会

(1) ISO14001とは，製品やサービスの提供に伴う，自社の活動の環境への負荷を最小限度にするため，ISOによって定められた国際的な環境マネジメント規格。認証取得には独立の審査機関による監査が必要になる。

(2) LCA（Life Cycle Assessment）とは，製品の資源採取から原材料の調達，製造，加工，組立，流通，製品使用，さらに廃棄にいたるまでの全過程（ライフサイクル）における環境負荷を総合して，科学的，定量的，客観的に評価する手法のこと。

(3) GHGプロトコルとは，温室効果ガス（GHG）の排出量を算定・報告する際の国際的な基準のこと。

図表1　気候変動リスク開示データの4つの階層

データ階層	名称	気候変動リスク開示の概要	企業価値・リスク
第1階層	GHG Scope 1，2（企業内部の直接排出とエネルギー会社起源の排出）	• 自社内での熱，GHG(※)の排出量データ（Scope 1） • 電力会社，ガス会社などでの排出量データ（Scope 2） • 有報の開示推奨（連結ベース）	マイナス面への対応
第2階層	GHG Scope 3（企業外部のサプライチェーン全体での排出）	• 企業外部のサプライチェーン全体のGHG排出量データ（Scope 3） • 測定範囲が調達先や物流，ユーザーなど広範囲にわたる • 企業をまたがったデータベースの整備が望ましい • 欧州に大きなビジネス拠点を構える企業にとっては，事実上の義務化	マイナス面への対応
第3階層	製品・サービスの非炭素化（ゼロエミッション貢献）	• 自社の製品やサービスから生じる熱，GHGの排出削減量データ • 自社技術開発や最新技術動向に左右される • 環境対応新製品の性能向上（省エネ化） • 市場からの支持，売上増という形で企業価値貢献	プラスに向けた活動
第4階層	環境価値向上の取組み	• 電力調達の非炭素化，非化石証書の入手など • 国の環境政策や業界団体や市場でのルール形成とセット • 非炭素，環境関連ビジネスの拡大，新技術への投資 • グリーンボンド発行など資金調達方法のグリーン化	プラスに向けた活動

（※）　GHG：Greenhouse Gas（温室効果ガス）

社，ならびに製品やサービスの利用者における熱，電力使用に伴う排出量のデータである。

なお，これらサプライチェーン全体での排出量は相互に密接に関連している。すなわち，製品やサービスの提供者は，他の企業の製品，サービスの利用者であることから，全体の削減効果の総和（グロス）の数字は相互に重複してカウントされることになる。したがって，単純合算値として社会全体でのGHG排出量を把握しようとする場合には留意が必要となる。

Scope 3 のGHG排出量全体に占める割合は大きく[4]，本情報の把握なくしてGHG排出量の総量把握は難しいのが実態である。一方，Scope 3 情報については，自社外のサプライチェーン全体の排出量の測定が求められるため，個別企業にとってはハードルが高く，測定のためのコストもかかる。

Scope 3 情報の開示は，現時点において強制されるものではないものの，とりわけGHG排出量の多い企業においては注目が集まる領域である。また，第1階層同様，その開示の目的はGHG排出等のマイナスの価値およびリスクに関する情報提供である。

3　第3階層のデータ

第3階層は，企業が顧客に対して提供する製品やサービスのGHG排出削減量のデータであり，消費者ならびに生産者側での排出量に大きく影響するものである。本データはこれまでも，メーカーにおいて省エネ製品，グリーン対応製品等の名称でアピールされてきた分野であるが，改めて企業として客観的データの整備が見直されるべき領域である。なお，本データの目的は，ゼロエミッションへの貢献からもたらされるプラスの価値およびリスクの情報提供であり，企業価値の向上に貢献する。

4　第4階層のデータ

第4階層は，主に企業のビジネスマネジメントやファイナンス，資金調達面で活用するデータであり，たとえば炭素税や排出権取引，グリーンボンドやサステナビリティボンドでの資金調達といった，企業価値を積極的にアピールするためのデータである。

2021年5月に，金融庁・経済産業省・環境省から「クライメート・トランジション・ファイナンス[5]に関する基本指針」が公表されており，企業にはGHG削減に向けた方針について，資金提供者との対話を継続することが求められて

---

(4)　たとえば2020年時点で日立製作所では，Scope 3 の割合が全体の80～90％程度と報告されている（気候変動イニシアティブジャパン，https://japanclimate.org/）。

(5)　トランジション・ファイナンスとは，主に金融機関が，ゼロカーボン実現に向けた企業の長期的な移行戦略に基づいた取組みを評価して，金融面から支援する新しい手法のこと。

いる。資金需要者である企業は，自ら脱炭素化に向けた中長期のロードマップを示し，資金提供者である金融機関は，それを適切に評価して資金供給するという基本的なファイナンスの枠組みが示されている。

Ⅲ　サプライチェーン全体での排出量の把握

1　サプライチェーン全体の排出量と算定範囲

図表2に示すのは，環境省と経済産業省の「サプライチェーンを通じた温室効果ガス排出量算定に関する基本ガイドライン（ver.2.4)」(2022年3月）の中で示されているサプライチェーン排出量と算定・報告・公表制度での算定範囲との関係図である。

GHGは，材料の調達から，製品の生産・流通，製品の使用・廃棄に至るまでの一連のライフサイクルの中で排出されていくことに留意が必要である。製品，サービスの提供者は，販売して利益を得て終わるという認識ではなく，サプライチェーン全体の中でのGHGの排出に対して説明責任を負うというのが，

図表2　サプライチェーン排出量と算定・報告・公表制度での算定範囲との関係図

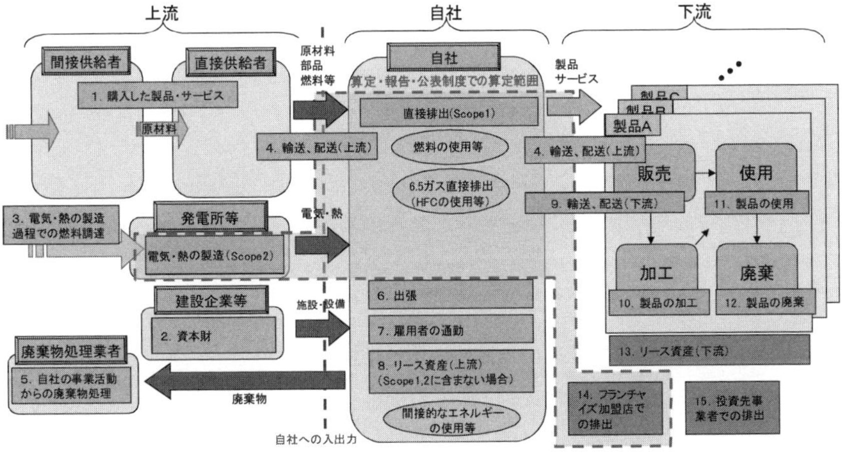

（出所）　環境省・経済産業省「サプライチェーンを通じた温室効果ガス排出量算定に関する基本ガイドライン（ver.2.4)」(2022年3月）

基本的な考え方であり，そのために有用となるデータの取得を行わなければならないという点が，気候変動リスク開示に向けたデータ整備の肝であるといえる。

2　データ整備の重要性

現時点において，制度として情報開示が強制される範囲は極めて限定的であり，企業内部での熱，エネルギー等の利用に伴うGHG排出量の実績，ならびに中長期における削減目標と削減に向けた会社の方針などに限られている。しかしながら，気候変動リスク開示の目的を勘案すると，将来的には極めて広範囲での開示の強制が想定されうるため，企業としてはデータ管理に向けた体制の整備を行っていく必要があるといえる。

ちなみに，各社における有価証券報告書でのサステナビリティ関連の情報開示状況については，金融庁から2023年1月31日に公表されている「記述情報の開示の好事例集2022」（サステナビリティ情報等に関する開示）などが参考になる。これをみると，現時点でも各社独自に工夫を凝らした開示を行っていることがわかるだろう。なお，現時点で任意開示項目になっている情報についても，上場企業においては，IR（内外の投資家との対話）の観点から積極的に開示する姿勢が望まれる。とりわけ資金調達の観点では，海外投資家からの評価の重要性が年々高まっており，世界レベルでの環境意識の高まりに対応するためにもデータの整備は必須となっている。

現状の環境（気候変動）に関する任意開示においては，気候変動リスク対応やゼロエミッションの達成の観点に加えて，リスク対応から生じるビジネスチャンスの両面から記述されることが多い。単なる制度開示の問題と捉えることなく，企業の環境経営への取組みアピールの面から，戦略的かつ野心的な目標の設定，実現のための体制，インフラ，データの整備を進めることが重要である。よく指摘されることであるが，測定できないものは改善不能である（You can't improve what you don't measure.）。現状をしっかり見定め，目標を立てて計画して実行していくという経営管理プロセスが，気候変動リスク開示のプロセスにおいても求められる。

3 第三者による検証

さらに，一般的に企業が開示する経営情報は，第三者による記載内容の検証が必要となる。現時点においてもサステナビリティレポート等の記載内容について，監査人による意見表明（限定的な手続による保証）が行われるケースがある。監査人による手続には，データによって心証を得る手続が含まれるため，裏づけ情報としてのデータ整備が必要となり，被監査側の企業にとってはデータ収集や維持管理が重要になる。気候変動リスク開示の対象は，目に見えない熱やGHGの排出量データであり，会計データとは異なり請求書や領収書といった客観的な証憑等の裏づけもないがために，現場において改竄のリスクが付きまとうことを前提に，基礎データの整備が行われるべきである。

Ⅳ 気候変動リスク開示で必要とされるデータ

気候変動リスク開示で必要とされるデータは，当然に企業の置かれている業界，業種，業態，扱う原料や製造・流通プロセス，サービスの内容，所在国，業種別規制，取引先の業態等によって，多様なものとなる。**図表3**は気候変動リスク開示で必要とされる，各階層のデータのイメージである。

第1階層では，主に自社製品の製造にかかる電力やガス・燃料等の使用実績，さらにそのGHGへの換算量などのデータの収集が連結ベースで必要になる。海外の子会社についても同様にデータを収集しなければならない。

第2階層では，サプライヤー側での原材料の製造プロセスにおけるGHGの排出データ，流通におけるGHGの排出データなどが対象となる。電力会社やガス会社などエネルギー供給者側で発生しているGHGの排出量データも対象となる。なお，これらのデータの多くは計測器やセンサー，IoTなどのテクノロジーを使った収集，使用実績（料金）計算，モニタリングがされることも多く，物理的な情報を数値情報に変換し，必要に応じて金額に換算してデータベース化，分析，レポーティングされるケースもある。

第3階層では，市場に提供した製品が，そのライフサイクルの中で消費する電力や排出するGHGの実績や予測値などのデータが該当する。消費者による

図表3　気候変動リスク開示で必要とされるデータのイメージ

データ階層	名称	データの概要
第1階層	GHG Scope 1，2（企業内部の直接排出とエネルギー会社起源の排出）	• 電力の使用量の実績（予定）データ • 燃料消費量の実績（予定）データ • 電気の製造者側でのGHG(※1)排出実績（予定）データ • 燃料供給者側でのGHG排出実績（予定）データ，等
第2階層	GHG Scope 3（企業外部のサプライチェーン全体での排出）	• サプライヤー側（生産）でのGHG排出実績（予定）データ • 物流側（輸送）でのGHG排出実績（予定）データ • 消費者側（消費，廃棄）でのGHG排出実績（予定）データ • 上記のシナリオ予測データ，等
第3階層	製品・サービスの非炭素化（ゼロエミッション貢献）	• 販売した製品・サービスのGHGの排出実績（予定）データ • グリーン対応製品のGHG削減貢献量の実績（予定）データ • 販売・納入実績，廃棄実績，稼働状況実績（予定）データ • LCA(※2)の実績（予定）データ，シミュレーション，シナリオ予測データ，等
第4階層	企業の環境価値向上の取組み	• 炭素税，排出権取引の実績（予定）データ • 再生可能エネルギー使用の実績（予定）データ • カーボンクレジット，非化石証書の実績（予定）データ • グリーンボンド，サステナビリティボンドでの資金調達，等

（※1）　GHG：Greenhouse Gas（温室効果ガス）
（※2）　LCA：製品のLife Cycle Assessment活動

製品の利用・廃棄プロセスでの排出シナリオに基づき，合理的な予測値が利用されるケース等が考えられる。

第4階層のデータは，企業の所在国の規制の状況や税制，企業の資金調達ポリシー等によって様々であるが，たとえば，炭素税や排出権取引の情報，再生可能エネルギー使用の実績，カーボンクレジット，非化石証書の実績データなども対象になる。

GHGのデータは会計の仕訳データとは異なり，データの属性が電気や燃料の使用量や発熱量といった物理的な情報であるとともに，データの収集プロセスが人間を介さずに自動化され，収集する対象範囲もサプライチェーン全体に拡大するためデータ量が膨大となること，さらにはそれによりデータベース階層の設計も複雑化することが想定される。

たとえば，工場での現場系システムから，必要なデータをAPI（インタフェース）によって吸い上げて，データマートやBI（ビジネス・インテリジェンス）等のツールを使って，気候変動リスク開示用のデータとして利用できるようにするといった環境の整備を行うなどの対応も想定される。

さらに，グローバルで情報を維持・管理する環境整備も必要となり，クラウド上でのデータの収集，分析作業の効率化のためのRPA（ロボットによる自動化）の導入やAI（人工知能）の活用なども考慮されるべきであろう。

V 第１階層のデータ（Scope１，Scope２）

1 GHGプロトコルの中のScope１，Scope２の位置づけ

改正開示府令により，2023年度から有価証券報告書（【事業の状況】）等において，「サステナビリティに関する考え方及び取組」の項目が新設され，サステナビリティ全般に関する開示が義務づけられることになった。改正開示府令においては，GHGの排出量について明示された記載要求はないものの，Scope１，２のGHG排出量に対しては積極的な開示が期待されている[(6)]（Scope３についての開示義務については記載されていない）。

なお，今回の開示義務化の範囲は極めて限定的であり，投資家の情報開示期待レベルの中で最低限のベースラインの情報と捉えるべきである。後述するISSB基準の採用の可能性など，将来的な開示を見据えた場合には，第１階層の開示情報はGHGプロトコル全体の中の１割にすぎない。

GHGの排出量に関しては，実績データとともに排出量削減に向けた取組み（戦略と目標）に対して，Scope１［すなわち自社，ならびに自社グループ内（オ

(6) 「『企業内容等の開示に関する内閣府令の一部を改正する内閣府令（案）』に対するパブリックコメントの概要及びコメントに対する金融庁の考え方」No. 148では，「GHG排出量のScope１及びScope２については，本改正において，必ず開示しなければいけない事項ではなく，開示原則において，投資家との建設的な対話に資する情報として開示が望まれる事項」とされている。

フィス含む）における燃料や電力，ガスの使用量とGHGプロトコルによって定量化されたCO_2等の排出量］に加えて，Scope 2［すなわち燃料会社，電力・ガス会社から購入する燃料，電力・ガスの製造で排出されるGHGの情報］の開示が期待されている。とりわけ，電力や燃料の消費量が膨大である工場や設備を有する電力業，鉄鋼業，化学製造業，物流輸送業などにおける開示は注視されることが想定される。

一方で，欧州諸国においては今後数年にわたって国際サステナビリティ基準審議会（International Sustainability Standards Board, ISSB）の開示ルールによる気候変動情報の開示が予定されており，欧州諸国に大きな子会社等のビジネス拠点を構える企業においては，事実上，Scope 1，2 さらにScope 3 までの排出量や想定金額情報の開示が義務化されることになる。

なお，ISSB基準案では消費財，金融，インフラ，エネルギー，サービス，輸送といった産業別に詳細な開示ガイドライン(7)が提案されており，各社は本ガイドラインに沿った情報開示が求められることに留意が必要である。また，複数の産業にまたがる事業を展開する複合企業においては，複数のガイドラインで求められるデータの開示が必要になる。

図表 4　ISSB基準の産業別開示要求（68産業）案の体系

1. 消費財／Consumer Goods（CG）
2. 採掘および鉱物加工／Extractives & Mineral Processing（EM）
3. 金融／Financials（FN）
4. 食品および飲料／Food & Beverage（FB）
5. 医療／Health Care（HC）
6. インフラ／Infrastructure（IF）
7. 再生可能資源および代替エネルギー／Renewable Resources & Alternative Energy（RR）
8. 資源加工／Resource Transformation（RT）
9. サービス／Services（SV）
10. 技術および通信／Technology & Communications（TC）
11. 輸送／Transportation（TR）

(7) ISSBのガイドラインの詳細については，ISSBから産業別の情報開示の要求項目（68産業）の案が公開されているためご参照願いたい。

2　Scope 1，2 におけるGHG排出量の算定方法

GHGの測定の具体的な方法は，環境庁が発行している「温室効果ガス排出量算定・報告マニュアル」において詳細なガイドラインが提供されている。大きくは，企業の活動量に燃料や資材項目ごとに定められた「排出原単位」を乗ずることで算定し，GHGの合計額を算出して開示することになるが，製品完成までに多くのプロセスが必要となり，かつ多様な原材料を有する製品においては測定にかなりの工数を要することが想定される。

図表 5 および**図表 6** は，Scope 1 およびScope 2 のGHG排出量測定の概要で

図表 5　**Scope 1 におけるGHG排出量の算出方法のイメージ**

(1)　GHG（温室効果ガス）の対象範囲

- エネルギー起源CO_2
- 非エネルギー起源CO_2
- メタン（CH_4）
- 一酸化二窒素（N_2O）
- ハイドロフルオロカーボン類（HFCs）
- パーフルオロカーボン類（PFCs）
- 六ふっ化硫黄（SF_6）
- 三ふっ化窒素（NF_3）（算定・報告・公表制度における温室効果ガスの種類と同じ）

(2)　GHG排出量の計算

① **GHG排出量（tガス）＝活動量×排出係数（活動量当たりの排出量）**

② **GHG排出量（tCO_2）＝GHG排出量（tガス）×地球温暖化係数**

- 活動量とは，事業者の排出活動の規模に関する指標。たとえば電気の使用量，貨物の輸送量，廃棄物の処理量，各種取引金額などが該当。社内の各種データや，文献データ，業界平均データ，製品の設計値等から収集する。
- **排出原単位とは，活動量当たりのCO_2排出量**。たとえば，電気 1 kWh使用当たりのCO_2排出量，貨物の輸送量 1 トンキロ当たりのCO_2排出量，廃棄物の焼却 1 t当たりのCO_2排出量などが該当。基本的には既存のデータベースから選択して使用，排出量を直接計測する方法や取引先から排出量の算定結果の提供を受ける方法もある。
- 地球温暖化係数とは，GHGごとに地球温暖化をもたらす程度についてCO_2との比を表したもので，GHGごとに異なっている。（例：CO_2が 1 に対して，メタンは25，一酸化二窒素は298，など）

（出所）　環境省「温室効果ガス排出量算定・報告マニュアル（Ver4.8）」（2022年 1 月）をもとに一部修正

図表6　Scope 2におけるGHG排出量測定方法イメージ

(1)　他人から供給された電気の使用

他人から供給された電気を使用する際，他人が発電する際に排出したCO_2を間接的に排出したものとみなす。

GHG算出方法　電気使用量に，単位使用量当たりの排出量（排出原単位）を乗じて求める。

CO_2排出量（tCO_2）＝電気使用量（kWh）×単位使用量当たりの排出量（tCO_2/kWh）

排出係数：電気事業者（小売電気事業者および一般送配電事業者）から供給された電気を使用している場合は，国が公表する電気事業者ごとの排出係数を利用する。(https://ghg-santeikohyo.env.go.jp/calc)

(2)　他人から供給された熱の使用

他人から供給された熱（産業用蒸気，産業用以外の蒸気，温水，冷水）を使用する際，他人が熱を発生させる際に排出したCO_2を間接的に排出したものとみなす。

GHG算出方法　熱の種類ごとに，熱使用量，単位使用量当たりの排出量（排出原単位）を乗じて求める。

CO_2排出量（tCO_2）＝(熱の種類ごとに）熱使用量（GJ）×単位使用量当たりの排出量（tCO_2/GJ）

（出所）環境省「温室効果ガス排出量算定・報告マニュアル（Ver4.8)」(2022年1月）をもとに一部修正

あるが，開示においては企業全体の合計額を示す必要があり，合算する拠点の対象範囲や各々の生産量に応じて活動量も様々であるため留意が必要である。各社においては，これまでも環境ISOなどで同様のデータの取得やモニタリングを実施していることも想定されうるため，当該活動と整合をとって整備を進めることも重要である。

Scope 1，2ともに，毎年の企業の活動量に応じてGHGの排出レベルが変化する。好景気となり活動量が増大すると，企業の売上が増大して業績も向上することになるが，サステナビリティの観点からみると，GHGの排出が増大して環境負荷が高まることを意味している。Scope 1，2の排出量の削減のためには，環境負荷の低い原材料へのシフトや生産設備の導入，テクノロジー革新が必要となり，そのための投資が重要となる。単なる実績モニタリングではなく，KPIによって経営戦略に組み込むことで削減目標の達成を実現することが重要となる。

また，繰り返しになるが，第1階層における開示の内容は気候変動リスク開示のベースラインとなる情報であり，本情報の開示のみで十分であるとはいいがたい。一方で，環境負荷が大きい企業，グローバル企業においてはすでに数年前よりサステナビリティレポート等による自主開示が実施されている状況であり，世界規模で環境意識が高まりつつある中で開示対象の範囲拡大が想定される。

Ⅵ 第2階層のデータ（Scope 3）

1 Scope 3の15のカテゴリ

第2階層のデータは，企業外部のサプライチェーン全体でみた場合の間接的なGHG排出量の測定であり，対象となる範囲が格段に広くなる。GHGプロトコルでは企業の上流・下流で合計15のカテゴリに分解されており，企業ごとに測定対象を分析してデータの取得を実施する必要がある。これまで，ISO14001等の監査において類似のデータ整備が行われてきた第1階層のデータとは異なり，第2階層で求められるサプライチェーン全体でのGHGデータを捕捉しているケースは稀であろう。今後数年かけてデータ収集の範囲を広げていく積極的な活動が必要となり，新たにデータベースの構築が求められる領域である。

GHGプロトコルの上流における活動量データの収集対象範囲（カテゴリ1～8）は，サプライヤーの活動や，自社の従業員の出張や通勤等で発生する排出など幅広く対象となる。**図表7**に環境省が発行している「サプライチェーン排出量算定の考え方」にて示されているScope 3の15のカテゴリを抜粋する。

図表7 Scope 3に該当する15のカテゴリ

	Scope 3のカテゴリ	該当する活動（例）
1	購入した製品・サービス	原材料の調達，パッケージングの外部委託，消耗品の調達
2	資本財	生産設備の増設（複数年にわたり建設・製造されている場合には，建設・製造が終了した最終年に計上）
3	Scope 1，2に含まれない燃料及びエネルギー関連活動	調達している燃料の上流工程（採掘，精製等） 調達している電力の上流工程（発電に使用する燃料の採掘，精製等）
4	輸送，配送（上流）	調達物流，横持物流，出荷物流（自社が荷主）
5	事業活動から出る廃棄物	廃棄物（有価のものは除く）の自社以外での輸送，処理
6	出張	従業員の出張
7	雇用者の通勤	従業員の通勤
8	リース資産（上流）	自社が賃借しているリース資産の稼働（算定・報告・公表制度では，Scope 1，2に計上するため，該当なしのケースが大半）
9	輸送，配送（下流）	出荷輸送（自社が荷主の輸送以降），倉庫での保管，小売店での販売
10	販売した製品の加工	事業者による中間製品の加工
11	販売した製品の使用	使用者による製品の使用
12	販売した製品の廃棄	使用者による製品の廃棄時の輸送，処理
13	リース資産（下流）	自社が賃貸事業者として所有し，他者に賃貸しているリース資産の稼働
14	フランチャイズ	自社が主宰するフランチャイズの加盟者のScope 1，2に該当する活動
15	投資	株式投資，債券投資，プロジェクトファイナンスなどの運用

（出所） 環境省「サプライチェーン排出量算定の考え方」

2 カテゴリ別の算定方法とデータ収集項目

カテゴリ別の算定方法とデータ収集項目については，環境省が発行している「サプライチェーン排出量算定の考え方」に例示されているため紹介する（**図表8**）。GHG排出量計算の基本的な考え方はScope 1，2のそれと異なるものではないが，その対象とする範囲が格段に広くなる。また，データのソースは各社の環境報告書や有価証券報告書，製品仕様カタログや自社の財務データなど多種多様となり，各社はGHG排出のシナリオを設定して，カテゴリの項目ごとに具体的活動量を測定してデータ化することが求められている。

さらに，当該データは1回限りの測定ではなく，適切なサイクルで実績情報のアップデートを実施する必要があり，Scope 3 実績情報を管理するデータベースの構築が必要となる。

図表8 各カテゴリの算定方法とデータ収集項目，データ収集先の整理（例）

	該当する活動	算定方法	データ収集項目	データ収集先
1	原材料の調達	調達物ごとの年間調達量から算定（素材投入量×排出原単位）	調達物ごとの調達量	各種調達データ
2	生産設備の増設	年間設備投資金額をもとに算定（年間投資額×排出原単位）	年間設備投資金額	有価証券報告書
3	エネルギー関連活動	年間での各種エネルギー使用量をもとに算定（電力使用量×排出原単位）	年間のエネルギー種別ごとの使用量	Scope 1，2算定用データ
4	1．調達物流 2．出荷輸送（自社が荷主となる委託物流）	1．調達先および納入場所の住所から輸送距離を見積り算定 2．省エネ法の特定荷主定期報告書の出荷輸送部分を利用（輸送CO_2排出）	1．調達重量および調達先の住所 2．省エネ法の特定荷主定期報告書における出荷輸送分	1．各種調達データ（調達先の住所および調達重量） 2．省エネ法の特定荷主定期報告書
5	外部委託の廃棄物処理	廃棄物処理委託量から算定（廃棄物量×排出原単位）	廃棄物種別ごと処理方法ごとの処理委託量	環境報告書用の集計値（廃掃法のマニュフェスト等）
6	従業員の出張	出張旅費金額から算定（距離×回数×原単位）	交通手段別の出張旅費金額	出張データ 経理データ
7	従業員の通勤	通勤費支給金額から算定（従業員数×勤務日数×排出原単位）	通勤手段別の通勤費支給額	人員データ 経理データ
8	自社が賃借しているリース資産	すでにScope 1，2に計上済みのため，該当なし		
9	出荷輸送（自社が荷主となる輸送以降）	出荷先の住所からシナリオを設定し算出（輸送距離（km）×CO_2排出係数）	出荷重量および出荷先の住所	出荷先データ（出荷先の住所および出荷重量）
10	事業者による中間製品の加工	加工シナリオを設定して算定	販売した製品の加工方法	製品設計データ（加工）
11	使用者による製品の使用	実測値もしくは使用シナリオを設定して算定（製品使用時の消費電力×耐用年数×出荷量）	実測値，仕様値，カタログ値，製品カテゴリの平均値，等	製品使用データ（使用）

	該当する活動	算定方法	データ収集項目	データ収集先
12	使用者による製品の廃棄処理	1．実測値もしくはシナリオを設定して算定（廃棄時データ×出荷量） 2．容器リサイクル法の報告値を利用	1．実測値，仕様値，カタログ値，製品カテゴリの平均値，等 2．容器リサイクル法の再商品化義務量	1．製品設計データ（分解） 2．容器リサイクル法における再商品化義務量
13	他者に賃貸しているリース資産の稼働	実測値もしくは使用シナリオを設定して算定（不動産賃貸面積×排出原単位）	実測値，仕様値，カタログ値，製品カテゴリの平均値，等	リース資産所管部署
14	自社が主宰するフランチャイズの加盟者のScope 1，2の排出量	フランチャイズ加盟店のScope 1，2を算定	フランチャイズ加盟店のScope 1，2	フランチャイズ加盟店
15	1．株式投資，債券投資 2．プロジェクトファイナンス	1．投資先の年間Scope 1，2排出量のうち，投資持分比率を算定（投資先排出量×保有比率） 2．プロジェクトの生涯稼働時排出を報告対象年に計上	1．投資先のScope 1，2排出量 2．投資持分比	経理データ（有価証券報告書等）

（出所） 環境省「サプライチェーン排出量算定の考え方」をもとに一部修正

3 Scope 3での排出量測定の具体的な手順・測定イメージ

GHGの排出量の測定については，第1階層と同様に，活動量×排出原単位にて統一的に計算が行われる。環境省の「サプライチェーンを通じた温室効果ガス排出量算定に関する基本ガイドライン」では，上記Scope 3での排出量測定の具体的な手順をカテゴリ別に公表しているので，具体的な算出方法の検討において参考になる。

なお，排出量の算定においてベースとなっている考え方は，国際的に広く合意されているSBT（Science Based Targets）[8]による定量化手法であり，排出原単位については「排出原単位データベース」による数値を具体的に提示する

(8) SBTとは国際的な枠組みであるパリ協定が求める水準と整合した，5～10年先を目標として企業が設定する温室効果ガス排出削減目標のこと。SBTの最終的な目標は2050年までにGHG（温室効果ガス）排出量を実質ゼロにすることであるが，5～10年先の短期目標として産業革命以前に比べて＋1.5度以内に抑えるシナリオとしている。

ことで，企業間でばらつきが発生しないように計算方法の統一化を図っている。**図表９**にScope３におけるGHG排出量の測定イメージを示す。

図表９　Scope３におけるGHG排出量測定イメージ

⑴　輸送事業者としてのエネルギーの使用（例）

トラック，鉄道，船舶，航空機などの運行におけるエネルギーの使用に伴い石炭，石油製品，天然ガス等の化石燃料を燃焼させた際，燃料中に含まれている炭素がCO_2となり，大気中へ排出される。また，他人から供給された電気を使用した場合にも発電時に化石燃料を燃焼させた際にCO_2が大気中へ排出される。

CO_2排出量（tCO_2）＝（燃料の種類ごとに）燃料使用量（t，kl，千Nm^3）×単位発熱量（GJ/t，GJ/kl，GJ/千Nm^3）×排出係数（tC/GJ）×44/12

単位発熱量および排出係数は，燃料の種類（電気も含む）ごとに算定省令により下表のとおり規定されている。

No	燃料の種類（電気も含む。）	単位発熱量	排出係数
1	ガソリン	34.6 GJ/kl	0.0183 tC/GJ
2	ジェット燃料油	36.7 GJ/kl	0.0183 tC/GJ
3	軽油	37.7 GJ/kl	0.0187 tC/GJ
4	Ａ重油	39.1 GJ/kl	0.0189 tC/GJ
5	Ｂ・Ｃ重油	41.9 GJ/kl	0.0195 tC/GJ
6	液化石油ガス（LPG）	50.8 GJ/t	0.0161 tC/GJ
7	液化天然ガス（LNG）	54.6 GJ/t	0.0135 tC/GJ
8	一般炭	25.7 GJ/t	0.0247 tC/GJ
9	都市ガス	44.8 GJ/千Nm^3	0.0136 tC/GJ

（出所）　環境省「温室効果ガス排出量算定・報告マニュアル（Ver4.8）」（2022年１月）をもとに一部修正

このようにScope３の排出量データは企業内のデータを測定するだけではなく，産業平均データ等の企業外部の情報を使った計測が必要となる点に留意が必要である。さらに，その計算は，前提となる原単位の設定に大きく影響されるため，スコープ１，２に比べて信頼性が低くならざるを得ない。したがって，Scope３のデータは，単に数値化して開示することを目的にするのではなく，可視化して管理可能にすること，目標を設定できるようにすること，さらに削減に向けた具体的なアクションを実行すること，といった視点が極めて重要となる。

Scope 3 のGHG排出量については，ISSB基準等において将来的に気候変動リスク開示のスコープとなりうるものの，現時点ではデータ収集コスト，検証方法の確保の必要性など企業にとってハードルが高く，先行する一部の先進企業における限定的な開示にとどまっている。Scope 3 データを取得するには，情報収集のためのプロジェクトを立ち上げて重要性の高い分野からデータを整備し，数年かけて範囲を拡大していく必要がある。

Ⅶ　第 3 階層のデータ（製品・サービスのゼロエミッションへの貢献）

1　販売した製品の使用に伴う 2 つの排出区分

Scope 3 の15のカテゴリ（**図表 7 参照**）の中には，「自社が最終顧客に販売した製品の使用に伴う排出」（カテゴリ11）が含まれているが，第 3 階層では，製品・サービスのゼロエミッションへの貢献という切り口でデータが切り出されることになる。具体的には，次の 2 区分の排出量が対象となる。

（1）　直接使用段階排出

- 家電製品等，製品使用時における電気・燃料・熱の使用に伴うエネルギー起源CO_2排出量
- エアコン等，使用時に6.5ガス[9]を直接排出する製品における6.5ガスの排出量

（2）　間接使用段階排出

- 衣料（洗濯・乾燥が必要），食料（調理・冷蔵・冷凍が必要）等，製品使用時に間接的に電気・燃料・熱を使用する製品のエネルギー起源CO_2排出量

(9)　サプライチェーン排出量で算定対象とする 7 ガス（CO_2，CH_4，N_2O，HFC，PFC，SF_6，NF_3）からエネルギー起源CO_2の排出を除いたもの。

2　削減貢献量

第3階層のデータの測定方法は，上述の方法に準じて実施されることになるが，GHGの総量については，製品の市場への出荷数量や現在稼働している製品の数量から削減貢献量を推定することになる。

図表8の例示にも記載しているが，顧客が製品を利用〜廃棄するまでの合理的なシナリオを設定し，実測値，仕様値，カタログ値，製品カテゴリの平均値等のデータをもとに具体的な排出量を推定することが重要となる。たとえば，2010年度比で新製品が省エネ率30％を実現した場合には，商品の出荷数量からGHG排出の削減量を推定してゼロエミッションへの貢献量として推定することになる。

図表10　製品サービスの非炭素化データの推定例

(1)　省エネ対応製品の販売による削減貢献量　（例）

GHG削減貢献量の推定方法　基準年度のCO_2排出量から評価対象の省エネ製品の排出量を引いたものに販売台数と想定使用年数を乗じて算出する。

（※）　GHG排出量は，電気使用量に単位使用量当たりの排出量（排出原単位）を乗じて求める。

CO_2削減貢献量（tCO_2）＝(基準年度の既存製品排出量（tCO_2）(※)－省エネ対応製品の排出量（tCO_2）(※)）×販売台数（台）×想定使用年数（年）

（※）　排出量（tCO_2）＝使用電力量（kWh）×単位使用量当たりの排出量（tCO_2/kWh）

（※）　部品等の提供における削減貢献量の算定については，最終製品のGHG削減貢献量に対して当該部品の製品全体に占める寄与率（%）を乗じることで推定する。

メーカー各社では，省エネ製品，グリーン対応製品などの開発を進める中で，自社製品のエネルギー消費量，GHGの排出削減量について長年データを蓄積してきた土台がすでに存在していることが多く，省エネ測定のプロセスも確立しているケースもある。耐久消費財としての家電やPC等の省電力化に限らず，EV電気自動車の開発や，太陽光発電（PV）住宅の提供など，製品の競争力を支える要素として，市場において製品・サービスのゼロエミッション化は定着しているといえる。

さらに，消費財や住宅関連，自動車などでは，いわゆる3R（省エネ，再利用，リサイクル）等のビジネスモデルによって脱炭素を実現するサービスも定着化しつつあり，企業のビジネスの重要戦略に据え置かれているのが，この製品・サービスのゼロエミッション化を通じたGHG削減貢献量であるといえる。

3　新しい技術の取込みによる非炭素化の推進と不正防止体制

第3階層で問われる自社製品のGHG削減を実現するためには，製品の研究開発力，技術力が問われるとともに，これまでとは異なる新しい技術の取込みによる非炭素化の推進などが重要となる。

たとえば，製鉄メーカーでは，CO_2を封じ込めるDAC（Direct Air Capture）の技術，水素を活用してCO_2排出を抜本的に削減する水素還元，コンピュータ機器メーカーでは，電気だけではなく光を用いて消費電力を抜本的に削減する光電融合技術，EV自動車メーカーでは，これまでのリチウムイオンではなく水素を用いた水素燃料電池，住宅メーカーでは，ゼロ・エナジー・ビルディング（ZEB），生産工程，利用，廃棄の局面で発生するGHGを脱炭素化する技術について注目が集まっている。

一方で，これらの新たな技術の開発プロセスの中では，テスト・開発・生産段階でGHG排出データの隠ぺいや改ざん，偽装などが発覚することも少なくない。そこで，自社製品に対する品質の保証，チェック，データ監査のプロセスの整備が重要になってくる。これらの事件が発生すると社会的な信用が失墜し，企業の存続が危ぶまれる結果にまで陥るリスクも高く，技術データの維持，管理には細心の注意が払われるべきである。

Ⅷ 第4階層のデータ（IR関連データ）

1 第4階層のデータの意義

第4階層のデータは，企業がゼロエミッション実現に向けて全社で取り組んでいることを証明するデータである。大手企業によるグリーンボンドの発行や，自動車会社による水素自動車の開発，総合商社による森林資産への投資，大手住宅メーカーによる木造ビル建築など，IR面でのニュースには事欠かない分野ではあり，一言でいえばグリーン関連ビジネスを通じた企業価値向上の取組みをサポートする情報と定義できる。

具体的には，新しく開始した環境関連ビジネスにおける売上貢献や利益額，将来フリーキャッシュ・フローなどの財務データが中心となるが，それ以外にもデータ整備が重要となる領域が多く存在している。

2 カーボンプライシング関連の制度導入で必要になるデータ整備

また，わが国の2050年のカーボンニュートラル達成に向けた柱の１つであるカーボンプライシング（炭素税，排出権取引，クレジット取引（非化石証書，Jクレジット制度））の制度導入で必要とされる各種のデータ整備は，現時点では規制や取引制度の整備が道半ばであるものの，企業においては中長期的に取り組むべき重要なテーマとなることが予想される。

（1） SHK制度における非化石証書の利用

たとえば，環境庁と経済産業省が推進するSHK制度（温室効果ガス排出量算定・報告・公表制度）の中で，2022年より電力需要家が再生可能エネルギー（太陽光，風力，バイオエネルギーなど）を利用するなどして非化石証書を入手し，電気事業者から小売供給された電気の使用に伴って発生するGHGの排出量から非化石証書分の排出量を控除することができることになっている。前提となる再生可能エネルギーの利用状況などは，独立の認定機関による監査において確認対象となることから，企業側はデータベースを適切に管理して，実績を管理しなければならない。

(2) 排出権取引

また，欧米で先行している，企業ごとにGHG排出量の上限を決め，上限を超過する企業と下回る企業との間で「排出権」を売買する排出権取引については，市場において公正な取引が行われるための基盤としてGHG排出量に関するデータ整備が最も重要になる。排出権取引については，わが国においても2033年を目途に政府から発電事業者に対する排出量の割当てを実施する方向となっている。

(3) 炭素税

さらに，炭素税についても，公平な税負担を実現するうえでデータの整備がキーポイントとなる。炭素税とは，GHGの排出量に対して定められた税率で課税を行うことを目的として，炭素に実質的な課税標準額としての価格を付ける仕組みである。日本では炭素税の一種として石油・天然ガス・石炭などの化石燃料の利用に際してGHG排出量に応じた課税を行う地球温暖化対策税がすでに導入されているが，欧州などで導入されている炭素税と比較すると税率は10分の１未満と非常に低い水準にあり，今後税率のアップなどの検討が予定されている。

現時点において，第２階層および第３階層以下の情報は，制度開示の範疇外とされ，IR目的で作成されるサステナビリティレポートなどにおける任意開示にとどまっているが，社会全体の環境意識の高まりの中で一層重要性が増していくと考えられる。さらに，開示項目については，独立の第三者による限定保証の対象となるため，客観的なデータの整備が必須となる。

これらの情報開示要求に応えていくには，気候変動情報を集約するデータベースの整備が必要となり，データのモニタリング，具体的なKPIの設定，ゼロエミッションに向けた具体的なアクションが求められることになる。すなわち，投資責任を有する経営者の関与が必須であり，気候変動に関連するリスクとオポチュニティを経営戦略に織り込んでいく必要がある。

Ⅸ　欧州基準の動向と将来に向けた課題認識

GHG排出に関する開示については，2015年に気候関連の情報開示の共通的な枠組みを話し合う場として，各国の金融当局が運営するTCFD（気候関連財務情報開示タスクフォース）が設置され，その議論をけん引してきた。わが国のTCFD賛同企業数は世界一の規模であり，その意味では情報開示分野では世界を引っ張ってきた歴史がある。

一方で，気候変動リスク開示がどの程度積極的に実施されているかという視点でみると，環境意識の高い欧州が世界をリードしており，たとえば欧州委員会はCSRD（Corporate Sustainability Reporting Directive）を公表しサステナビリティ関連の情報開示ルールを規定し，上述のScope 1，2，3の情報開示に向けて世界に先駆けた制度の整備を進めている状況である。

CSRDの開示規制に適合するためには，現時点のみならず過去情報との比較が重要となり，事後的な監査，検証可能性を含めてデータの管理が重要となっている。現時点では，適用範囲企業が欧州内の大規模法人に限定されているものの，将来的には適用範囲の拡大が予想される。

さらに国際的な取組みとしては，前述したISSBがCSRD基準を含むグローバルな統一基準の整備を進めており，近い将来，日本を含む全世界レベルでの適用が予想されている。ISSB基準やCSRD基準の特徴は，単なる定性的な説明開示にとどまらず，科学的な根拠に基づく定量的な開示を求めている点であり，データによる検証サポートが必須となる。たとえば，企業にGHGの排出量ならびに金額換算としての内部炭素価格の開示を求めるなど，幅広くScope 3レベルの排出量の開示を求めている。

なお，ISSB基準の完全適用には，検証プロセスの確立や専門家トレーニングなど，数年の時間がかかると思われる。開示内容に対する第三者保証のあり方を含めて，社会全体としてのフレームワークや評価プロセスの確立が必須であろう。ISSB基準の採用は，英国などの欧州諸国やシンガポールなど一部の国に限定されているものの，IFRSのイニシアティブ同様に引き続き適用範囲が拡大していくことが想定される。

わが国ではサステナビリティ基準委員会（SSBJ）にてISSB基準の適用の範囲，具体的な適用時期等を検討しており，2022年12月公表の金融審議会ディスクロージャーワーキング・グループ報告では，2025年には具体的な開示内容を決定するロードマップが示されている[10]。いずれにせよ近い将来，気候変動関連データの整備と継続的な維持・管理が必須になることは間違いない。さらに，影響が大きいメーカー等においては，具体的な改善目標やKPI指標を設定し，中長期的な排出削減目標の達成に向けたモニタリングが義務づけられることになろう。

前述のTCFDにおいては，企業自らが自己の判断でGHG削減に向けたシナリオ分析を実施することを前提としているが，シナリオの妥当性や開示内容の適切性を保証する第三者による保証，データの検証プロセス整備が必須となる。シナリオの前提となる仮定の適切性，データから導き出された結論の妥当性，経営方針から導かれるシナリオの蓋然性について，専門家による客観的な評価が必要になってくる。企業価値，社会価値，環境価値の向上に向けて，社会を構成するすべての企業の参加が求められることになることが予想される。

■参考文献

環境省「温室効果ガス排出量　算定，報告，公表制度ホームページ」（https://ghg-santeikohyo.env.go.jp/）

環境省「サプライチェーン排出量算定の考え方」（2017年11月）

環境省「再生可能エネルギー及び水素エネルギー等の温室効果ガス削減効果に関するLCAガイドライン」（https://www.env.go.jp/earth/ondanka/lca/index.html）（2021年7月改訂）

環境省「温室効果ガス排出量算定・報告マニュアル（Ver4.8）」（2022年1月）

環境省・経済産業省「サプライチェーンを通じた温室効果ガス排出量算定に関する基本ガイドライン（ver.2.4）」（2022年3月）

環境省・経済産業省「温室効果ガス排出量算定・報告・公表制度における非化石証書の利用について」（2022年4月）

環境省・みずほリサーチ＆テクノロジーズ「中長期排出削減目標等設定マニュアル」

(10) この点，SSBJの「現在開発中のサステナビリティ開示基準に関する今後の計画」（2023年2月2日）では，ISSBより最終基準が2023年6月末までに公表されることを前提に，公開草案を2023年度中（遅くとも2024年3月31日まで），確定基準を2024年度中（遅くとも2025年3月31日まで）に公表目標とすることが示されている。

（https://www.env.go.jp/earth/ondanka/supply_chain/gvc/files/GHG_target_settei_manual.pdf）
気候変動イニシアティブジャパンホームページ（https://japanclimate.org/）
金融庁「記述情報の開示の好事例集2022」（サステナビリティ情報等に関する開示）（2023年１月）
金融庁・経済産業省・環境省「クライメート・トランジション・ファイナンスに関する基本指針」（2021年５月）
（https://www.meti.go.jp/press/2021/05/20210507001/20210507001-1.pdf）
IFRS®サステナビリティ開示基準（ISSB）のS２基準案　付録B「産業別開示要求」
（https://www.asb.or.jp/jp/ifrs/exposure_draft_ssbj/2022-2-b.html）
（https://www.ifrs.org/projects/work-plan/climate-related-disclosures/japanese-appendix-b-industry-based-disclosure-requirements/）

■著者紹介

河辺亮二（かわべ・りょうじ）
㈱日立コンサルティングを経て，現在，㈱日立製作所に所属。米国公認会計士（イリノイ州），米国公認管理会計士，MBA（英マンチェスター大学），アプリケーションエンジニア。デジタルを活用した財務プロセス効率化を専門とし，現在はコーポレートでの投融資管理，グローバル環境ビジネスの財務などを担当している。「旬刊経理情報」では「タイムリーな業績予測への処方箋」（2020/9/20号），「経理・財務部門のジョブ型人事制度の考え方」（2021/10/10号）などを執筆。

❻ 人的資本開示のための データ収集法

米国公認会計士　**河辺亮二**

Summary

気候変動リスク情報と並んで，サステナビリティ情報開示項目のもう一方の重要なテーマは，企業活動が社会，とりわけ人に及ぼす影響に関する開示である。企業は，人材の採用から退職に至るまでの一連の活動（人的資本のマネジメント）を通じて，企業内の人材の多様化によるイノベーションの実現と企業競争力の強化，働きやすい労働環境の整備やリスキリング強化による少子高齢化への対応，女性や人種差別，児童労働，人権問題といった社会的な課題の解決を実現していくという責任を有している。本章では企業の人的資本への投資，ならびにダイバーシティ（人材の多様化）に関する様々な領域のデータ整備について，具体的に解説していく。

Ⅰ　人的資本開示の目的

人的資本開示の目的は，企業の人的資本への投資を拡大するとともに，人材の多様化（ダイバーシティ）を拡大すること，すなわち従業員のスキル強化を通じてイノベーションを促し企業の競争力を高めることに加えて，従業員の労働生産性を高めることで社会全体のウェルビーイング(1)を高めることにある。

岸田文雄首相が進めている「新しい資本主義」の中核が人的資本の価値創造であり，今後，労働者の高齢化，労働人口の不足，AI・ロボットの広範囲の活用が予想されるわが国において，これまで労働コストとして捉えられることが多かった人件費を，優れた人材が生み出すイノベーションによって社会の課題を解決するための投資，ある種の無形資産への投資へと見直すことを，非財務情報の可視化という形で実現しようとしている。

---

(1)　ウェルビーイング（Well-Being）とは，身体的・精神的・社会的に良好な状態にあることをいう。企業が従業員の多様性を受け入れ，異なる価値観やバックグラウンドを持つ人材がその能力をフルに発揮するための環境を整備することで，従業員の幸福感を高め，ひいては企業の競争力を高め，イノベーションにもつながるといわれている。

Ⅱ 企業価値向上に向けた人的資本の強化

さらに2020年に公表された「持続的な企業価値の向上と人的資本に関する研究会報告書～人材版伊藤レポート～」を参考にすると，人的資本を通じて企業価値を高める方法は大きく４つの柱，①相互依存から個の自律・活性化，②イノベーションを通じた価値の創造，③従業員エンゲージメントの向上，④自らのキャリア開拓に集約されると考えられる。

同レポートでは，企業の人材戦略には，３つの視点（Perspectives），すなわち①経営戦略と人材戦略の連動，②As is-To beギャップの定量把握，③人材戦略の実行プロセスを通じた企業文化への定着，が存在し，また人材戦略の内容についても，５つの共通要素（Common Factors），すなわち①動的な人材ポートフォリオと個人・組織の活性化，②知・経験のダイバーシティ&インクルージョン，③リスキル・学び直し，④従業員エンゲージメント，⑤時間や場所にとらわれない働き方，が抽出されるとする。この３つの視点および５つの共通要素を踏まえて，企業価値の持続的向上につながる人材戦略を策定・実行することを経営陣に求めているのである。

すなわち，人的資本開示を実現する前提としては，法制度によるお仕着せではなく自社にとって最も重要な人的資本に関するKPIは何かを見極め，中長期において無理のない達成目標を設定し，経営者自らが従業員に対して働きかけるとともに，仕組みとしてのジョブディスクリプション(2)を整備し，PDCAによるモニタリングを実施することが重要となる。また，同時に，長期的な経営戦略の実現ストーリーを，具体的なデータで検証していくというアプローチが極めて重要となる。このような，人的資本をマネジメントするための仕組みや人的資本（Human Capital）データの整備には時間とコストを要する。経営者自らが先頭に立って，しっかり腰を落ち着けて，着実に人材開発のための改革に取り組んでいくことが肝要となる。

(2) ジョブディスクリプション（JD）とは，職務内容を記載した雇用管理文書のこと。JDによって社員の職務を明確化することで，方向性を持ったキャリアパスが生成しやすくなるほか，学習・人材育成の効率の向上も期待される。

図表1　人的投資と事業価値向上のつながりイメージ

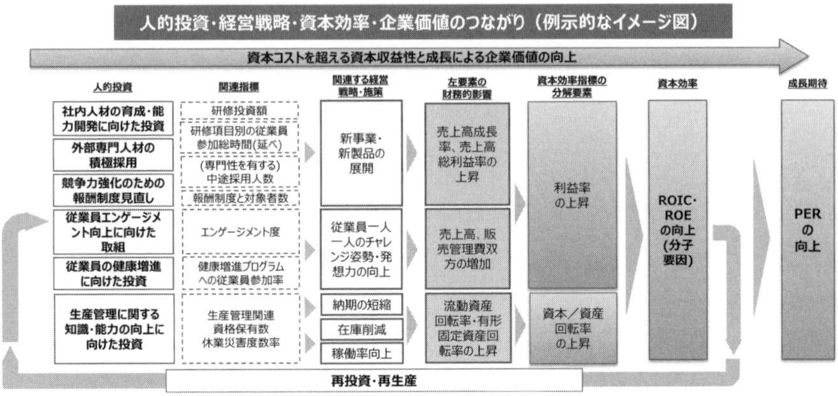

（出所）　内閣官房　非財務情報可視化研究会「人的資本可視化指針」

Ⅲ　欧州，米国，わが国の人的資本の開示制度の動向

1　欧州（CSRD/ESRS）

わが国の人的資本開示制度について論じる前に，先行する欧州と米国の開示基準について説明する。欧州では欧州委員会が公表した企業サステナビリティ報告指令（CSRD：Corporate Sustainability Reporting Directive）において，欧州財務報告諮問グループ（EFRAG）が策定する欧州サステナビリティ報告基準（ESRS：European Sustainability Reporting Standards）(3)のフレームワークに従った開示を行うことが定められている。CSRDの適用対象となる企業は非常に広範であることから，現時点では2024年1月以降，企業規模別に段階的に適用開始される予定となっている。

---

(3)　ESRSは，CSRD（企業サステナビリティ報告指令）に基づく開示要請事項を細かく明確に定めたサステナビリティ情報開示に関する包括的な基準であり，共通指標と産業別指標の2指標から構成される。2022年4月に第1弾の公開草案が公表され，2023年6月までに欧州委員会により採択される予定となっている。日本企業の現地法人も適用対象になる可能性がある。

CSRD/ESRSの開示項目は全137項目。うち，22項目は必須項目で，それ以外は重要でない場合について根拠を説明すれば開示は不要とされている。このうち人的資本に関する開示項目は**図表2**のとおりである。

図表2 CSRD/ESRS（草案）の人的資本の開示項目

① 一般的開示事項・戦略・ガバナンス・マテリアリティ評価
(General, Strategy, Governance and Materiality Assessment)
② 方針・目標・アクションプランと経営リソース
(Policies, targets, action plans and resources)
③ パフォーマンスの計測（Performance measures）
④ 労働条件（Working conditions）
⑤ 機会の平等（Equal opportunities）
⑥ その他の労働に関する権利（Other work-related rights）

CSRD/ESRSでは「ダブルマテリアリティ」の概念が導入されており，自社にとって重要な課題は何かを明確にするとともに，①企業が社会（環境）から受ける影響と②企業が社会（環境）に及ぼす影響の両面を加味して情報開示を行うことが定められているのが特徴である。

一般に欧州基準は，開示内容に関して企業の置かれている業種や業態，国などによって適切に判断をするという「原則主義」が貫かれている。とりわけ欧米ではサプライチェーンを通じた人種間の労働条件の違い，所得格差から生じる機会不平等，人権デューデリジェンス[(4)]等にフォーカスした基準になっており，女性の社会進出や正社員とパートタイムの労働格差などにフォーカスしているわが国の制度とは，社会的に解決すべき課題の強調点が若干異なっている。

一方で，グローバルにサプライチェーンが広がっている大企業においては，欧州基準へのコンプライも視野に入れなければならない。なお，人権デューデリジェンスについてはわが国においても2020年に「ビジネスと人権に関する行動計画（2020-2025）」が定められているが，現時点では情報開示が推奨されているレベルにとどまっている。

(4) 人権デューデリジェンスとは，自社のビジネスにおいて人権に関するリスクがあるかどうかを調べてリスクマネジメントを実施すること。

2　米国（Regulation S-K）

米国では，証券取引委員会（SEC）によりRegulation S-K（非財務情報に関する規則）が2020年８月に改正され，米国域内の上場企業に対して人的資本に関する開示を2020年11月から求めている。

Regulation S-Kでは，従来から定めのあった従業員数の開示に加え，企業のビジネスを理解するために重要な範囲において，人的資本に関する説明と，企業が事業の運営において重視する人的資本に関する施策・目的の開示を求めている。また，米国の開示規則は非常に細かく規定されている（細則主義である）一方で，人的資本の管理に係る開示に含まれる指標や目的が，時間の経過や企業の事業展開地域，事業戦略等により大きく変化する可能性があることを踏まえ，Regulation S-Kでの開示規則の詳細化は見送られている状況である。

2021年からは，米国内の上場企業に対して人的資本の８項目（**図表３**）による情報開示を強化する法案「Workforce Investment Disclosure Act of 2021」の審議が行われているが，その多くは国際規格ISO30414の開示項目に類似している。わが国のグローバル企業の多くは，米国に子会社や事業拠点を有することもあり，必然的に米国の開示ルールによって大きな影響を受けることになる。

図表３　提案されている８つの人的資本開示項目

1．契約形態ごとの人員数（Workforce demographic information）
2．定着・離職，昇格，社内公募（Workforce stability information）
3．構成・多様性（Workforce composition）
4．スキル・能力（Workforce skills and capabilities）
5．健康・安全・ウェルビーイング（Workforce health, safety and well-being）
6．報酬・インセンティブ（Workforce compensation and incentives）
7．経営上必要となったポジションとその採用の状況（Workforce recruiting and needs）
8．エンゲージメント・生産性（Workforce engagement and productivity）

3　日　本

翻って，わが国においては，2023年度から，有価証券報告書の【事業の状況】

の中に「サステナビリティに関する考え方及び取組」欄が新設され，①人材育成方針，②社内環境の整備方針，③指標の内容，④当該指標を用いた目標と実績の記載が義務づけられることになる。さらに，有価証券報告書の【企業の概況】の中の「従業員の状況」欄において，①男女間賃金格差，②女性管理職比率，③男性の育児休業取得率の３つの開示が求められることとなった。

現状，わが国の制度開示は最低限のベースライン開示であり，人的資本の開示はもっぱら統合報告書，サステナビリティレポート，中期経営計画などのIRでの任意開示が中心となっている。有価証券報告書では，これらの任意開示の内容を参照することも可能とされていることから，統合報告書，サステナビリティレポート等で開示する情報について，第三者による限定的保証[5]における数字による裏づけ証拠をどのように整備すべきかについて課題となっている。

なお，各社における有価証券報告書でのサステナビリティ関連の任意情報開示状況については，金融庁から公表されている「記述情報の開示の好事例集2022」（サステナビリティ情報等に関する開示）が参考になる。現時点でも各

図表４　有価証券報告書における「従業員の状況」の開示イメージ

有価証券報告書における多様性に関する指標の記載イメージ

従業員の状況

	提出会社及び連結子会社	管理職に占める女性労働者の割合	男性の育児休業等取得率（※2）	男女の賃金の格差			任意の追加的な記載欄（※3）
				全労働者	うち正規雇用労働者	うちパート・有期労働者	
	提出会社	xx.x%	xx.x%	xx.x%	xx.x%	xx.x%	………… …………
指標を公表した連結子会社（※1）	連結子会社A	xx.x%	xx.x%	xx.x%	xx.x%	xx.x%	………… …………
	⋮						

	連結グループ	管理職に占める女性労働者の割合	男性の育児休業等取得率（※2）	男女の賃金の格差			任意の追加的な記載欄（※3）
				全労働者	うち正規雇用労働者	うちパート・有期労働者	
任意	提出会社（連結グループ）	xx.x%	xx.x%	xx.x%	xx.x%	xx.x%	（※4）…… …………

（※1）「従業員の状況」において記載しきれない場合は、主要な連結子会社のみを「従業員の状況」に記載し、それ以外を有価証券報告書の「その他の参考情報」に記載することも可能
（※2）女性活躍推進法に基づき雇用管理区分ごと（正規、パート等）の男性の育児休業取得率を公表した場合、有価証券報告書においても雇用管理区分ごとの実績を記載する
（※3）数値の背景、各社の取組み、目標をより正確に理解できるよう、任意で、より詳細な情報や補足的な情報を記載することも可能
（※4）連結グループで記載する際に、海外子会社を含めた指標を記載するなど女性活躍推進法等と定義が異なる場合には、その指標の定義を記載する

（出所）　金融庁「金融商品取引法に基づく男女間賃金格差の開示について」

---

(5)　限定的保証とは，合理的保証よりも狭い範囲で実施され，独立的な第三者がデータ分析やそれに基づく企業の責任者等への質問によって心証をもとに実施される消極的な意見のこと。

社独自に工夫を凝らした開示を行っていることがわかる。

Ⅳ　人的資本開示基準の具体的なデータ項目

1　ISO30414ガイドライン

人的資本開示に関する国際標準としてはGRIスタンダード(6)，SASBスタンダード(7)などがあるが，特にわが国のサステナビリティ開示の観点からみた場合ISO30414のガイドラインが極めて重要な役割を果たしている。

ISO30414ガイドラインとは，2018年に国際標準化機構（ISO）によって制定された人的資本マネジメントの国際規格であり，わが国の人的資本開示において大きな影響を及ぼしている。

ここではISO30414のガイドラインで定められている，人的資本開示のための11の領域（**図表5**参照）と58のマネジメント項目について解説する。

図表5　ISO30414の11の領域

Ⅰ．コンプライアンスと倫理（Compliance and ethics）
Ⅱ．コスト（Costs）
Ⅲ．多様性（Diversity）
Ⅳ．リーダーシップ（Leadership）
Ⅴ．組織風土（Organizational culture）
Ⅵ．健康・安全・ウェルビーイング（Organizational health, safety and well-being）
Ⅶ．生産性（Productivity）
Ⅷ．採用・異動・退職（Recruitment, mobility and turnover）
Ⅸ．スキルと能力（Skills and capabilities）
Ⅹ．後継者計画（Succession planning）
Ⅺ．労働力の可用性（Workforce availability）

---

(6)　Global Reporting Initiative（GRI，サステナビリティに関する国際基準の策定を使命とする非営利団体）が定める国際開示基準の草分け。2000年から基準を公開。

(7)　米国サステナビリティ会計基準審議会（Sustainability Accounting Standards Board, SASB）が定める2018年に公開した非財務情報公開の標準化に向けた基準。

2 ISO30414における人的資本のメトリックス（管理指標）

以下は，11の領域に紐付く人的資本のメトリックス（58の管理指標）の具体的内容であるが，大きくはA．大企業や中小企業に共通の必須指標と，B．大企業のみに開示を求める指標，C．その他の任意的な開示指標の３つに区分されている。Cについては，各社は，自社の規模，業種・業態，所在国，経営陣の考え方などを考慮して，重要な開示項目を各々選定する必要がある。

一方で，従業員１人当たりEBIT／売上／利益や，人的資本ROI，総労働力コストなどの財務指標，総従業員数やフルタイム，パートタイムの人員数，フルタイム当量（FTE），離職率などの人員指標，労働災害件数，労働災害による死亡者数などの安全指標，さらに人材開発・研修の総費用，倫理・コンプライアンス研修を受けた従業員の割合は，企業の大小を問わずに必須項目となっている。

さらに，一定規模以上の大企業やグローバル企業については，年齢，性別，障害，経営陣の女性比率，外国人比率などのダイバーシティ指標の開示が強く推奨されているほか，提起された苦情の種類・件数や懲戒処分の種類・件数などの倫理コンプライアンス指標，従業員の定着率や満足度などのエンゲージメント指標，採用，異動，退職に関する具体的な指標の開示が求められている。

図表６ ISO30414における人的資本のメトリックス

11の領域	#	人的資本のメトリックス（58の管理指標）	A．大企業・中小企業ともに対象	B．大企業のみ	C．任意
Ⅰ．コンプライアンスと倫理	1	提起された苦情の種類と件数		○	
	2	懲戒処分の種類と件数		○	
	3	倫理・コンプライアンス研修を受けた従業員の割合	◎		
	4	第三者に解決を委ねられた紛争			○
	5	外部監査で指摘された事項の数と種類			○
Ⅱ．コスト	6	総労働力コスト	◎		
	7	外部労働力コスト			○

11の領域	#	人的資本のメトリックス（58の管理指標）	A．大企業・中小企業ともに対象	B．大企業のみ	C．任意
	8	総給与に対する特定職の報酬割合			○
	9	総雇用コスト			○
	10	１人当たり採用コスト			○
	11	採用コスト			○
	12	離職に伴うコスト			○
Ⅲ．ダイバーシティ（多様性）	13	年齢		○	
	14	性別		○	
	15	障害		○	
	16	その他		○	
	17	経営陣のダイバーシティ		○	
Ⅳ．リーダーシップ	18	リーダーシップに対する信頼		○	
	19	管理職１人当たりの部下数			○
	20	リーダーシップ開発			○
Ⅴ．組織風土	21	エンゲージメント／満足度／コミットメント			○
	22	従業員の定着率			○
Ⅵ．健康・安全・ウェルビーイング	23	労災により失われた時間		○	
	24	労災の件数（発生率）	◎		
	25	労災による死亡者数（死亡率）	◎		
	26	健康・安全研修の受講割合			○
Ⅶ．生産性	27	従業員１人当たりEBIT／売上／利益	◎		
	28	人的資本ROI	◎		
Ⅷ．採用・異動・退職	29	募集ポスト当たりの書類選考通過者			○
	30	採用社員の質			○
	31	採用にかかる平均日数		○	
	32	重要ポストが埋まるまでの時間		○	
	33	将来必要となる人材の能力		○	
	34	内部登用率		○	
	35	重要ポストの内部登用率		○	
	36	重要ポストの割合			○
	37	全空席中の重要ポストの空席率			○
	38	内部異動数			○

11の領域	#	人的資本のメトリックス（58の管理指標）	A. 大企業・中小企業ともに対象	B. 大企業のみ	C. 任意
	39	幹部候補の準備度			○
	40	離職率	◎		
	41	自発的離職率			○
	42	痛手となる自発的離職率			○
	43	離職の理由			○
Ⅸ．スキルと能力	44	人材開発・研修の総費用	◎		
	45	研修の参加率			○
	46	従業員１人当たりの研修受講時間			○
	47	カテゴリ別の研修受講率			○
	48	従業員のコンピテンシーレート			○
Ⅹ．後継者計画	49	内部継承率			○
	50	後継者候補準備率			○
	51	後継者の継承準備度（即時）			○
	52	後継者の継承準備度（1－3年，4－5年）			○
Ⅺ．労働力の可用性	53	総従業員数	◎		
	54	総従業員数（フル／パートタイム）	◎		
	55	フルタイム当量（FTE）	◎		
	56	臨時の労働力（独立事業主）			○
	57	臨時の労働力（派遣労働者）			○
	58	欠勤			○

（出所） ISO30414（人的資本に関する情報開示のガイドライン）をもとに筆者作成

3 具体的な開示項目

各社においては，企業の戦略と照らし合わせながら具体的な開示項目を選定する必要があるが，選定においては2022年８月に内閣官房の非財務情報可視化研究会が公表している「人的資本可視化指針」および具体的な指標例，ならびに同指針の付録での開示事例が大変参考になるため**図表７**に引用する。なお，本付録では，各項目について具体的な開示・要求事項を示したうえで，定性・定量，測定単位についての解説と，先行企業での具体的な開示事例について示されているので，具体的な検討を進めるうえでも大変参考になる。

図表7　人的資本の任意開示事例

社名	関連する主な開示事項（例）
Ⅰ．倫理・コンプライアンス	
三井化学	• 重大な法令・ルール違反件数 • 関係官庁からの排除勧告件数 • 不祥事などによる操業・営業停止件数 • コンプライアンス事故・事件での刑事告発件数 • 人権e-ラーニング受講者数・総研修時間 • ホットライン運用件数
日立製作所	• ⑴汚職と贈収賄の防止・⑵反競争的行動に対するポリシーと慣行の説明 • 腐敗に関連する法的手続による金銭的損失の総額 • 反競争的行動に関連する法的手続による金銭的損失の総額 • ⑴贈収賄又は汚職，⑵反競争的行為の容疑に関連する法的手続による金銭的損失の総額 • 人権意識向上に向けた研修の受講率 • 「ビジネスと人権」をテーマとしたe-ラーニング受講者数 • 執行役向けの人権に関する講義受講者数
（内，人権関連）	
不二製油グループ	• 【2030年KPI】児童労働撤廃，労働環境改善プログラム適用率100%，協同組合まで追跡可能なシアカーネル（戦略原料）直接調達比率75% • 不二製油グループのサプライチェーンに関する説明 • サプライチェーンにおける経済／環境／社会に著しいインパクトを引き起こす可能性のある変化の説明 • 内部通報制度（国内・国外）に関する説明 • サプライチェーン上のグリーバンスメカニズムに関する説明 • 児童労働事例に関して著しいリスクがある事業所およびサプライヤーに関する説明 • 強制労働事例に関して著しいリスクがある事業所およびサプライヤーに関する説明 • 人権インパクトアセスメントの対象としたグループ会社の総数・割合 • 人権に関する教育を受けた従業員の割合
味の素	• 人権レビューやインパクト評価の対象とした事業所の数 • 人権方針や手順に関する社員研修の受講率

社名	関連する主な開示事項（例）
	• 自社ポリシーおよび内部通報制度の認知・理解向上に向けた社員研修の受講者数 • 自社ポリシーに関する意識調査の回答数 • 事案別のホットラインへの通報件数
Ⅱ．コスト	
丸井グループ	• 自ら手を挙げ参画する社員数・率 • グループ会社間異動率 • 人的資本投資 • 人材への投資額 • 【2025年度目標】人件費に占める人的資本投資の割合
Ⅲ．ダイバーシティ	
双日	• 【中計KPI】育児休暇取得率100% • 【中計KPI】女性総合職の海外・国内出向経験割合40% • 【中計KPI】チャレンジ指数（設定したチャレンジ目標に対する上司評価）を設定の上，実際に挑戦を実行しプラス評価された社員比率70%をKPIに掲げる • 【2025年度のKPI】外国人CxO比率50% • 男女別育児休暇取得者数 • 男女別新卒／キャリア別採用者数，離職率（自発的離職のみ） • 男女別従業員数 • 男女別平均勤続年数，管理職における女性比率
東京海上HD	• 【2030年度目標】中核企業における女性管理職以上比率30% • 従業員数および海外従業員数 • 男女別従業員数・役員数（含む執行役員）・管理職数 • 障がい者雇用率 • 男女別育児休暇制度利用者数・育児休業復職率 • 育児休業復職者１年後定着率 • 配偶者出産休暇制度利用者数 • 介護休暇／休業制度利用者数
Ⅴ．組織風土	
味の素	• 【2030年度目標】従業員エンゲージメントスコア85%以上 • 育成プログラムの概要 • １人当たり年間平均研修時間 • 年間教育研修費用 • CEOや事業・コーポレートの本部長と従業員との対話回数

社名	関連する主な開示事項（例）
オムロン	•【中計目標】表彰制度の発展的継続および海外重要ポジションに占める現地化比率 •【中計目標】エンゲージメント調査の実施によるPDCA加速 • 従業員１人当たり年間平均研修時間 • 育成プログラムの概要 • 社内表彰制度への社員のエントリー件数・参加人数 • エンゲージメント調査における回答率 • エンゲージメント調査におけるフリーコメント数
Ⅵ．健康・安全	
伊藤忠商事	• 自己都合退職率 • 平均勤続年数 • 国内定期健康診断受診率 • 健康管理サイト（伊藤忠ヘルスナビ，HSS）国内使用率 • 特定保健指導受診率 • 健康・安全基準をテーマとして含む主要一般研修の受講従業員数 • 月平均残業時間・20時以降退館者数 • がん・長期疾病による離職率
Danone	• 死亡事故数（事業別・合計） • 労働災害件数・度数率（事業別・合計） • 休業災害度数率（事業別・合計） • 事故の重大度
三菱ケミカルHD	•【2025年度目標】従業員エンゲージメント80% •【2025年度目標】ウェルネス意識85% • いきいき活力指数（従業員のやりがい，熱意，信頼，成長を指数化） • 働き方指数（働き方に関する意識，行動，取組レベルを指数化） • 健康指数（健診項目，生活習慣の質，満足度レベルを指数化） • 職種別の平均歩数推移
Ⅶ．採用・異動・退職	
荏原製作所	•【中計目標】グローバルでのサクセッションプログラム制度の導入率100% •【中計目標】海外事業所のグローバルキーポジション現地社員比率50%

社名	関連する主な開示事項（例）
	•男女別新卒／キャリア別採用者数・比率 •新卒／キャリア別外国籍社員採用比率 •新卒採用の入社３年後離職率，自己都合離職率，自己・会社都合離職率 •男女別平均勤続年数
Ⅸ．スキルと能力	Ⅹ．後継者計画
三井化学	•育成プログラムの概要 •社員１人当たりの研修時間 •人事評価のフィードバック実施率 •社員１人当たり研修費用 •経営者候補含む階層別研修参加者数 •後継者準備率
日立製作所	•【次年度目標】デジタル人材・データサイエンティスト・AIトップクラス人材の各人数 •グローバルマネジメント研修受講者数 •社員１人当たりの年間教育投資額 •育成プログラムの概要

（出所）　内閣官房　非財務情報可視化研究会「人的資本可視化指針（付録）」の開示事例より抜粋

なお，わが国において諸外国に比べて最も立ち遅れているとされる労働生産性（従業員１人当たりEBIT／売上／利益，人的資本ROI(8)，など）とリスキリング関連の指標（人材開発・研修の総費用や１人当たり研修受講時間，など）に関する情報開示については，今後各社での取組みに関する開示が最も注目される分野であると考えられる。

V　人的資本データの管理

各企業において戦略と適合したKPIが選定され，具体的な目標の設定がなされると，KPIのモニタリングに向けての準備が必要となる。開示する情報は自

(8)　人的資本ROIとは，企業が全体の総経費の中で，人件費にどの程度のコスト配分を行っているかを示す基準であり，（売上高－人件費以外の経費）÷人件費－１で算出される。人件費の比率が高い企業は，人的資本ROIが高い（人的資本経営を行っている）ことになる。

社における複数年の実績情報をモニタリングすることが重要となる。

総従業員数やフルタイム，パートタイムの人員数，フルタイム当量（FTE），離職率などの指標は，これまでも人事部門においてモニタリングされているケースが多く，ベースとなる数字は容易に入手できることが多いが，開示対象の海外拠点が多数ある場合には，人員数の全社での定期的な集計のプロセスが必要になる。昨今では，HRのデータベースをクラウド環境で構築して，グローバルで労働者を実績管理しているケースもあるため，全社集計にはクラウドツールを有効活用するのが望ましい。

1　人的資本データの収集項目，算出方法，データ収集先の例

図表8に，人的資本データの収集項目，算出方法，データ収集先の例を示す。たとえば，生産性に関する従業員1人当たりEBIT／売上／利益や，人的資本ROI，総労働力コストなどの財務指標については，財務部門と人事部門が連携して数字を作成することになる。さらに，人材の充足状況や将来必要となる人材の能力等の開示については，ジョブディスクリプションの導入のもとで，企業の人材戦略の一環として開示内容について検討していく必要もあろう。

図表8　人的資本データ収集項目，算出方法，データ収集先の整理

11の領域	#	人的資本のメトリックス（前述のA，B該当項目）	D：データ項目（例）	E：計算方法（例）	F：データ取得元（例）
Ⅰ．コンプライアンスと倫理	1	提起された苦情の種類と件数	●苦情発生対応データ	●年間通報総数 ●要対応件数	●従業員，顧客通報情報 ●内部監査情報（連結）
	2	懲戒処分の種類と件数	●懲戒処分件数	●年間発生件数	●同上
	3	倫理・コンプライアンス研修を受けた従業員の割合	●研修受講データ	●全体受講率	●全従業員の研修受講記録
Ⅱ．コスト	6	総労働力コスト	●人件費（給与賞与，社会保険料，その他）	●地域別や拠点別，職種別の総コスト	●経理情報（連結ベース）
Ⅲ．ダイバーシティ（多様性）	13	年齢	●従業員属性データ（年間の移動平均）	●地域別や拠点別，職種別等の平均値	●人事DB（連結ベース） ※個人情報保護の配慮が必要

11の領域	#	人的資本のメトリックス（前述のA，B該当項目）	D：データ項目（例）	E：計算方法（例）	F：データ取得元（例）
	14	性別	●同上	●同上	●同上
	15	障害	●同上	●同上	●同上
	16	その他	●同上	●同上	●同上
	17	経営陣のダイバーシティ	●同上	●同上	●同上
Ⅳ．リーダーシップ	18	リーダーシップに対する信頼	●質問項目集計データ	●全体でのポジティブ回答の比率	●従業員アセスメント結果（連結ベース）
Ⅴ．組織風土	21	エンゲージメント／満足度／コミットメント	●同上	●同上	●同上
	22	従業員の定着率	●従業員属性データ（年間の移動平均）	●地域別や拠点別，職種別等の定着率	●人事DB（連結ベース） ※個人情報保護の配慮要
Ⅵ．健康・安全・ウェルビーイング	23	労災により失われた時間	●勤務時間データ	●労災時間集計	●労働災害統計情報
	24	労災の件数（発生率）	●労災発生件数データ	●労災事故発生数	●同上
	25	労災による死亡者数（死亡率）	●同上	●うち死亡発生数	●同上
Ⅶ．生産性	27	従業員１人当たりEBIT／売上／利益	●EBIT／売上／利益データ（地域別，会社別，事業別，など）	●従業員１人当たり財務パフォーマンス	●経理情報（連結ベース） ●人事DB（連結ベース）
	28	人的資本ROI	●売上高 ●総経費 ●人件費（給与賞与，社会保険料，その他）	●（売上高−総経費＋人件費）÷人件費−１	●経理情報（連結ベース） ●人事DB（連結ベース）
Ⅷ．採用・異動・退職	31	採用にかかる平均日数	●異動，退職データ ●採用データ	●退職・採用の状況 ●採用リードタイム	●人事情報（異動・退職・採用）（連結ベース）
	32	重要ポストが埋まるまでの時間	●同上	●同上	●同上
	33	将来必要となる人材の能力	●職務内容（ロール）定義 ●職務プロファイル	●地域別や拠点別，職種別の人材充足率	●人事情報（ジョブディスクリプション）
	34	内部登用率	●正規従業員データ ●契約社員データ	●正規社員／全従業員数	●人事DB（連結ベース）（フルタイム，パートタイム）
	35	重要ポストの内部登用率	●同上	●キーポジションの内部登用率	●同上

11の領域	#	人的資本のメトリックス（前述のA，B該当項目）	D：データ項目（例）	E：計算方法（例）	F：データ取得元（例）
	40	離職率	●退職データ	●地域別や拠点別，職種別等の離職率	●人事情報（異動・退職・採用）（連結ベース）
Ⅸ．スキルと能力	44	人材開発・研修の総費用	●教育研修関連コスト ●リスキリングコスト	●人材開発コストの合計額	●経理情報（連結ベース） ●リスキリング計画
Ⅺ．労働力の可用性	53	総従業員数	●従業員数データ	●地域別や拠点別，職種別等の人員数	●人事DB（連結ベース）（フルタイム，パートタイム）
	54	総従業員数（フル／パートタイム）	●同上	●同上	●同上
	55	フルタイム当量（FTE）	●人月（人日）データ	●総作業時間のフルタイム換算	●人事DB（連結ベース） ●勤務管理システム

（出所） ISO30414（人的資本に関する情報開示のガイドライン）をもとに筆者作成

2　データ管理の論点

また，労働災害件数，労働災害による死亡者数などの安全指標，さらに人材開発・研修の総費用などの数字については，人事総務部門が全社レベルでしっかり数字をモニタリングして管理する必要がある。とりわけ，海外拠点数が多い場合については，内部監査部門等と連携して，定期的に数字を集計して対応策を講じていく必要もあろう。

さらに，任意開示において従業員エンゲージメントを示していく場合には，全社で従業員満足度のアセスメントなどを実施する必要があるが，グローバルで実施する場合には同じくHR関連のクラウドサービスを採用するケースも多い。KPI管理の基本はPDCAサイクルの確立であり，ワンタイムでの活動ではなく定期的に客観的な数値集計とモニタリング，改善に向けたアクションを経営者自らが率先して推進する必要がある。

このように，人的資本に関するデータ管理は，気候変動関連データの収集，維持管理等に比較して，比較的安価なクラウドベースの環境で実現でき，そのデータ量やデータ整備にかかるコストは低いといえる。一方で，扱う情報が個人情報を含む人事関連のセンシティブなデータであるため，気候変動関連の情報とは異なる一段高いレベルのデータセキュリティ面の配慮が重要となろう。

企業は，人的資本情報の開示について，社内の人材関連データの管理プロセスの確立，全社的な人材戦略の見直し，ジョブディスクリプションの導入，さらには人事評価制度の刷新などとセットで推進することが想定されるため，企業にとって極めて重要な活動となる。

おわりに

わが国の企業の競争力の確保には，従業員の多様性（ダイバーシティ）の実現が欠かせない。「人材版伊藤レポート2.0」でも指摘されているとおり，「同質性の高い企業では，付加価値の源泉となるイノベーションが生まれない」。中長期において活力ある企業風土を醸成し，企業の価値を高めていくためには，その価値の源泉であるところの人材の強化，人材への投資が肝となる。

従業員がフレキシブルに効率的に働き続けることのできる環境を構築し，社会全体の構造を変革することこそが，働き方改革の目的である。人的資本の開示はあくまでもそのための手段である。すわなち，データの整備や開示そのものが目的ではなく，目標達成に向けた企業の従業員採用の方針やリスキリング，学び方，働き方などを変えていくことが目的である。

企業が価値のある人材を求め，従業員が自ら啓発して自己の価値を高めていくことが，結果的に労働生産性，ならびに企業価値を高めることにつながる。人生100年時代に備えて，リスキリングの環境や健康で柔軟な働き方を可能とする就労環境を整えていくことが重要と思われる。

■参考文献

外務省「ビジネスと人権」に関する行動計画（2020-2025）の策定について（https://www.mofa.go.jp/mofaj/press/release/press4_008862.html）

金融庁「金融商品取引法に基づく男女間賃金格差の開示について」（2022年11月）

経済産業省「持続的な企業価値の向上と人的資本に関する研究会報告書～人材版伊藤レポート～」（2020年９月）

経済産業省「人的資本経営の実現に向けた検討会報告書～人材版伊藤レポート2.0～」（2022

年５月）
内閣官房　非財務情報可視化研究会「人的資本可視化指針」（2022年８月）
（https://www.cas.go.jp/jp/seisaku/atarashii_sihonsyugi/wgkaisai/jinteki/sisin.pdf）
内閣官房　非財務情報可視化研究会「人的資本可視化指針／付録」（2022年８月）
（https://www.cas.go.jp/jp/seisaku/atarashii_sihonsyugi/wgkaisai/jinteki/furoku.pdf）
CSRDの内容：欧州EFRAG（European Financial Reporting Advisory Group）のHP
（https://www.efrag.org/）
CSRDの人的資本開示　ESRS S1（Own Workforce）（公開草案）の内容
（https://www.efrag.org/Assets/Download?assetUrl=%2Fsites%2Fwebpublishing%2FSiteAssets%2FED_ESRS_S1.pdf）
ISO30414 "Human resource management — Guidelines for internal and external human capital reporting"（2018）の内容：ISO HP（https://www.iso.org/standard/69338.html）

■著者紹介

河辺亮二（かわべ・りょうじ）
㈱日立コンサルティングを経て，現在，㈱日立製作所に所属。米国公認会計士（イリノイ州），米国公認管理会計士，MBA（英マンチェスター大学），アプリケーションエンジニア。デジタルを活用した財務プロセス効率化を専門とし，現在はコーポレートでの投融資管理，グローバル環境ビジネスの財務などを担当している。「旬刊経理情報」では「タイムリーな業績予測への処方箋」（2020/9/20号），「経理・財務部門のジョブ型人事制度の考え方」（2021/10/10号）などを執筆。

❼ サステナビリティ情報等の開示に対する監査人の役割

公認会計士　結城秀彦

Summary
改正開示府令により有価証券報告書等の「事業の状況」に記載されるサステナビリティ情報等については，独立第三者による保証が求められていない。ただし，サステナビリティ情報等は，財務諸表に対する監査においてはその他の記載内容（『「経理の状況」に掲載される財務諸表および監査報告書』以外の記載内容）として取り扱われるため，監査人は監査の基準に基づいて行う通読等の手続を実施する役割を担う。その結果，主として財務諸表との結合性の観点からサステナビリティ情報等の誤りが発見されることがあり，監査報告書において報告されることがある。

はじめに

本章においては，2023年１月31日に改正・公布・施行された企業内容等の開示に関する内閣府令（以下「改正開示府令」という）による有価証券報告書等(1)の開示のうち，財務諸表を監査する監査人のサステナビリティ情報等(2)の開示に対する役割について解説する。

なお，本章において意見にわたる部分は私見であり，筆者の所属する団体等の見解ではないことをあらかじめお断りしておく。

Ⅰ　有価証券報告書における財務諸表以外の記載内容と監査人による監査の対象範囲

1　監査人による監査の対象範囲

金融商品取引法第193条の２(3)においては，有価証券報告書等に収録される貸借対照表，損益計算書等，財務計算に関する書類に対して，公認会計士または監査法人の監査証明が求められている。その反面，有価証券報告書等の提出者には，財務計算に関する書類以外の有価証券報告書等の記載に対して，独立した第三者による保証業務（監査業務を含む）の提供を受け，保証報告書を入手して開示することは求められていない。

なお，「保証業務」とは，適合する規準によって主題を測定または評価した結果である主題情報に信頼性を付与することを目的として，業務実施者が，十分かつ適切な証拠を入手し，想定利用者（主題に責任を負う者を除く）に対して，主題情報に関する結論を報告する業務をいう。ここにいう「保証（assurance)」とは主題情報に信頼性を付与することであり，法律上の「保証（guarantee)」や「保険（insurance)」を意味しない（日本公認会計士協会保証業務実務指針3000実務ガイダンス第２号「監査及びレビュー業務以外の保証業務に係る概念的枠組み（実務ガイダンス)」第15項を参照)。

換言すれば，有価証券報告書等には収録される財務計算に関する書類に対して監査証明を行う公認会計士または監査法人（以下「監査人」という）の監査報告書の写しが収録されているが，当該監査報告書において表明される監査意見の対象は「経理の状況」に含まれる財務諸表(4)であり，たとえば，「経理の状況」の記載のうち，「主な資産及び負債の内容」や「その他」は対象ではない。また，「経理の状況」以外の記載内容も監査意見の対象ではない。

2　監査の基準における「その他の記載内容」に対する手続

前述のとおり，「経理の状況」に含まれる財務諸表以外の情報は監査意見の対象ではないが，これは，監査人が財務諸表以外の有価証券報告書の情報を読もうともしないということを直ちに意味するものではない。企業会計審議会

(1)　本章では，改正開示府令に基づきサステナビリティ情報の開示が行われる有価証券届出書および有価証券報告書を総称して有価証券報告書等という。

(2)　本章では，サステナビリティ情報および人的資本の開示を総称して，サステナビリティ情報等という。

(3)　同法第７章雑則に含まれる。

(4)　連結財務諸表が作成記載されている場合には対象となり，作成の基本となる事項，会計方針のほか，注記事項が含まれる。本章では，以下，連結財務諸表も含め，「財務諸表」と総称する。

「監査基準の改訂に関する意見書」（令和２（2020）年11月６日，以下「意見書」という）に記載された「監査基準の改訂について」および「監査基準第四　八　その他の記載内容」ならびに日本公認会計士協会監査基準報告書（以下「監基報」という）720「その他の記載内容に関連する監査人の責任」(5)において，監査人にはたとえば**図表１**のような対応が求められている。

たとえば，有価証券報告書において，その他の記載内容である「事業の状況」において，事業上のリスク，将来の経営目標および見通し等に関する記載が行われることがある。この場合，「経理の状況」の財務諸表に対する監査の過程において，減損会計の検討に使用された将来事業計画等，監査人が入手した知識と，これら「事業の状況」に記載されている将来の経営目標および見通しに重要な相違がある場合には，財務諸表における減損会計の適用に重要な虚偽表示がある，または，「事業の状況」の記載内容に重要な誤りがある可能性が識別されることとなる。当該可能性は，財務諸表に重要な虚偽表示を生じさせる可能性を含むものであり，そのため，財務諸表以外の記載内容についても通読等の手続が監査人に求められている。

このように，その他の記載内容に対する通読等の監査人の手続は，その他の記載内容と財務諸表または監査人が監査の過程で得た知識との間の重要な相違の有無の切口から，財務諸表の重要な虚偽表示またはその他の記載内容の重要な誤りの有無を検討し，未修正の重要な虚偽表示または重要な誤りについて報告を行うものである。

しかしながら，**図表１**のとおり，監査報告書において「意見を表明するものではない旨」が記載されるように，その他の記載内容に対する手続は，監査意見表明のためのリスク対応手続（財務諸表に関して識別した重要な虚偽表示リスクに対して対応するための監査手続）とは異なり，手続の対象であるその他の記載内容に対して網羅的にリスク評価手続を行うものではない。

また，財務諸表に対する監査において，監査人の責任はその他の記載内容に関する保証業務を構成せず，監査人にその他の記載内容について保証を得て意

(5)　意見書三　実施時期等４において記載された「改訂基準を実務に適用するに当たって必要となる実務の指針」として監基報720は定められている。

図表1　監査基準および監基報720における「その他の記載内容」と監査人の対応

年次報告書の定義および有価証券報告書の位置づけ	• 年次報告書とは，法令等または慣行により経営者が通常年次で作成する単一または複数の文書であり，企業の事業ならびに財務諸表に記載されている経営成績および財政状態に関する情報を所有者（または類似の利害関係者）に提供することを目的としているものをいう（監基報720第11項(3)）。 • 年次報告書には，財務諸表およびその監査報告書が含まれているか，または添付されており，通常，企業の動向，将来の見通し，リスクおよび不確実性に関する情報ならびに企業のガバナンスに関する情報が含まれる（監基報720第11項(3)）。 • 有価証券報告書については，年次報告書としてそれ自体で完結した単一の文書であるとされている（監基報720A12項，A16項）。
その他の記載内容の通読・検討	• 年次報告書に含まれるその他の記載内容(※)を通読し，当該その他の記載内容と財務諸表または監査人が監査の過程で得た知識との間に重要な相違があるかどうかについて検討する（監査基準第四の八）。 • 通読および検討にあたって，財務諸表や監査の過程で得た知識に関連しないその他の記載内容についても，重要な誤りの兆候に注意を払う（監査基準第四の八）。
監査報告書への記載	• 監査報告書において，意見不表明の場合を除き，その他の記載内容の見出しを付した区分を設けて，その範囲，経営者および監査役等の責任，監査人は意見を表明するものではない旨，監査人の責任および報告すべき事項の有無ならびに報告すべき事項がある場合はその内容を記載する（監査基準第四の八，監基報720第20項）。
監査人の責任	• 監査人の責任は，その他の記載内容に関する保証業務を構成するものではなく，監査人にその他の記載内容について保証を得て意見または結論を表明する義務を課すものでもない（監基報720第8項）。
重要な相違または重要な誤りがある場合	• その他の記載内容に重要な相違または重要な誤りがある場合には，経営者には適切な修正が，監査役等には経営者に対して修正を促すことが求められる（意見書二1(4)）。

（※）　意見書において，「その他の記載内容」とは，「監査した財務諸表を含む開示書類のうち当該財務諸表と監査報告書とを除いた部分の記載内容」とされており，有価証券報告書等においても同様である。

見または結論を表明する義務を課すものでもないとされており，監査およびレビューのように情報の信頼性に関して保証を提供するものではないとされている。

監査報告書のその他の記載内容区分の記載内容は，その他の記載内容の信頼性に関する情報を提供するものの，通読した限りにおいて重要な相違があると思われる事項および重要な誤りの兆候に焦点を当てて検討した結果について報告することにとどまるものである。監査およびレビューと同水準の信頼性をその他の記載内容の利用者に対して提供するものではないことを理解することが重要である。

3　その他の記載内容に対する保証業務の任意の実施

しかしながら，念のために付言すれば，有価証券報告書等の提出者には，財務計算に関する書類以外の有価証券報告書等の記載に対して，監査等，独立した第三者による保証を入手することは求められていないものの，禁止されているわけでもない。

したがって，有価証券報告書等の提出者の求めがある場合には，その他の記載内容に対して，独立第三者によって任意に保証業務が提供されることがあり，また，後述するように当該保証業務に関する言及が有価証券報告書等のその他の記載内容の一部として記載されることがある。

このような場合であっても，有価証券報告書等には財務諸表が収録され，これに対して監査が行われるため，監査人には，監査基準および監基報720に準拠して，任意の保証業務の対象となった情報を含め，その他の記載内容に対する通読等の手続を実施することが求められる。

Ⅱ　サステナビリティ情報等の開示と監査人の役割

1　改正開示府令におけるサステナビリティ情報等の開示の概要

改正開示府令による有価証券報告書等の開示においては，人的資本の開示に加えてサステナビリティ情報の開示に関する改正が定められており，原則として，「事業の状況」に新設された「サステナビリティに関する考え方及び取組」の記載欄に，必須記載事項（「ガバナンス」および「リスク管理」）および重要性に応じて記載を省略できる事項（「戦略」および「指標及び目標」）[(6)]を記載することとされている（開示府令第二号様式（記載上の注意）（30-２）a，b）。

また，将来情報について，一般的に合理的と考えられる範囲で具体的な説明（社内で合理的な根拠に基づく適切な検討を経た旨および前提とされた事実，仮定および推論過程等検討された内容の概要）が記載されている場合には，有価証券報告書等に記載した将来情報と実際に生じた結果が異なる場合であっても，有価証券報告書等の提出者が直ちに虚偽記載等の責任を負うものではないことが示されている（「企業内容等の開示に関する留意事項について（企業内容等開示ガイドライン）」（以下「開示ガイドライン」という）５-16-２）。

さらに，サステナビリティ情報等の記載については，有価証券報告書等に記載すべき重要な事項を記載したうえで，その詳細な情報について，他の公表書類を参照することができることが示されるとともに，他の公表書類の参照自体が有価証券報告書等の重要な虚偽記載等になりうる場合（他の公表書類に明らかに重要な虚偽があることを知りながら参照する等）を除けば，単に参照先の書類の虚偽表示等をもって有価証券報告書等の提出者が直ちに虚偽記載等の責任を問われるものではないことが示されている（開示ガイドライン５-16-４）。

2　サステナビリティ情報等に対する保証：制度的な動向と任意の保証

このように，改正開示府令による有価証券報告書等の開示のうち，サステナビリティ情報等の開示に関する改正は，有価証券報告書等に収録される財務諸表の記載内容を対象としたものではなく，また，財務諸表を監査する監査人の監査意見の表明対象を変更したり，その他の保証業務を直接に要求するものではない。

ただし，サステナビリティ情報の開示に対する保証業務については，2022年

(6)　改正開示府令とともに公表された「記述情報の開示に関する原則（別添）― サステナビリティ情報の開示について ―」では，重要性を判断したうえで記載しないこととした場合でも，当該判断やその根拠の開示が期待されている。

12月27日に公表された「金融審議会ディスクロージャーワーキング・グループ報告」（以下「DWG報告」という）において，わが国の開示基準が整備された後，有価証券報告書にサステナビリティ情報が記載される場合には，法定開示に対する投資家のニーズや国際的な動向を踏まえ，将来的に第三者による保証を制度として求めていくことや，対象範囲，根拠法令，担い手，業務基準等の課題が提言されている（DWG報告Ⅱ３「サステナビリティ情報に対する保証のあり方」参照）。

特に，現在公開草案が公表されている国際サステナビリティ基準審議会（ISSB）のサステナビリティ情報開示基準では，情報作成者に要求されているサステナビリティ情報の開示と財務情報との結合性（コネクティビティ）の観点から，監査人が保証の担い手として考えられるとされている[7]。このように将来において，監査人が財務諸表に加えてサステナビリティ情報に対して保証を付与する制度が形づくられることが想定される。

このような制度的な動きに対して，サステナビリティ情報に対して第三者に任意に保証を求め，その結論を有価証券報告書等において開示しようとする動きもみられ，監査人がその保証業務実施者となる可能性もうかがえる。わが国においては，2021年７月時点の日経225構成銘柄企業のうち非財務情報に対する何らかの保証を受けている企業が全体の約62％に当たる139件に上るという調査報告[8]がある。

このような状況を受けたものであるかもしれないが，改正開示府令に対するパブリックコメントには，サステナビリティ情報に対して任意に実施した保証業務について有価証券報告書等において言及することに関するコメントや，別途作成公表されるサステナビリティ報告書への参照を付すことに関するコメン

---

(7)　結合性とは「つながり」を意味するものであり，たとえば，IFRS® Sustainability Disclosure Standard, Exposure Draft, IFRS S1 General Requirements for Disclosure of Sustainability-related Financial Information（March 2022）para42では，「企業は，一般目的財務報告の利用者が，さまざまなサステナビリティ関連のリスク及び機会の間のつながりを評価し，これらのリスク及び機会に関する情報が，どのように一般目的財務諸表における情報と結びついているかを評価できるようにする情報を提供しなければならない。」とされている。

(8)　森洋一「非財務情報開示の保証についての実態調査報告」（日本公認会計士協会機関誌「会計監査ジャーナル」No. 796　2021年11月）を参照。

トが掲載されており，金融庁の考え方が示されている（「『企業内容等の開示に関する内閣府令の一部を改正する内閣府令（案）』に対するパブリックコメントの概要及びコメントに対する金融庁の考え方」（以下「金融庁の考え方」という）No. 147，240，241，281)。

たとえば，任意の保証業務に関する言及については，サステナビリティ情報の開示において，保証を受けている旨を記載する際には，投資家の投資判断を誤らせないように，保証業務の提供者の名称，準拠した基準や枠組み，保証水準，保証業務の結果，保証業務の提供者の独立性等について明記することが重要であるというDWG報告の提言を踏まえ，取扱いの明確化の方策について検討することが示されている（金融庁の考え方No. 147)。

サステナビリティ情報の開示情報に関して，単に「保証業務を受けている」旨のみが記載される場合，情報の利用者の中には情報が信頼できるものであると即断してしまう向きもあるだろう。しかし，よく考えてみると，この記載は「保証業務においてサステナビリティ情報が信頼できるという結論が表明された」とは言っておらず，「保証業務においてサステナビリティ情報が信頼できないという結論が表明された」という可能性も含んでいる。また，保証業務を提供する業務実施者が何者なのか，情報作成者から独立した立場にあるかどうかも判然としない。

このように，単に「保証業務を受けている」旨のみを開示することは，サステナビリティ情報に信頼性を付与するには曖昧不十分であり，情報の信頼性に関して誤解を生じさせる可能性が高い。サステナビリティ情報の開示において，任意の保証に言及する場合には，業務実施者の名称および有価証券報告書等の提出者からの独立性，実施された手続の内容（保証水準）および結論の概要等を記載するか，または，これらが記載された保証報告書の写しを有価証券報告書等において開示する，もしくは，有価証券報告書等以外に公表されたサステナビリティ報告書に収録された当該保証報告書を参照する，といった取扱いが検討される必要があると思われる。

なお，財務諸表に対する監査については，日本公認会計士協会の公表する監基報700実務ガイダンス第１号「監査報告書に係るQ&A（実務ガイダンス)」(2022年10月13日）Ｑ１－９において，「監査を受けている」旨の言及に関して参考となる情報が提供されており，「保証業務を受けている」旨の言及をどのように行うかについて検討するうえで，有用であると思われる。

3　その他の記載内容：有価証券報告書に記載されたサステナビリティ情報等に対する監査人の手続

このように，「事業の状況」に記載されたサステナビリティ情報等に対する保証は，任意に行われた保証業務が有価証券報告書等において言及されることはあるものの，法定・制度化されていない。また，有価証券報告書等において，監査の対象は「経理の状況」に収録された財務諸表に限られる。

しかしながら，**図表 1** に示した監査基準および監基報720の取扱いをみれば，監査人は，有価証券報告書等に記載されたサステナビリティ情報等について何ら読みもしないわけではないことは明らかであろう。

サステナビリティ情報等の開示は年次報告書である有価証券報告書等のその他の記載内容の一部を構成することとなるため，監査人には，監査基準および監基報720に準拠して，開示されたサステナビリティ情報等についても通読等の手続が求められる。

なお，サステナビリティ報告書，多様性および機会の平等に関する報告書，労働慣行および労働条件に関する報告書，人権に関する報告書については，それが有価証券報告書等のような年次報告書とは別に，単一の文書として発行された場合には，通常，年次報告書の一部を構成する文書に該当せず，その他の記載内容に該当しないとされている（監基報720A 5 項）。しかしながら，有価証券報告書等にサステナビリティ情報等が記載される場合には，当該情報等は年次報告書の一部を構成することとなり，その他の記載内容として監査基準および監基報720に準拠して通読等の手続が求められると考えられる。

通読等の手続を行う場合に，監査人にはその他の記載内容と財務諸表または監査人が監査の過程で得た知識との間に重要な相違があるかどうかについて検討することが求められる。

この手続の一部としてサステナビリティ情報等として有価証券報告書等に記載された情報に対して監査人が通読等の手続を行うこととなるが，その場合には，財務諸表およびこれに対する監査の過程で得た知識に照らして通読を行うこととなるため，監査人の通読の観点は，サステナビリティ情報等と財務諸表との「つながり」（結合性）に自ずと絞られ，その結果重要な相違の識別に起因して重要な虚偽表示や重要な誤りが識別される場合には，結合性に関連するものが識別されることが多いように思われる。

有価証券報告書等に記載されたサステナビリティ情報等の通読にあたって，サステナビリティ等に係る重要なリスクが開示されている場合には，その財務的影響が財務諸表にどのように反映されているか，重要な財務的影響があると思われるものについては，関連する「戦略」や「指標及び目標」に係る情報を含め，監査の過程で入手した情報と整合しているか，重要な相違の有無を検討することとなる。

たとえば，サステナビリティ情報の開示に記載された重要なリスクとして，気候変動に係るリスクのうち，移行リスクが記載されている場合には，そのリスクが将来において資金流出を生じる財務的損失に結びつくものであるか，戦略が開示されている場合には，リスクに対応した経営資源配分はどのように考えられているか，財務リスクに結びつく場合には当期の財務諸表に反映されるものであるか，会計上の見積りの監査手続において利用した将来の事業計画に当該財務的損失は含められており，重要な相違がないか，といった諸点を念頭に置いて，サステナビリティ情報を通読することが考えられよう。

前述のとおり，サステナビリティ情報の開示と財務情報との結合性は，現在，公開草案が公表されているISSBのサステナビリティ情報開示基準において，適切な開示を目的として情報作成者に要求されているところである。

したがって，監査人が監査基準および監基報720に準拠して有価証券報告書においてその他の記載内容に対する手続を実施することは，こうしたサステナビリティ情報の開示と財務諸表の結合性に影響を及ぼすような重要な誤りを識別して監査報告書のその他の記載内容区分において報告するという側面を有するものと考えられ，サステナビリティ情報の信頼性に関する情報を提供する役割を担うこととなると思われる。

ただし，前述のとおり，その他の記載内容に対する手続の実施は，保証業務を構成せず，監査人にその他の記載内容について保証を得て意見または結論を表明する義務を課すものでもないとされている。サステナビリティ情報の開示に関して，監査報告書のその他の記載内容区分に記載される情報を利用するうえでは，その他の記載内容に対する手続は，サステナビリティ情報を通読した限りにおいて重要な相違があると思われる事項および重要な誤りの兆候の識別に焦点を当て，これに関連して識別した重要な誤りの有無およびその内容を報告するものであり，監査およびレビューのような保証と同じ水準の信頼性を提供する手続ではないと考えられることを十分に理解しておくことが重要であると思われる。

4　サステナビリティ情報等の開示を補完する参照先の情報と監査人によるその他の記載内容に対する手続

前述のとおり，改正開示府令においては，サステナビリティ情報等の開示に関して，有価証券報告書等の提出者は，記載事項を補完する詳細な情報について，提出会社が公表した他の書類を参照する旨の記載を行うことができるものとしている。また，参照先の書類に虚偽の表示または誤解を生ずるような表示があっても，当該書類に明らかに重要な虚偽の表示または誤解を生ずるような表示があることを知りながら参照していた場合等当該書類を参照する旨を記載したこと自体が有価証券報告書等の虚偽記載等になりうる場合を除き，有価証券報告書等の提出者は，直ちに有価証券報告書等に係る虚偽記載等の責任を負うものではないことに留意することとしている（開示ガイドライン5-16-4）。

これらは有価証券報告書等の提出者に対する規定であり，監査人による手続を拘束するものではないが，監査人の役割という観点からは，このような「参照する旨の記載」について，参照先に記載された情報が，年次報告書の一部を構成するか，すなわち，監査基準および監基報720に定められたその他の記載内容に対する手続の対象となるかどうかが関心の的となる。

参照先の記載に関して，本章作成時点では，日本公認会計士協会から新たな監査の実務指針は公表されていない。監査人は，以下に示すような監基報720および改正開示府令に対するパブリックコメントにおける金融庁の考え方を考慮して，年次報告書を構成するものとして参照先の記載を取り扱うかどうかについて検討し，経営者と協議(9)することとなろう。

- 有価証券報告書は通読等の手続の対象となる年次報告書に該当し，それ自体で年次報告書として完結した単一の文書である（監基報720A12項，A16項）。

- サステナビリティ報告書および多様性および機会の平等に関する報告書等が，年次報告書とは別に単一の文書として発行された場合には，通常，年次報告書の一部を構成する文書に該当せず，その他の記載内容に該当しない（監基報720A 5 項）。
- 有価証券報告書において参照が行われる場合，参照先の書類内の情報は，参照方式の有価証券報告書等における参照書類とは異なり，基本的には有価証券報告書等の一部を構成しない（金融庁の考え方No. 281）。
- 投資家が真に必要とする情報は，有価証券報告書等に記載する必要がある。参照先として示された任意に公表した他の書類はあくまでも補完情報である（金融庁の考え方No. 254～256）。

おわりに

これまでの解説を総括すると，改正開示府令に基づき，有価証券報告書等において開示されるサステナビリティ情報等の開示に対する監査人の役割は，主として**図表 2** のとおりと考えられる。

(9) 監基報720第12項では，年次報告書の発行方法および発行時期の予定等と併せて，年次報告書を構成する文書について経営者と協議し，通読の対象を特定することが定められている。また，監基報260「監査役等とのコミュニケーション」第13項およびA14項に基づき当該内容が重要と判断される場合には監査役等とコミュニケーションを行うことが想定される。

図表2　サステナビリティ情報等の開示に対する監査人の役割（総括）

サステナビリティ情報等の開示の位置づけ，監査人の手続	有価証券報告書等における財務諸表および監査報告書以外の記載は，監査基準および監基報720におけるその他の記載内容に該当し，財務諸表監査の監査人による通読等の手続が求められる。なお，この手続の実施結果は，監査報告書のその他の記載内容区分に記載されるが，保証業務を構成せず，監査およびレビューと同等の信頼性を提供するものとはならない。
その他の記載内容に対する監査手続と重要な誤りの発見	改正開示府令のもとでは，有価証券報告書等のサステナビリティ情報等の開示に対して独立第三者による保証は求められていないが，監査人によるその他の記載内容に対する監査手続が求められる。この場合，サステナビリティ情報等と財務諸表との結合性に関して重要な誤りが発見されることがある。
第三者保証を受けて，それを開示する場合	有価証券報告書等のサステナビリティ情報等の開示に対して，改正開示府令によらず任意に第三者が保証を提供することは禁じられておらず，当該保証業務の概要を有価証券報告書等において開示することができる。この場合には，情報利用者に資するように，保証業務を受けている旨のみならず保証業務の内容の詳細を記載する，保証報告書を有価証券報告書において開示する，または，他の書類に含まれている保証報告書への参照を記載することが考えられる。
有価証券報告書等以外の情報を参照する場合	改正開示府令においては，有価証券報告書等に記載されたサステナビリティ情報等に関して，これを補完する有価証券報告書等以外の情報を参照することができる。この場合，監査人が実施するその他の記載内容に対する手続の対象に参照先の情報を含めるかどうかについては，監査基準および監基報720の規定や改正開示府令に対するパブリックコメントにおいて示された金融庁の考え方に照らして判断することとなる。

本章が，有価証券報告書等の利用者に対して，改正開示府令のもとでのサステナビリティ情報等に対する監査人の役割の理解を促し，監査報告書のその他の記載内容区分において提供される情報の適切な利用に資することを期待したい。

■著者紹介

結城秀彦（ゆうき・ひでひこ）
公認会計士
有限責任監査法人トーマツ　パートナー
日本公認会計士協会常務理事（監査基準，品質管理基準および中小事務所支援担当）
著書として，『多様化するニーズに応える　財務報告の枠組みと監査Q&A』（中央経済社，2016年），「Q&Aでわかる　KAM〈監査上の主要な検討事項〉の実務」（共著）（中央経済社，2021年）ほか。

PART 2
改正開示府令で変わった記載実務

❶ 「サステナビリティに関する考え方及び取組」の記載欄

① サステナビリティ全般に関する開示

② 気候変動関連情報に関する開示

③ 人的資本に関する開示

❷ 将来情報の記載と虚偽記載の責任

❸ 「従業員の状況」欄に記載すべき多様性に関する開示
女性管理職比率，男性育児休業取得率，男女間賃金差異

❹ コーポレートガバナンスに関する開示
「コーポレート・ガバナンスの概要」
「監査の状況」「株式の保有状況」

❶「サステナビリティに関する考え方及び取組」の記載欄

① サステナビリティ全般に関する開示

EY新日本有限責任監査法人 公認会計士 前田和哉

Summary
2023年１月31日に，改正された企業内容等の開示に関する内閣府令等が公布・施行されたことにより，有価証券報告書等におけるサステナビリティ情報の開示の拡充が行われている。本章では，有価証券報告書等におけるサステナビリティ情報全般の開示のポイントについて，先進的な事例も踏まえながら解説する。

はじめに

2023年１月31日，改正された「企業内容等の開示に関する内閣府令」（以下「開示府令」という）が公布・施行され，併せて「企業内容等の開示に関する留意事項について（企業内容等開示ガイドライン）」（以下「開示ガイドライン」という）が改正された。同時に金融庁より「記述情報の開示の好事例集2022」（以下「好事例集」という）が公表された。この好事例集には，サステナビリティ情報の開示の好事例が集録されている。

以下，改正された開示府令等で期待されているサステナビリティ全般の情報開示に関するポイントについて，好事例集等の先進的な事例を参考に解説する。

なお，文中の意見にわたる部分や好事例として取り上げた記載例は筆者の私見であることをあらかじめ申し添えておく。

Ⅰ サステナビリティ情報の開示の枠組み

有価証券報告書等に【サステナビリティに関する考え方及び取組】の記載欄が新たに設けられた。この記載欄には，「ガバナンス」および「リスク管理」

の記載がすべての企業において必須の記載事項として求められ,「戦略」と「指標及び目標」については,重要なものについて記載することが求められている(開示府令第二号様式(記載上の注意)(30-2)a,b)。

サステナビリティ情報は,環境,社会,従業員,人権の尊重,腐敗防止,贈収賄防止,ガバナンス,サイバーセキュリティ,データセキュリティ等の様々なテーマが考えられるが,有価証券報告書等では,これらのすべてを開示することは求められておらず,各企業において,自社の業態や経営環境,企業価値に与える影響を考慮し,重要と判断したテーマについて開示することが求められている。重要なテーマは各企業で異なることが想定され,その判断に用いる重要性の判断に関する情報は,投資家の投資判断にとって重要な情報と考えられる。したがって,この重要性の判断過程を開示することが想定されている「ガバナンス」と「リスク管理」については,すべての企業において記載することが求められていると考えられる。

そして,「戦略」では,重要と識別したサステナビリティ情報が,経営方針・経営戦略等に与える影響を,短期だけではなく中長期的な観点で記載するとともに,その対処方針を具体的に記載することが必要であると考えられる。「指標及び目標」では,「戦略」に記載した対処方針の状況を評価するための指標,目標値と実績値,実績値に対する経営者の評価を開示することが考えられる。

なお,4つの構成要素について,開示府令では,**図表1**のように定義されている(開示府令第二号様式(記載上の注意)(30-2)a,b)。

図表1　4つの構成要素の定義

構成要素	定　義
「ガバナンス」	サステナビリティ関連のリスクおよび機会を監視し,および管理するためのガバナンスの過程,統制および手続をいう。
「リスク管理」	サステナビリティ関連のリスクおよび機会を識別し,評価し,および管理するための過程をいう。
「戦略」	短期,中期および長期にわたり連結会社の経営方針・経営戦略等に影響を与える可能性があるサステナビリティ関連のリスクおよび機会に対処するための取組みをいう。
「指標及び目標」	サステナビリティ関連のリスクおよび機会に関する連結会社の実績を長期的に評価し,管理し,および監視するために用いられる情報をいう。

Ⅱ　サステナビリティ情報の開示のポイント

1　サステナビリティ情報の好事例のポイント

【サステナビリティに関する考え方及び取組】に記載する「ガバナンス」,「リスク管理」,「戦略」,「指標及び目標」の内容について，同時に公表された好事例集に集録されている開示を踏まえると，**図表2**が開示のポイントになると考えられる。

図表2　4つの構成要素における開示のポイント

<table>
<tr><th>構成要素</th><th>開示のポイント</th></tr>
<tr><td>「ガバナンス」</td><td>• サステナビリティに関する重要施策の検討，実行，モニタリングに関して，各機関や組織の連携や指揮命令系統について，開示することが有用。</td></tr>
<tr><td>「リスク管理」</td><td>• リスクや機会の影響度，発生可能性，発生時期など，重要な開示事項と判断するプロセスについて開示することが有用。</td></tr>
<tr><td>「戦略」</td><td rowspan="2">• 識別された重要なリスクや機会について，経営者が考える対応方針やこの取組みと企業価値の創造に向けた経営戦略との関係性を具体的に開示することが有用。
• 指標については，単に指標を提示するだけではなく，採用した指標の理由も併せて開示することが重要。
• 目標値だけの開示にとどまるのではなく，その実績値を開示し，目標と実績値の乖離についての経営者の見解を示すことも有用。</td></tr>
<tr><td>「指標及び目標」</td></tr>
</table>

開示府令では,「ガバナンス」,「リスク管理」,「戦略」,「指標及び目標」の4つの構成要素について，具体的な記載方法を詳細に規定していない。したがって，現時点では，それぞれの構成要素に区分して記載せずに，一体として記載することも考えられる。この場合，記載内容が4つの構成要素のどの要素に関連するかについて，投資家の理解が容易となるような工夫を行うことが有用と考えられ，留意が必要である（「『企業内容等の開示に関する内閣府令の一部を改正する内閣府令（案)』に対するパブリックコメントの概要及びコメントに対する金融庁の考え方」(以下「金融庁の考え方」という）No. 83等)。

2 「記述情報の開示に関する原則（別添）― サステナビリティ情報の開示について ―」

「記述情報の開示に関する原則」（以下「開示原則」という）は，新たな開示事項を加えるものではなく，開示府令に定められた開示の考え方や望ましい開示に向けた取組みを示し，開示の充実を図るものである。今回，開示府令において新たに開示が求められることになったサステナビリティ情報についての考え方や望ましい開示に向けた取組みについても示されている（**図表 3**）。

図表 3　サステナビリティ情報の開示の考え方と望ましい開示に向けた取組み

【考え方】	【望ましい開示に向けた取組み】
• 中長期的な持続可能性に関する事項について，経営方針・経営戦略等との整合性を意識して説明 • 「ガバナンス」と「リスク管理」は，業態や経営環境，企業価値への影響等を踏まえ，サステナビリティ情報を認識し，その重要性を判断する枠組みについて開示 • 「戦略」と「指標及び目標」は，「ガバナンス」と「リスク管理」の枠組みを通じて重要性を判断して開示	• 重要であると判断した具体的なサステナビリティ情報について，「ガバナンス」，「戦略」，「リスク管理」，「指標及び目標」の枠で開示すべき ✓気候変動対応が重要と判断する場合，「ガバナンス」，「戦略」，「リスク管理」，「指標及び目標」の枠で開示すべき ✓特に，Scope 1・Scope 2 の温室効果ガス排出量は積極的な開示を期待 ✓女性管理職比率，男性の育児休業取得率，男女間賃金格差に関する指標は，連結ベースでの開示に努めるべき • 重要性を判断し，「戦略」と「指標及び目標」の記載をしない場合，当該判断やその根拠の開示を行うことを期待 • 国内で具体的な開示内容の設定が行われていないサステナビリティ情報の開示は，たとえば，気候関連財務情報開示タスクフォース（TCFD），または，それと同等の枠組みに基づく開示をした場合は適用した開示の枠組みの名称を記載

（出所）「記述情報の開示に関する原則（別添）― サステナビリティ情報の開示について ―」

サステナビリティ情報の重要性の考え方については，今後の国内外の動向も踏まえつつ，この開示原則を改訂することが考えられるとされている。しかし，開示原則では，重要性の判断にあたって，投資家の投資判断にとって重要か否かにより判断すべきと考えられ，企業価値や業績等に与える影響度を考慮して判断することが望ましいという考え方が示されている（開示原則「Ｉ．総論　２．記述情報の開示に共通する事項」２－２）。

したがって，サステナビリティ情報の重要性の判断に関する考え方が示されるまでは，当該開示原則の考え方に沿ってサステナビリティ情報の重要性を判断することが考えられる。

Ⅲ　４つの構成要素の開示

１　「ガバナンス」

ガバナンスは，サステナビリティ関連のリスクおよび機会を監視し，および管理するためのガバナンスの過程，統制および手続とされており，サステナビリティに関する重要施策の検討，実行，モニタリングに関して，各機関や組織の連携や指揮命令系統について記載することが有用と考えられる。組織図を記載する開示を見かけるが，組織図だけではなく，各組織の関連性や指揮命令系統まで記載することが重要と考えられる。

記載例１のＪ．フロント リテイリング㈱の環境課題に対するガバナンスの開示では，各組織の役割について，たとえば，業務執行の最高意思決定機関である「グループ経営会議」で協議・決議している点や半期に一度開催される「サステナビリティ委員会」において，「グループ経営会議」で協議・決議された環境課題への対応方針等を共有し，同社グループの環境課題に対する実行計画の策定と進捗モニタリングを実施している点，取締役会では，「グループ経営会議」および「サステナビリティ委員会」で協議・決議された内容の報告を受け，同社グループの環境課題への対応方針および実行計画等についての論議・監督を実施している点が記載されており，サステナビリティの課題に対して取締役会や経営会議の関係性が具体的に記載されている。

また，各会議体の開催頻度も記載されており，サステナビリティの課題に対する議論の頻度も理解可能となる開示になっている。このような開示が行われることによって，重要なリスク等の検討や判断の過程が明確になり，投資家の投資判断に資する情報になると考えられる。

記載例 1 **J．フロント リテイリング㈱**

＜ガバナンス（環境課題に対するガバナンス）＞

(a) 取締役会が気候関連課題について報告を受けるプロセス，議題として取り上げる頻度，監視対象

JFRグループでは，サステナビリティ経営をグループ全社で横断的に推進するため，環境課題に関する具体的な取り組み施策について，業務執行の最高意思決定機関である「グループ経営会議」で協議・決議しています。また，半期に一度開催される「サステナビリティ委員会」において，「グループ経営会議」で協議・決議された環境課題への対応方針等を共有し，当社グループの環境課題に対する実行計画の策定と進捗モニタリングを行っています。

取締役会は，「グループ経営会議」および「サステナビリティ委員会」で協議・決議された内容の報告を受け，当社グループの環境課題への対応方針および実行計画等についての論議・監督を行っています。（図２）

(b) 経営者の気候関連課題に対する責任，報告を受けるプロセス（委員会等），モニタリング方法

代表執行役社長は，「グループ経営会議」の長を担うと同時に，直轄の諮問委員会である「リスクマネジメント委員会」および「サステナビリティ委員会」の委員長も担っており，環境課題に係る経営判断の最終責任を負っています。「グループ経営会議」および「サステナビリティ委員会」で協議・決議された内容は，最終的に取締役会へ報告を行っています。（表３）

図２　JFRグループ　環境マネジメント体制

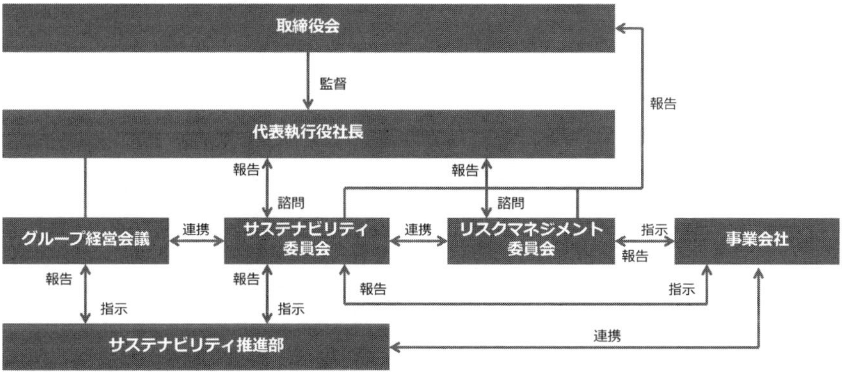

表3　JFRグループの環境マネジメントにおける会議体および実行主体と役割

会議体および実行主体		役　割
会議体	取締役会	業務執行において論議・承認された環境課題に関する取り組み施策の進捗を監督する。毎月開催。
	グループ経営会議	環境課題に対する具体的な取り組み施策を含む全社的な経営に係る施策について協議・決議する。決議事項は取締役会へ報告される。毎週開催。
	リスクマネジメント委員会	環境課題を含む包括的なリスクを抽出し，対策を協議・決議する。事業子会社の進捗状況のモニタリングなどを実施し，決議事項は取締役会へ報告される。都度開催。
	サステナビリティ委員会	グループ経営会議で協議された環境課題への対応方針を協議・決議する。環境課題に関する長期計画とKGI/KPIの策定，各事業子会社の進捗状況のモニタリングなどを実施し，決議事項は取締役会へ報告される。半期に一度開催。
実行主体	代表執行役社長	「グループ経営会議」の長を担うと同時に，「リスクマネジメント委員会」および「サステナビリティ委員会」の委員長を担う。環境課題に係る経営判断の最終責任を負う。
	事業子会社（経営会議，リスクマネジメント委員会，サステナビリティ委員会等）	JFRグループのリスクマネジメント委員会やサステナビリティ委員会で協議・決議された環境課題への対応方針に基づき，事業子会社として環境課題への取り組み策を計画・実行する。また，進捗状況をJFRグループのリスクマネジメント委員会やサステナビリティ委員会へ報告する。
	サステナビリティ推進部	全社的な環境課題への対応を推進する。環境関連情報を収集し，グループ経営会議やサステナビリティ委員会，リスクマネジメント委員会へ報告する。

（出所）　J．フロント リテイリング㈱2022年2月期有価証券報告書

2　「リスク管理」

「リスク管理」は，サステナビリティ関連のリスクおよび機会を識別し，評価し，および管理するための過程とされており，リスクや機会の影響度，発生可能性，発生時期など，重要な開示事項と判断するプロセスについて開示することが有用と考えられる。特定された重要なリスクや機会について具体的に説明をすることは重要ではあるが，数多く存在するリスクや機会の中から，開示

すべき重要なリスクまたは機会として抽出した方法について記載することがより重要と考えられる。

特に，サステナビリティ情報の開示では，自社にとって重要と判断するサステナビリティ情報を特定する必要があるため，この判断にあたり利用した評価方法は投資家の投資判断にとってより重要な情報と考えられる。

記載例2のSOMPOホールディングス㈱の開示では，まず識別された重大リスクの一覧を示したうえで，各重大リスクについて，発生した場合における経営に与える影響度とその発生可能性の観点から，特定していることがわかりやすく記載されている。特に，影響度と発生可能性についての定義が具体的に記載されているため，重大リスクの評価方法がよりわかりやすい開示と考えられる。

記載例2 SOMPOホールディングス㈱

(2) 主要なリスク

① 重大リスクおよびその発生可能性・影響度の評価

経営者が当社グループの経営成績等に重大な影響を及ぼす可能性があると認識している「主要なリスク」は，当社グループが定義する「重大リスク」であります。重大リスクおよびその発生可能性・影響度の評価は，下記のとおりであります。

＜重大リスク一覧＞

分類	No.	重大リスク
ア．経営戦略リスク		
外部環境	1	競争環境の悪化・転換
	2	経済環境の悪化
	3	地政学リスク
	4	パンデミック
	5	税制・規制の変更
事業戦略	6	ガバナンス不十分
	7	新事業に係るリスクの見誤り
	8	大型システム開発プロジェクトの遅延等
	9	気候変動リスク（物理的リスク・移行リスク）

	10	サステナビリティリスク
	11	風評リスク
人材・要員	12	人材・人材力不足
イ．財務・運用リスク		
市場リスク	13	市場の大幅悪化
信用集中リスク	14	投融資先，出再先の破綻
流動性リスク	15	大規模災害時の資金繰り
ウ．オペレーショナルリスクおよびコンプライアンスリスク		
事務リスク	16	委託先管理の失敗
システムリスク	17	システム障害
	18	サイバーセキュリティ
コンプライアンスリスク等	19	労務リスク
	20	顧客情報漏えい（サイバー攻撃を除く）
	21	不祥事・機密情報漏えい
	22	コンダクトリスク
エ．事業固有リスク		
保険引受リスク		
自然災害	23	国内巨大地震
	24	国内巨大風水災
	25	海外巨大自然災害
その他	26	サイバー集積リスク
介護事業リスク		
介護事業リスク	27	介護事業環境の見誤り
	28	介護事業における重大不祥事件発生
オ．その他リスク		
―	29	事業中断リスク

＜重大リスクのヒートマップ（発生可能性・影響度）＞

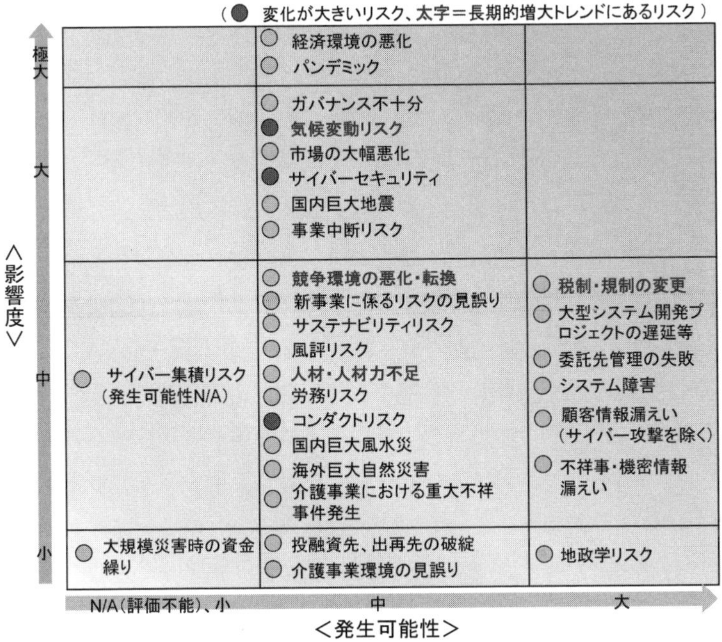

	影響度			発生可能性
	経済的損失	業務継続性	レピュテーション毀損	
極大	5,000億円以上	事業免許の取消し	信頼の極めて大幅な失墜	1年に1回以上
大	2,000億円以上	主要な業務の停止	信頼の大幅な失墜（信頼回復に5年以上）	10年に1回以上
中	100億円以上	一部の業務の停止	信頼の失墜（信頼回復に2～3年以上）	100年に1回以上
小	100億円未満	－	信頼の失墜の可能性は低い	100年に1回未満

変化が大きいリスク…変化の速度が速いまたはその幅が大きいと想定されるリスク
長期的増大トレンドにあるリスク…今後10年以上増大トレンドが続くと想定されるリスク

（出所） SOMPOホールディングス㈱2022年3月期有価証券報告書

3 「戦略」

「戦略」は，短期，中期および長期にわたり連結会社の経営方針・経営戦略等に影響を与える可能性があるサステナビリティ関連のリスクおよび機会に対処するための取組みとされており，識別された重要なリスクや機会について，経営者が考える対応方針やこの取組みと企業価値の創造に向けた経営戦略との関係性を具体的に開示することが有用と考えられる。

開示原則では，経営戦略はどのように中長期的な企業価値を向上させるかについて説明することが考えられるものであり，投資家がその妥当性や実現可能性を判断できるようにするため，企業活動の中長期的な方向性のほか，その遂行のために行う具体的な方策についても説明することが求められるという考えが示されている。また，取締役会や経営会議における議論を適切に反映することや事業全体の経営方針・経営戦略等と併せて，それらを踏まえた各セグメントの経営方針・経営戦略等を開示することが期待されるとしている（開示原則「Ⅱ．各論　1．経営方針，経営環境及び対処すべき課題等」1－1）。

【サステナビリティに関する考え方及び取組】の記載欄に記載する「戦略」の開示においても，この考え方を用いることは有用と考えられる。特に複数事業を行っている場合，事業によってサステナビリティのテーマの重要性も異なり，事業に与える影響も異なると考えられるため，この場合はセグメントごとに重要と判断したサステナビリティ情報に関する「戦略」を記載することも考えられる。

また，サステナビリティ情報は，中長期的に企業の経営に影響を与えることが想定されるテーマが多く不確実性が非常に高いため，その重要性は，現時点において最も起こりうると経営者が判断したシナリオに基づいて，その影響額と発生可能性を見極めていると考えられる。したがって，現時点で経営者が想定しているシナリオについて記載することも有用と考えられる。

記載例 3 のオムロン㈱の開示では，オムロン㈱の長期ビジョンとして，「Value Generation 2020」を掲げ，このビジョンの実現のための戦略として，①収益力の向上，②自走的成長の実現，③変化対応力の発揮，④サステナビリティ経営の実践を示しており，サステナビリティに対する課題への対応が経営戦略と融合し，その内容が具体的に開示されている。

また，サステナビリティに対する課題は，事業ごとに示し，各事業に沿った課題解決に向けた目標値を定性的な情報と定量的な情報を組み合わせながら記載し，その実績値も開示することで，サステナビリティに対する課題の取組み状況が具体的に記載されている。同社のサステナビリティ情報の開示は，サステナビリティの課題が自社の戦略に反映され，その達成状況について具体的に示されている開示と考えられる。

記載例3 オムロン㈱

⑵ **長期ビジョン「Value Generation 2020」の総括（2011年度～2020年度）**

当社グループは，2011年度から2020年度まで，10ヶ年の長期ビジョン「Value Generation 2020」（以下，VG2020）を掲げ，「①収益力の向上」，「②自走的成長の実現」，「③変化対応力の発揮」，「④サステナビリティ経営の実践」を行いました。また，2020年度に発生した新型コロナウィルスの感染拡大を踏まえ次期長期ビジョンの開始を遅らせ，2020年度と2021年度の２年間は，ニューノーマル時代における持続的な成長を実現するための事業変革を加速させる，次の長期ビジョン（2022～2030年度）に向けての期間としました。

＜2020～2021年度の位置づけ＞

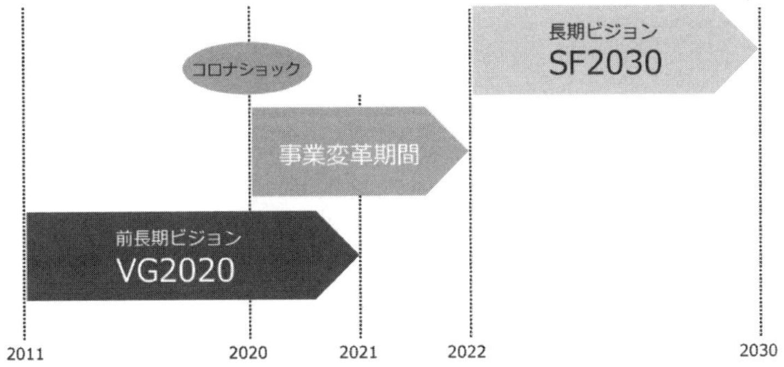

2011年度から2021年度までの期間の成果は次の通りです。（中略）

④ **サステナビリティ経営の実践**

サステナビリティ課題への取組みも大きく進化させてきました。

VG2020では，事業戦略とサステナビリティ重要課題の双方を同様に重要と位置付けて企業価値向上に取り組みました。2017年度にスタートした中期経営計画においてはサステナビリティ目標を組み込み，取締役の中期業績連動報酬に，第三者機関の調査に基づくサステナビリティ評価の採用などを実施してきました。また，全社でのサステナビリティマネジメント構造を構築し，取締役会の監視・監督の下，執行部門においてサステナビリティ課題への取組みを推進しました。具体的には，制御機器事業において，モノづくり現場のデジタルトランスフォーメーション（DX）化を加速するソフトウェア拡充するなど革新アプリ累計247件の創出，ヘルスケア事業においては，血圧計の累計販売台数３億台の実現やグローバルでの遠隔診療サービス拡充など，事業を通じて社会的課題の解決を行ってきました。

また，VG2020期間および2021年度を通じて海外重要ポジション現地化比率は2011

年度の31%から2021年度は80%へ，障がい者雇用率は2014年度の2.4%から2021年度は3.1%となり，2022年３月の国内の法定雇用率2.3%を大きく上回る水準での障がい者雇用を実現しております。温室効果ガス排出量削減への取組みにおいては，オムロンの省エネ技術を自社のサイトに徹底的に取り入れ2016年度比で排出量を当初目標の４%削減を上回る50%削減を実現するなど，サステナビリティ課題への対応を確実に進化させることができました。

＜VG2020期間および2021年度での主なサステナビリティ課題への取組み成果＞

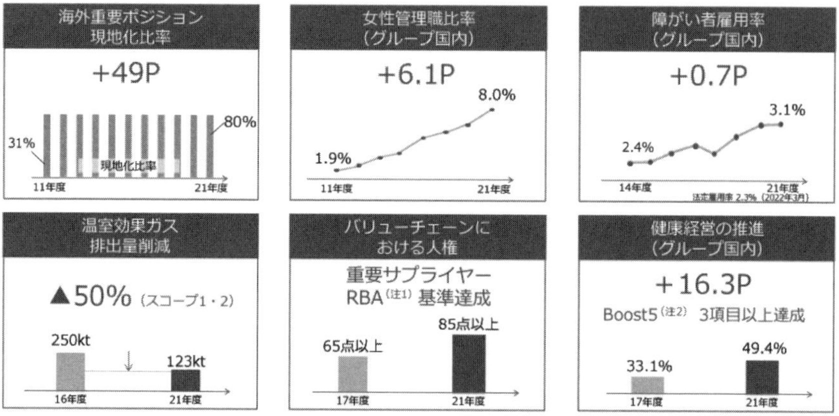

（注）１　RBA：Responsible Business Allianceの略。電子業界を中心とするグローバルなCSRアライアンス。
RBAに準拠したセルフチェックを実施。
２　Boost５：心身の健康状態を把握するための重点テーマ５項目（運動・睡眠・メンタルヘルス・食事・タバコ）を選定し，指標化したもの。

なお，2021年度に設定した注力ドメインのサステナビリティ目標，およびその他のサステナビリティ目標は以下のとおりです。

＜事業を通じて解決するサステナビリティ課題の目標と実績（2021年度）＞

サステナビリティ重要課題		2021年度目標	2021年度実績
制御機器事業	労働力不足や、高度化・多様化するモノづくりへの対応	・i-Automation!を具現化するアプリケーション創造、制御技術確立、新商品創出	・革新アプリ創出：77件/年 ・モノづくり現場のDX化を加速するソフトウェア拡充
ヘルスケア事業	高血圧由来の脳・心血管疾患の発症増加	・遠隔診療サービスを創出し、新しい高血圧治療のあり方を社会に提案 ・グローバルでの家庭血圧測定普及を加速し、血圧計の累計販売台数3億台を実現	・グローバルに遠隔診療サービス拡充 ・血圧計累計販売台数3億台実現
	全世界で増加する呼吸器疾患	・遠隔診療など、呼吸器疾患サービス事業創出のための関連商材を拡充	・製薬会社との共同開発進行中
社会システム事業	CO_2排出増による地球温暖化	・太陽光システム：累計出荷容量：10.7GW ・蓄電池システム：累計出荷容量：900MWh	・太陽光システム：10.8GW ・蓄電池システム：900MWh

（出所）　オムロン㈱2022年３月期有価証券報告書

4 「指標及び目標」

「指標及び目標」は，サステナビリティ関連のリスクおよび機会に関する連結会社の実績を長期的に評価し，管理し，および監視するために用いられる情報とされ，単に指標を示すだけではなく，採用した指標の理由も併せて開示することが重要と考えられる。

また，目標値だけの開示にとどまるのではなく，その実績値を開示することが有用と考えられる。これは，「戦略」で示された対応方針等について，当初計画していた戦略の実現可能性の評価としての役割があるからと考えられる。したがって，目標値は，戦略に合わせて，短期，中期および長期や事業のセグメントの観点で設定することが重要と考えられる。

しかし，中長期的な観点での目標値は見通しが難しく不確実性が高いことから，当初の目標値と実績値が乖離する可能性が高いと考えられ，目標値の合理性の担保が課題になると考えられる。このような場合は，目標値の算定に利用したシナリオ等，目標値の設定の考え方を開示することが重要と考えられる。

加えて，目標値と実績値の乖離についての経営者の見解を示すことや実績値の状況を踏まえ，指標や目標値を変更する場合，従前の指標と新たに採用する指標の考え方の変更点や，変更に至った理由を具体的に記載することも有用と考えられる。さらに，目標値と実績値はその変化が理解できるように複数期間にわたって記載することも有用と考えられる。

なお，今回の開示ガイドラインの改正によって，サステナビリティ情報等における将来情報の記載について，一般的に合理的と考えられる範囲で具体的な説明が記載されている場合には，有価証券報告書等に記載した将来情報と実際に生じた結果が異なる場合であっても，直ちに虚偽記載等の責任を負うものではないことが明確になっている。ここでいう一般的に合理的と考えられる範囲での具体的な説明の記載とは，たとえば，当該将来情報について社内で合理的な根拠に基づく適切な検討を経たものであればその旨について，当該将来情報を記載するにあたり前提とされた事実，仮定および推論過程等といった検討内容の概要とともに記載することが考えられる（開示ガイドライン5-16-2）。

記載例4の㈱村田製作所の開示では，環境，社会，ガバナンスに関する重点課題に対する長期目標および中期目標について，定性的な情報と定量的な情報を組み合わせながら記載している。環境や多様性の目標のほか，社会では地域社会との共生，ガバナンスでは，独占禁止法や贈収賄，情報セキュリティについての目標を記載しており，多様なサステナビリティに関する目標の記載方法の参考になる開示と考えられる。

記載例４ **㈱村田製作所**

「企業活動全体での社会課題への取り組み」

- Ｅ（環境）Ｓ（社会）Ｇ（ガバナンス）領域に対して９つのマテリアリティを設定しております。
- 地球環境，地域社会への負荷の最小化を通じた社会価値の向上を目指します。

具体的には以下の中長期目標を設定し，取り組みを進めております。なお，2021年度を最終年度とする中期構想2021の実績につきましては，当社ウェブサイト（https://corporate.murata.com/ja-jp/csr/way_of_thinking/activities）にて公表しております。

重点領域	重点課題	長期目標	中期目標（2022年度～2024年度）
環境	気候変動対策の強化	2050年度目標： 再生可能エネルギー導入比率：100%	温室効果ガス排出量（Scope１＋２）： 2019年度比20%減 再生可能エネルギー導入比率：25%
		2030年度目標： 温室効果ガス排出量（Scope１＋２）：2019年度比46%減 温室効果ガス排出量（Scope３）：2019年度比27.5%減 再生可能エネルギー導入比率：50%	
	持続可能な資源利用	2050年度目標： 持続可能な資源※１利用率：100% 循環資源化率※２：100%	持続可能な資源利用率：１%※３ 循環資源化率：５%※３
		2030年度目標： 持続可能な資源利用率：25% 循環資源化率：50%	
	公害防止と化学物質管理	2030年度目標： 重大な環境インシデント件数：０件 VOC排出量：2021年度比30%減	重大な環境インシデント件数：０件 VOC排出量：2021年度排出量以下 洗浄用途化学品への特定VOC含有を廃止していること。
社会	安全・安心な職場と健康経営	2030年度目標： 死亡重大災害がなく，従業員が怪我をせず，事故もなく，いきいきと働けている職場にすること。 死亡重大災害：０件 労働災害千人率：1.0未満 発火事故件数：０件	死亡重大災害：０件 労働災害千人率：1.35未満 発火事故件数：2019-2021年度平均比30%減 主観的健康観：80% （内，非常に健康と回答14%）

重点領域	重点課題	長期目標	中期目標 （2022年度～2024年度）
		主観的健康観：80% （内，非常に健康と回答20%）	
	人権と多様性の尊重	2030年度目標： 海外間接部門従業員※4の他拠点での勤務経験比率：10% 女性管理職比率：10%（本社）	海外間接部門従業員の他拠点での勤務経験比率：７% 人権マネジメントシステムに沿ったPDCAサイクルを各事業所で展開していること。
	地域社会との共生	2030年度目標： 地域の皆様とのコミュニケーションを大切にし，地域課題の解決につながる貢献活動を推進すること。	地域の皆様とのコミュニケーションを大切にし，地域課題の解決につながる貢献活動を推進すること。
ガバナンス	公正な商取引	2030年度目標： ＜独占禁止法＞ 法令・社内規定・手続きをグローバルで浸透・徹底していること。 ＜贈収賄＞ すべての関係会社において，各国法令に対応した贈収賄マネジメントシステムを確立し，贈収賄・汚職の発生件数ゼロを維持していること。	＜独占禁止法＞ 法令・社内規定・手続きをグローバルで浸透・徹底していること。 ＜贈収賄＞ 腐敗度指数の高い地域において贈収賄マネジメントシステムが機能し，本社への報告体制を構築していること。
	事業継続の取り組み（BCM）	2030年度目標： 災害が発生した際に，非被災拠点が迅速に連携して，当社グループ全体としての事業継続を図れるような全社的なBCM※5を構築していること。 各事業所・工場が定期的に訓練等を通じてBCPの有効性の検証・改善を行うなど，自律的なBCM活動を実践していること。 甚大な被害が想定される南海トラフ地震に対する対策を実施していること。	国内事業所・工場において必要項目を充足したBCPを整備していること。 海外事業所・工場において，当地で想定される災害に対応したBCPを策定すること。
	情報セキュリティ	2030年度目標： 重大な影響が生じ得ると判断される事案数：０件 従業員教育実施率※6：100%	重大な影響が生じ得ると判断される事案数：０件 従業員教育実施率：100%

※１：持続可能な資源：リサイクルスキームを構築するなどにより，将来にわたって持続的に利用できる「枯渇リスクの低い資源」
※２：循環資源化率：当社のoutput（排出物）が循環資源としてリサイクルに回されている割合
※３：2024年度の目標値は現状からの改善幅を示しています
※４：日本から海外への出向者を除いた，海外ローカルスタッフ対象
※５：BCP策定や維持・更新，事業継続を実現するための予算・資源の確保，事前対策の実施，取り組みを浸透させるための教育・訓練の実施，点検，継続的な改善などを行う平常時からのマネジメント活動のこと。
※６：実施率＝実施拠点数／全拠点数

（出所） ㈱村田製作所2022年３月期有価証券報告書

Ⅳ　気候変動関連および人的資本以外のサステナビリティ情報の開示

サステナビリティ情報は，気候変動関連や人的資本について焦点が当てられ，当該開示が多く行われているが，その他のサステナビリティのテーマについて，企業経営に重要な影響を及ぼすテーマがあれば，【サステナビリティに関する考え方及び取組】の記載欄に記載する必要があると考えられる。

たとえば，従来，【事業等のリスク】において，サイバーセキュリティやデータセキュリティ等，情報セキュリティに関するリスクを重要なリスクとして開示している場合，このような情報はサステナビリティ情報として【サステナビリティに関する考え方及び取組】の記載欄において，「ガバナンス」，「リスク管理」，「戦略」，「指標及び目標」に基づき記載を行うことも考えられる。

【事業等のリスク】では，リスクが顕在化する可能性の程度や時期，当該リスクが顕在化した場合に連結会社の経営成績等の状況に与える影響の内容，当該リスクへの対応策を記載するなど，具体的に記載することが求められている（開示府令第二号様式（記載上の注意）(31))。たとえば，【事業等のリスク】での記載事項として挙げられているリスクが顕在化する可能性の程度や時期については，「ガバナンス」や「リスク管理」の記載内容と関連性があると考えられる。また，リスクへの対応策については，「戦略」や「指標及び目標」との関連性があるとも考えられる。

記載例 5 は，コニカミノルタ㈱の開示である。コニカミノルタでは，サステナビリティに関する課題について，リスクと機会について，ステークホルダーにとっての重要度と事業にとっての重要度（財務的な影響度）の観点から，その重要性を判断し，自社にとって重要なリスクとして，たとえば，情報漏洩や重大なセキュリティ事故を特定し「社会における安全・安心確保」という課題を識別したという記載が行われている。そして，情報漏洩や重大なセキュリティ事故については，情報セキュリティとして，【事業等のリスク】において，その内容と対応策の記載が行われている。これらの開示は，【サステナビリティに関する考え方及び取組】の記載欄における開示の参考になると考えられる。

記載例５ コニカミノルタ㈱

STEP１：課題のリストアップ

GRIスタンダードやSDGsなどの国際的なフレームワークやガイドライン，各専門分野のマクロトレンドなどを参照しながら環境・社会・経済面での課題を広範囲にリストアップしました。ストックホルム・レジリエンス・センターの「SDGsウェディングケーキモデル」をベースとし，「ECONOMY（経済）」「SOCIETY（社会）」「BIOSPHERE（環境）」の関係性を念頭に置きながら，課題を抽出しました。当社が関連する，あるいは関連する可能性がある事業領域，そのサプライチェーン／バリューチェーンを範囲として，社会・環境変化や規制・政策動向，ステークホルダーからの要請事項などを考慮して進めています。

STEP２：課題の抽出と重要度評価

リストアップした課題のなかから，特に当社に関連性の高い分野を抽出した上で，マテリアリティ分析（重要度評価）を行いました。当社のマテリアリティ分析は，リスクと機会の側面をそれぞれ評価している点に特徴があります。リスクと機会をそれぞれ評価することで，SDGsを進めるにあたり，企業に期待されている「社会課題を機会と捉えビジネスを通じて解決することで事業成長を図る」ことを実践しています。マテリアリティ分析は，それぞれ「ステークホルダーにとっての重要度（顧客，取引先，株主・投資家，従業員など）」と「事業にとっての重要度（財務的な影響度）」の２軸で５段階評価し，優先順位を付けました。

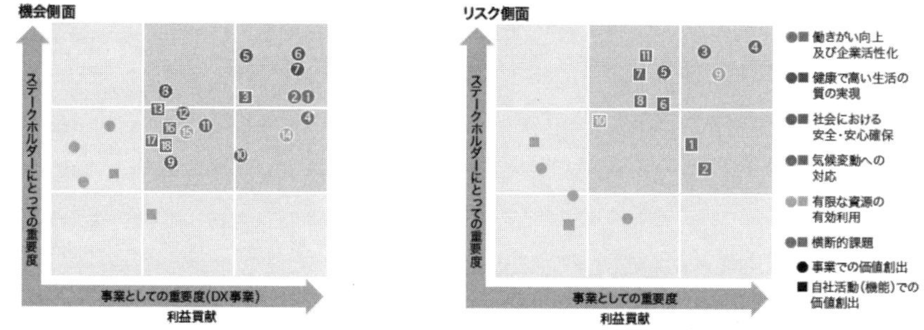

❶ デジタル技術を使った「働き方」のソリューション提供による、お客様企業の生産性向上と創造的な時間の創出
❷ 現場で働く人のワークフローを変革する製品・サービスの提供による、お客様企業のサプライチェーンでの生産性と働きがいの向上
3 新しい価値を生み出す源泉である「人財」の潜在力を引き出し、「個が輝く」組織へ
❹ 中小企業のデジタルデバイド(IT格差)解消による、人手不足の解消とサイバーセキュリティーの強化
❺ 画像IoTを使ったシステムと現場オペレーションのコンサルティングサービスによる介護業務のワークフロー変革と介護業界の労働力創出
❻ 高付加価値の医療サービスを提供することで、疾病予防、疾患を早期発見し、医療費を削減
❼ 遺伝子検査技術などを活用した創薬プロセスの革新による、医薬品開発の効率化
❽ 途上国における医療サービスのアクセシビリティ向上
❾ ガス等を可視化する製品・サービスの提供による、お客様企業の現場および社会の安全・安心向上
❿ 高度な計測・検査を可能にする製品・サービスの提供による、お客様企業の品質確保
⓫ 製造プロセスへのソリューション提供による、お客様・社会のエネルギー／CO_2負荷低減
⓬ 働き方変革ソリューションの提供による、ペーパーレス、ユビキタス社会の実現
13 DXを活用したお取引先の環境負荷低減支援による飛躍的なCO_2削減とコスト削減の実現
⑭ オンデマンド生産による無駄のないお客様企業のサプライチェーン構築
⑮ お客様企業のワークフロー、サプライチェーンのロス削減
16 SDGsイノベーション創出が埋め込まれた企業文化の形成
17 投資家とのESGリレーションの向上
18 ESGを活用した顧客関係強化

1 急速な制度・環境の変化にともなう社内のスキルと業務とのミスマッチの発生
2 ダイバーシティを重視した環境づくりの停滞による、従業員の多様性と自律性、イノベーション力の低下
❸ 製品・サービスにおいて、使用者の生命、身体に重大な被害を及ぼす事故が起きた場合の社会的信用の失墜
❹ 製品・サービスにおいて、情報漏洩・プライバシー侵害につながる重大なセキュリティー事故が発生した場合の社会的信用の失墜
❺ 生態系汚染やヒトへの健康被害につながる物質の使用による操業・製品出荷への影響
6 エネルギー価格の高騰／原料不足による部材コストアップ／供給の不安定化
7 エネルギー価格の高騰／原料不足によるペーパーレスの進行
8 異常気象によるサプライチェーンの寸断
⑨ サーキュラーエコノミーへの対応遅れによる競争力低下
10 水資源の枯渇・水リスクによる生産の遅延・停滞
11 ビジネスパートナーのガバナンス不足による社会的信用の低下

（中略）

リスクマネジメントプロセス

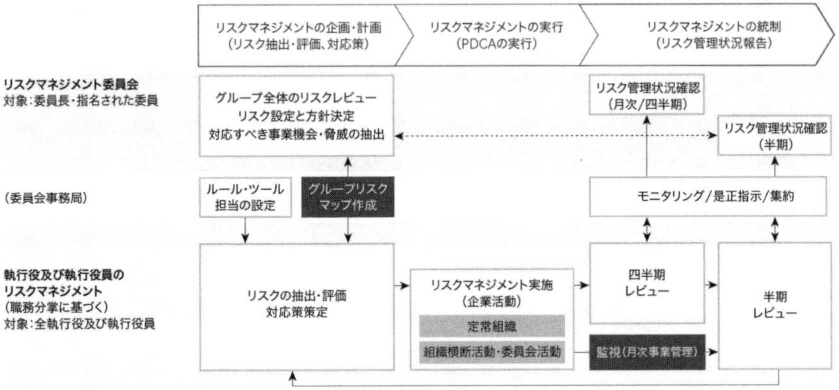

グループ重要リスクの特定フロー

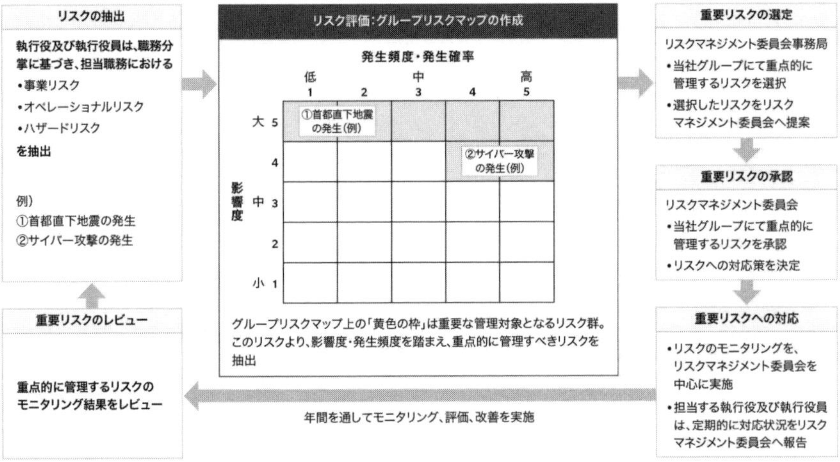

（中略）

各リスク項目のリスクマップ上の位置

影響度 ＼ 発生可能性	低	中	高
大		②-4）新製品への移行 ③-1）大地震・自然災害・感染症等 ③-4）人財確保	**①-1）経済動向・市場環境** **②-1）デジタルワークプレイス事業 プリント環境の変化に関連するリスク** **②-6）生産・調達等** **②-7）グローバルサプライチェーン** **③-5）情報セキュリティ** **④-1）新型コロナウイルス感染症拡大の影響**
中	②-8）製造物・品質責任	②-3）次世代技術変化 ②-5）他社との協業、企業買収等について ③-2）気候変動・環境規制	①-2）為替レートの変動 ②-2）各国・各地域の規制
小	③-3）知的財産権		

各リスク項目の動向

※**太文字**は、「発生可能性」または「影響度」に変化があったリスク項目

＊「グローバルサプライチェーン」は新たに追加したリスク項目になります。

分類	リスク項目	発生可能性	発生可能性のある時期	影響度
経済環境	①-1）経済動向・市場環境	高	1年以内	大
	①-2）為替レートの変動	高	特定時期なし	中
事業活動	②-1）デジタルワークプレイス事業 プリント環境の変化に関連するリスク	高	1年以内	大
	②-2）各国・各地域の規制	高	1年以内	中
	②-3）次世代技術変化	中	3年以内	中
	②-4）新製品への移行	**低 → 中**	3年以内	大
	②-5）他社との協業、企業買収等について	中	特定時期なし	中
	②-6）生産・調達等	高	1年以内	大
	②-7）グローバルサプライチェーン＊	高	1年以内	大
	②-8）製造物・品質責任	低	特定時期なし	中
その他	③-1）大地震・自然災害・感染症等	中	特定時期なし	大
	③-2）気候変動・環境規制	中	特定時期なし	中
	③-3）知的財産権	低	特定時期なし	小
	③-4）人財確保	中	3年以内	**中 → 大**
	③-5）情報セキュリティ	**中 → 高**	特定時期なし	大
コロナ	④-1）新型コロナウイルス感染症拡大の影響	高	1年以内	大

5）情報セキュリティ		
発生可能性：中 → 高	発生する可能性のある時期：特定時期なし	影響度：大
●リスク 　当社グループは，様々な事業活動を通じて，顧客や取引先の個人情報あるいは機密情報を入手することがあります。これらの情報管理につきましては，サイバー攻撃等による不正アクセスや改ざん，データの破壊，紛失，漏えい等が不測の事情により発生する可能性があります。また，技術，契約，人事等に関する当社グループの機密情報が第三者に漏えい，不正使用された場合も，当社グループの業績に悪影響を及ぼす可能性があります。 　企業を狙ったサイバー攻撃が多発しておりますが，当社グループにおいても，2022年3月に英国の子会社が第三者によるサーバーへの不正アクセスを受けました。この事案を受け，当社グループ全てに対してセキュリティ運用ルールの再徹底を実施しております。		
●機会 　当社グループは顧客のセキュリティ対策強化の支援にも注力しております。IT管理のサービスとしてネットワークやアプリケーションの脆弱性の監視・管理サービス，リスクアセスメントを行うとともに，複合機からの情報漏えいを防止するためのデータの暗号化，パスワード設定やログ管理の機能，設定状況の監視と通知サービスを行う「bizhub（ビズハブ）SECURE」をグローバルに展開しております。新製品の「bizhub i シリーズ」には，社内ネットワークへのウイルス拡散を防止するため，全ての文書・FAXデータのウイルスをチェックする機能を搭載しております。オフィス内のITシステムを統合管理する「Workplace Hub（ワークプレイス・ハブ）」には，Sophos社のファイアウォール機能が搭載されており，ネットワークのリスクや脅威の検知と排除，情報漏えいに対応しております。		
●対応策 　情報管理について，適切な技術対策や社内管理体制の整備，従業員への教育等の対策を講じております。 　また，サイバー攻撃を含むセキュリティインシデントに対応する組織としてCSIRT（注）を全グループで運用し，定期的な訓練を全グループで実施しております。さらに，2020年度に発足させた包括的セキュリティマネジメント体制（Security Management Office）を強化拡大すべくアメリカ，ヨーロッパ，中国，ASEANの各地域にRegional Security Management Officeを設立いたしました。事業の枠を越えて，リスクマネジメントを各地域で実施することによりグループ全体でのセキュリティレベル向上を実現しております。 　新型コロナウイルス感染症の影響によるテレワーク実施者の増加に合わせて，よりセキュリティに配慮した勤務環境を提供する必要があり，暗号化通信による安全なネットワーク環境の提供と，会社指定デバイス以外からの社内環境への接続を制限しております。 （注）CSIRT（Computer Security Incident Response Team），当社のセキュリティ事故対応チーム		

（出所）　コニカミノルタ㈱2022年3月期有価証券報告書

V 有価証券報告書に記載するサステナビリティ情報の参照の可否

1 有価証券報告書における他の記載項目への参照

サステナビリティ情報は，【サステナビリティに関する考え方及び取組】に記載することが求められるが，有価証券報告書等の他の箇所に含めて記載した場合には，【サステナビリティに関する考え方及び取組】の記載欄において，当該他の箇所の記載を参照することができるとされている（開示府令第二号様式（記載上の注意）(30-２）本文)。

サステナビリティ情報は，経営方針等の記載内容と密接に関連することが考えられ，【経営方針，経営環境及び対処すべき課題等】や【事業等のリスク】と【サステナビリティに関する考え方及び取組】に区分して記載することが困難な場合もあると考えられる。このような場合，各記載欄に従った開示を行うと記載内容が重複するなど，かえって経営者の考えが伝わりづらい記載内容になることも考えられるため，たとえば，【経営方針，経営環境及び対処すべき課題等】にサステナビリティ情報を含めて記載し，【サステナビリティに関する考え方及び取組】にはその旨を記載して省略するなど，投資家の理解が深まるような記載方法を，各企業において工夫することも重要と考えられる。

2 他の書類への参照

有価証券報告書等におけるサステナビリティ情報の記載事項を補完する詳細な情報について，提出会社が公表した他の書類を参照する旨の記載を行うことができることが明確化されている（開示ガイドライン５-16-４)。

参照可能な他の書類は，任意に公表した書類のほか，他の法令や上場規則等に基づき公表された書類も含まれると考えられる（金融庁の考え方No. 234等)。また，前年度の情報が記載された書類や将来公表予定の任意開示書類を参照することも可能と考えられる。将来公表予定の書類を参照する場合は，公表予定時期や公表方法，記載予定の内容等も併せて記載することが望まれる（金融庁の考え方No. 238等）。

また，ウェブサイトを参照することも可能と考えられ，この場合，投資家に誤解を生じさせないような措置を講じる必要があると考えられる。ウェブサイトが更新される可能性があれば，その旨および予定時期を有価証券報告書等に記載し，更新した場合には，更新箇所および更新日時をウェブサイトに明記することや，有価証券報告書等の公衆縦覧期間中は継続して閲覧可能とする等の措置が考えられる（金融庁の考え方No. 257等）。

提出会社が任意に公表した他の書類への参照が可能であっても，参照先の他の書類の情報は，あくまでも有価証券報告書等の補完情報としての位置づけとなる。したがって，投資家の投資判断上，重要であると判断した事項については，有価証券報告書等に記載する必要があることに留意が必要である（金融庁の考え方No. 254等）。

有価証券報告書に記載するサステナビリティ情報については，直近の連結会計年度に係る情報を記載する必要があるが，たとえば，指標に関する実績値の集計結果等を記載する場合，有価証券報告書の提出までにその集計が間に合わないことも想定される。このような場合，概算値や前年度の情報を記載することも可能と考えられる。ただし，概算値であることや前年度のデータであることを記載し，投資家に誤解を生じさせないようにする必要があると考えられる。なお，実際の集計結果が概算値と大きく異なり，投資家の投資判断に重要な影響を及ぼす場合には，有価証券報告書の訂正を行うことが考えられる（金融庁の考え方No. 238等）。

記載例6の㈱エヌ・ティ・ティ・データの開示例では，気候変動シナリオ分析の概要について，有価証券報告書に記載し，その詳細は有価証券報告書の提出日時点で開示されていた「サステナビリティレポート2021」のデータブックを参照している。このような参照が他の書類への参照として想定されていると考えられる。

記載例６ ㈱エヌ・ティ・ティ・データ

<気候変動シナリオ分析の概要>
当社グループでは，気候変動に関する事業影響を把握し，気候関連リスク・機会に対する当社戦略のレジリエンスを評価することを目的として，シナリオ分析を実施しています。
2021年度は，パリ協定を踏まえて低炭素経済に移行する1.5℃シナリオと，現状予想される以上に気候変動対策が実施されない４℃シナリオを中心に分析を行いました。
1.5℃シナリオでは，カーボンプライシングが導入されるなどの気候変動対策が強化される一方，気候変動の物理的な影響は報告時点（2022年３月末）レベルにとどまり，それ以上の深刻な影響は発生しないと仮定しました。４℃シナリオでは，気候対策は報告年レベルである一方，異常気象の激甚化等の気候変動の物理的な影響が生じると仮定しています。
その結果，当社グループでは，1.5℃シナリオによる持続可能な社会では，社会の移行に伴うリスクと機会の両方が影響しますが，それ以外のシナリオによる社会では，リスクの影響が大きくなる可能性が高いことが分かりました。各シナリオによるリスク・機会は，それぞれの影響度・発生可能性等を考慮し，事業戦略へ反映させています。
※気候変動シナリオの詳細は，サステナビリティレポートをご参照ください。
NTTデータ　サステナビリティレポート2021　Databook：
https://www.nttdata.com/jp/ja/sustainability/report/

（出所）㈱エヌ・ティ・ティ・データ2022年３月期有価証券報告書

おわりに

2022年12月に公表された令和４年度のDWG報告では，サステナビリティ基準委員会（SSBJ）が開発する開示基準について，個別の告示指定によりわが国の「サステナビリティ開示基準」として設定することで，サステナビリティ開示の比較可能性を確保し，投資家に有用な情報を提供していくことが重要であることが提言されている。

このような状況を踏まえ，今般改正された開示府令等では，サステナビリティ情報の開示について，詳細な記載事項を規定せず，各企業の取組みに応じて柔軟に記載できるような枠組みになっていると考えられる。また，今後，投資家との対話を通して自社のサステナビリティに関する取組みの進展とともに，有価証券報告書の開示を充実させていくことを念頭に置いているといった考えが金融庁から示されている（金融庁の考え方No. 66等）。

したがって，2023年３月期の有価証券報告書等の開示では，まずは各企業の現在の取組みを記載し，その後，投資家との対話を踏まえながら，国際サステナビリティ基準審議会（ISSB）やSSBJの今後の動向を注視し，継続して開示の充実を図っていくことが重要と考えられる。

■著者紹介

前田和哉（まえだ・かずや）
EY新日本有限責任監査法人　公認会計士
日本基準，米国基準およびIFRS適用企業の財務諸表監査業務等に従事するとともに，品質管理本部　会計監理部において，会計処理および開示制度に関する相談業務などに従事。2018年から2020年の間，金融庁企画市場局企業開示課に在籍し，財務諸表等規則，企業内容等の開示に関する内閣府令の改正等の業務に従事。

②　気候変動関連情報に関する開示

EY新日本有限責任監査法人 公認会計士　前田和哉

Summary
2023年１月31日に，改正された企業内容等の開示に関する内閣府令等が公布・施行されたことにより，有価証券報告書等におけるサステナビリティ情報の開示の拡充が行われている。このうち，気候変動関連情報に関する開示については，新設された「サステナビリティに関する考え方及び取組」の記載欄において，サステナビリティ情報全般の開示方法に従った開示が求められている。本章では，気候変動関連情報に関する開示のポイントを，先進的な事例も踏まえながら解説する。

はじめに

2023年１月31日に改正された「企業内容等の開示に関する内閣府令」（以下「開示府令」という），「企業内容等の開示に関する留意事項について（企業内容等開示ガイドライン）」（以下「開示ガイドライン」という）等では，気候変動関連情報の開示については，サステナビリティ情報の１つとして位置づけられており，各企業において，自社の業態や経営環境，企業価値に与える影響を考慮し，気候変動関連情報を重要なサステナビリティ情報と判断した場合，当該開示が求められることになる。

以下，この場合における気候変動関連情報の有価証券報告書等での開示について，「記述情報の開示の好事例集2022（サステナビリティ情報等に関する開示）」（以下「好事例集」という）等の開示を参考に解説する。

なお，文中の意見にわたる部分や好事例として取り上げた開示は筆者の私見であることをあらかじめ申し添えておく。

Ⅰ　開示府令等における気候変動関連情報に関する開示

気候変動関連情報の開示については，サステナビリティ情報の１つとして位置づけられているため，重要性があり有価証券報告書等に記載する場合，新設された【サステナビリティに関する考え方及び取組】の記載欄に記載することになる。その記載内容は，サステナビリティ全般で求められている記載に従うことになるため，気候変動関連情報について，企業が投資家の投資判断において重要な情報と判断する場合，「ガバナンス」，「リスク管理」，「戦略」，「指標及び目標」の４つの構成要素の観点から開示が求められることになる。しかし，４つの構成要素の具体的な記載内容については開示府令等では定められていない。

わが国は，気候関連財務情報開示タスクフォース（TCFD）の賛同機関数で世界をリードしており，気候変動関連情報については，すでに任意の開示書類等においてTCFDの枠組み（**図表１**参照）に沿った開示が行われている会社が多く存在している。【サステナビリティに関する考え方及び取組】の記載欄に記載が求められている「ガバナンス」，「リスク管理」，「戦略」，「指標及び目標」の４つの構成要素は，TCFDの枠組みやISSBの公開草案の内容も踏まえて策定されている。

また，2021年に改訂されたコーポレートガバナンス・コードの「原則３−１．情報開示の充実」の補充原則３−１③において，「特に，プライム市場上場会社は，気候変動に係るリスク及び収益機会が自社の事業活動や収益等に与える影響について，必要なデータの収集と分析を行い，国際的に確立された開示の枠組みであるTCFDまたはそれと同等の枠組みに基づく開示の質と量の充実を進めるべき」とされている。したがって，これらの状況を踏まえると，有価証券報告書等において，気候関連財務情報の開示を行う場合は，TCFDの枠組みに沿った開示をすることが望ましいと考えられる。

また，「記述情報の開示に関する原則（別添）―サステナビリティ情報の開示について―」（以下「開示原則（別添）」という）では，国際的に確立された開示の枠組みであるTCFDまたはそれと同等の枠組みに基づく開示をした場合には，適用した開示の枠組みの名称を記載することが考えられるとされているため，有価証券報告書等において，気候変動関連情報の開示をTCFDの枠組みで開示する場合は，その旨を記載することが望ましい。なお，温室効果ガス（以下「GHG」という）排出量については，投資家と企業の建設的な対話に資する有効な指標となっている状況に鑑み，各企業の業態や経営環境等を踏まえた重要性の判断を前提としつつ，特に，Scope 1 およびScope 2 のGHG排出量について，企業において積極的に開示することが期待されるとしている。

Scope 1 ：事業者自らによるGHGの直接排出
Scope 2 ：他社から供給された電気，熱・蒸気の使用に伴う間接排出
Scope 3 ：Scope 1，Scope 2 以外の間接排出（事業者の活動に関連する他社の排出）

図表 1　TCFDの枠組み

要求項目	ガバナンス	戦略	リスク管理	指標と目標
項目の詳細	気候関連のリスクと機会に係る当該組織のガバナンスを開示する。	気候関連のリスクと機会がもたらす当該組織の事業，戦略，財務計画への現在および潜在的な影響を開示する。	気候関連リスクについて，当該組織がどのように識別，評価，および管理しているかについて開示する。	気候関連のリスクと機会を評価および管理する際に用いる指標と目標について開示する。
推奨される開示内容	a）気候関連のリスクと機会についての，当該組織の取締役会による監視体制を説明する。	a）当該組織が識別した，短期・中期・長期の気候関連のリスクと機会を説明する。	a）当該組織が気候関連リスクを識別および評価するプロセスを説明する。	a）当該組織が，自らの戦略とリスク管理プロセスに即して，気候関連のリスクと機会を評価するために用いる指標を開示する。
	b）気候関連のリスクと機会を評価・管理するうえでの経営の役割を説明する。	b）気候関連のリスクと機会が当該組織のビジネス，戦略および財務計画（ファイナンシャルプランニング）に及ぼす影響を説明する。	b）当該組織が気候関連リスクを管理するプロセスを説明する。	b）Scope 1，Scope 2 および，当該組織に当てはまる場合はScope 3 の温室効果ガス（GHG）排出量と関連リスクについて説明する。
		c）2℃以下シナリオを含む様々な気候関連シナリオに基づく検討を踏まえ，組織の戦略のレジリエンスについて説明する。	c）当該組織が気候関連リスクを識別・評価および管理のプロセスが，当該組織の総合的リスク管理にどのように統合されているかについて説明する。	c）当該組織が気候関連リスクと機会を管理するために用いる目標，および目標に対する実績を開示する。

（出所） TCFD最終報告書（日本語）

Ⅱ　有価証券報告書等における気候変動関連情報の開示

1　好事例集で取り上げられた企業の主な取組みと好事例のポイント

開示府令等の公布・施行と同時に公表された気候変動関連情報の好事例集には，好事例集で取り上げられた企業における，開示の充実化に向けての対応策と効果が紹介されている。たとえば，次のような点などが紹介されている。

- 気候変動のリスクや機会分析について，開示を推進しているチーム以外の経営幹部や関連部署への情報共有や，経営者を巻き込んだ議論を多数実施することによって，気候変動リスクや機会に対しての全社的なコンセンサスが得られた
- 中期経営計画の検討と併せて検討したことで，目標が具体化され，その後の進捗管理が可能になった
- 気候変動のリスクや機会に関するシナリオ分析にあたっては，想定するシナリオや期間について，根拠のある定義設定を行ったことで，その後の事業への影響等の具体的な分析が可能となった
- 財務影響の算出基準に明確なものがないため，まずは自社で算出した情報を外部に開示し，資本市場との対話を行う中で，そこでの指摘を踏まえ，開示内容の見直しを含め，継続的に改善を行っている

また，気候変動関連情報の開示について，投資家およびアナリストが期待する主な開示のポイントとして，以下の内容が紹介されている。好事例企業の取組みや投資家およびアナリストの開示のポイントは，気候変動関連情報を開示する企業にとって参考になる内容と考えられる。

- TCFD提言の４つの枠組み（ガバナンス，戦略，リスク管理，指標と目標）に沿った開示は，引き続き有用
- TCFD提言に沿った開示を行うにあたり，財務情報とのコネクティビティを意識し，財務的な要素を含めた開示を行うことは有用

- リスク・機会に関する開示について，一覧表で，定量的な情報を含めた開示を行うことは有用
- トランジションやロードマップといった時間軸を持った開示を行うことは，海外の気候変動に関する開示でも重視されており有用
- サステナビリティ情報に関する定量情報について，前提や仮定を含め開示することは有用
- 実績値を開示することは，引き続き有用

2 「ガバナンス」および「リスク管理」

「ガバナンス」では，気候関連のリスクと機会に係る組織のガバナンスを開示することが考えられ，具体的には，気候関連のリスクと機会について，取締役会等による監視体制の記載や気候関連のリスクと機会を評価・管理するうえでの経営者の役割の記載が考えられる。「リスク管理」では，企業における気候関連リスクを識別，評価および管理するプロセスやこのプロセスが企業全体としてのリスク管理においてどのように位置づけられているかを記載することが考えられる。

したがって，たとえば，サステナビリティ情報全般のリスクや機会を識別，評価し，管理する組織に加えて，気候関連リスクや機会を識別，評価し，管理する組織が存在する場合，気候変動関連情報の「ガバナンス」や「リスク管理」の記載では，気候関連リスクや機会に関する組織についての記載を具体的に行うことが考えられる。一方で，サステナビリティ全般のガバナンスとリスク管理の組織と気候変動に関するガバナンスとリスク管理の組織が同じ場合は，気候変動関連情報のガバナンスとリスク管理の記載は，サステナビリティ情報全般の記載内容と同様の記載になると考えられる。

記載例 1 は，㈱エヌ・ティ・ティ・データの気候変動マネジメント体制の開示である。同社では，全社的なリスク管理についての記載に加え，気候変動関連情報の開示では，気候関連リスクや機会に焦点を当てた管理体制の記載を行っている。気候変動マネジメント体制については，気候関連リスクや機会への対処を主導する気候変動アクション推進委員会と内部統制推進委員会が連携

することで全社リスクとの整合性を図っていることや，気候変動アクション推進委員会の役割等が記載されている。

記載例1 ㈱エヌ・ティ・ティ・データ

●全般的なリスクに対するガバナンスとリスク管理

［方針］

当社グループは，事業活動に関わるあらゆるリスクを的確に把握し，リスクの発生頻度や経営への影響を低減していくため，2002年に全社的な視点でリスクマネジメントを統括・推進する役員を置くとともに，リスク管理部門及び各部門とグループ会社にCRO・リスクマネジメント推進責任者を配置し，主体的・自主的に対応できる体制を整備しています。

また，重要リスク項目を取締役会において毎年設定し，原則年２回実施する内部統制推進委員会において各主管組織の策定した各重要リスク項目の取り組み計画を報告し，その取り組みの評価・振り返り等を行い，その結果は取締役会に報告しています。

なお，当社グループは，多岐にわたるお客様・業界に対し世界中で様々なサービスを提供しており，各事業により事業環境が大きく異なります。そのため，当社取締役会は事業本部長等へ大幅な権限委譲を図ることで，お客様との関係や市場環境等に関連するリスクを適切に把握し，迅速に対応することを可能としています。

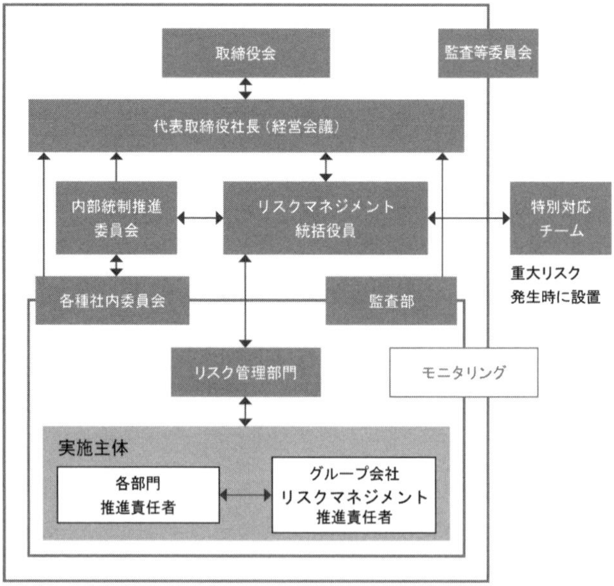

＜リスク管理区分＞

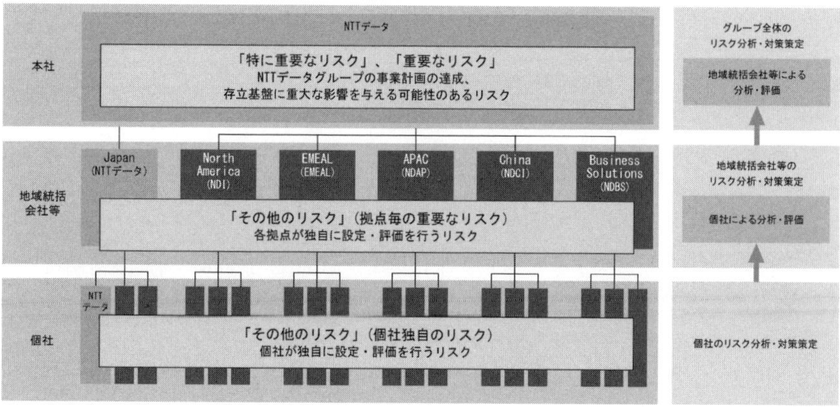

●気候関連リスクや機会のガバナンスとリスク管理

• ガバナンス（気候変動マネジメント体制）

2021年度は，内部統制推進委員会での全社リスクマネジメントにおいても，「気候変動」を重要リスクとして位置づけました。さらに，気候関連リスク・機会については，TCFDのフレームワークに沿った分析・評価を実施し，より長期の気候関連リスク・機会においての対策検討を進めました。

気候変動に関する当社グループの取り組みを主導するため，2020年11月に気候変動アクション推進委員会を設置しました。また，2021年10月１日付で「グリーンイノベーション推進室」をグリーン専任組織として新設し，気候変動アクション推進委員会をリードしながら，当社グループ全体の取り組みを推進しています。

気候変動アクション推進委員会では，委員長である代表取締役副社長執行役員が，気候変動に関する取り組みの最高責任を負っています。2021年10月時点では，気候変動アクション推進委員会内に11のタスクフォースを設置し，各タスクフォースでは，執行役員等がリーダーとして全社横断で関係者含めた取り組みを推進しています。

気候変動アクション推進委員会で協議した内容は取締役会へ報告され，取締役会は重要な経営・事業戦略として議論，方針の決定に加え，気候変動問題への実行計画等について監督を行っています。2022年度には，役員や社員の報酬と連動した気候変動関連のKPIも設定し，目標達成に対する社員や経営層の関与の深化を図っています。

FY2022　気候変動マネジメント体制

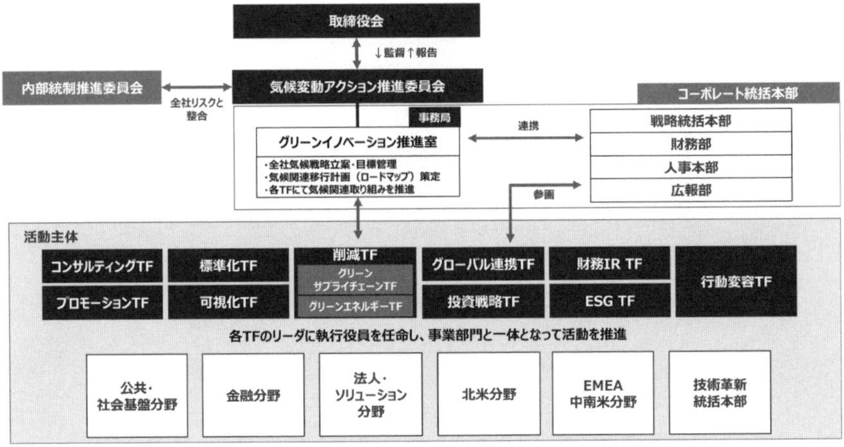

（出所）㈱エヌ・ティ・ティ・データ2022年３月期有価証券報告書

気候関連リスクについては，台風，洪水，山火事等の気候変動等に起因した災害によって顕在化する物理的リスクと，政策や法規制，技術革新や市場の変化等から生じる移行リスクを識別する必要があると考えられる。そして，これらのリスクについて，どのように特定し評価しているかについて記載することも重要と考えられる。また，識別されたリスクがどのように変化しているかといった点を記載することも有用と考えられる。

記載例２のSOMPOホールディングス㈱における気候変動関連情報の「リスク管理」の記載には，気候変動リスクマップを示しており，気候変動によって生じるリスクについて，その発生可能性と影響度に基づいて評価している点が記載されており，気候変動によって事業や戦略が受けるリスクについての重要度が記載されている。

記載例 2 **SOMPOホールディングス㈱**

ア．気候変動リスクフレームワーク（気候変動リスクの特定，評価および管理）

自然災害リスクを含む気候変動リスクに関しては，気候変動が保険事業以外を含めた当社グループの事業の様々な面に影響を及ぼすこと，その影響が長期にわたり，不確実性が高いことを踏まえて，既存のリスクコントロールシステムを補完し，長期的な気候変動が様々な波及経路を通じて当社グループに影響を及ぼすシナリオを深く考察してリスクを特定・評価および管理するための気候変動リスクフレームワークを構築しております。

気候変動リスクフレームワークでは，気候変動の複雑な影響を捕捉するために，以下の3ステップで評価を行い，「② 気候関連のリスクと機会への対応（戦略）」で述べたリスクと機会を整理しております。

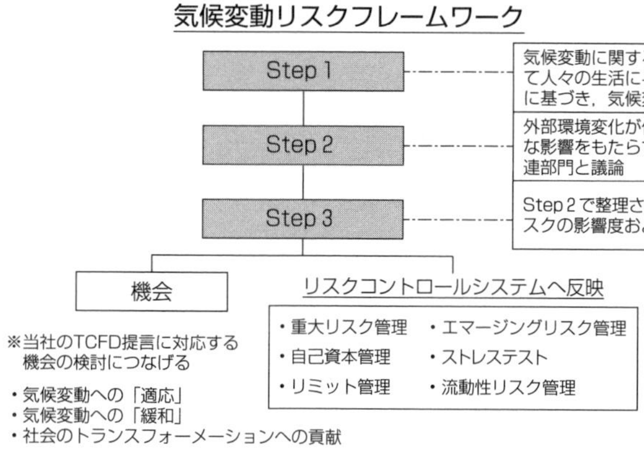
気候変動リスクフレームワーク
Step 1
気候変動に関する最新の科学的知見や，政治，経済そして人々の生活に与える変化・影響に関する研究成果などに基づき，気候変動がもたらす変化を特定
Step 2
外部環境変化が保険業界および当社グループにどのような影響をもたらすのかを外部有識者や，グループ内の関連部門と議論
Step 3
Step 2で整理された内容について，コントロール後のリスクの影響度および可能性を評価
機会
※当社のTCFD提言に対応する機会の検討につなげる
・気候変動への「適応」
・気候変動への「緩和」
・社会のトランスフォーメーションへの貢献
リスクコントロールシステムへ反映
・重大リスク管理
・エマージングリスク管理
・自己資本管理
・ストレステスト
・リミット管理
・流動性リスク管理

2022年は，探索的評価と位置づけて，IPCC，世界経済フォーラムなど外部機関の研究成果を踏まえて，起こり得る政策的移行パターン（下表）を想定したリスク評価を行い，気候変動リスクマップとして可視化しました。

A．緩やかに移行	温暖化の進行により広い地域が熱波に襲われ，深刻な食糧危機や水不足が発生。甚大な自然災害の頻発から死亡率も上昇。政治的不安定から地域紛争，テロ拡散，難民の増大。
B．直ちに大幅な移行	脱炭素政策の急激な推進によって化石燃料価格が高騰し，産業空洞化や急激なインフレ等からG7諸国の経済に大きな悪影響を及ぼす。
C．各国が異なるスピードで移行	各国・地域が異なるスピードで政策的・技術的移行を進めるため，地政学的・経済的な摩擦や各国間の格差が拡大。

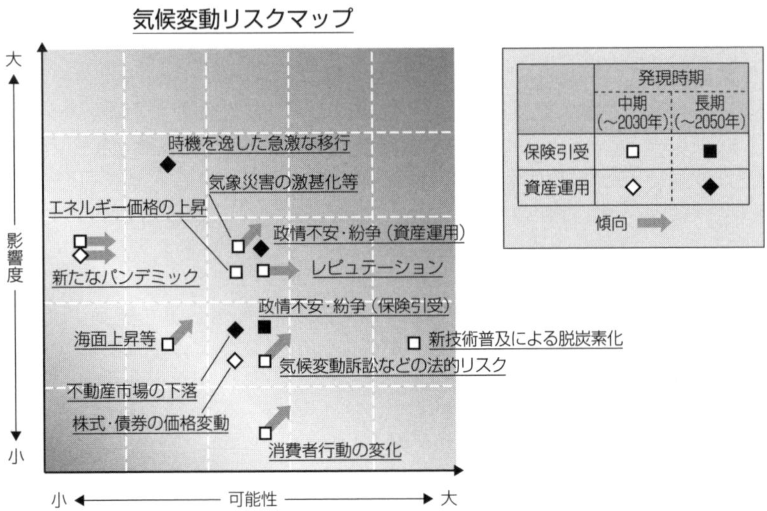

（出所） SOMPOホールディングス㈱2022年３月期有価証券報告書

3 「戦略」

「戦略」では，気候関連のリスクと機会がもたらす当該組織の事業，戦略，財務計画への現在および潜在的な影響を開示することが考えられ，識別した短期・中期・長期の気候関連のリスクと機会の内容を説明するとともに，このリスクと機会がビジネス，戦略および財務計画に及ぼす影響と２℃以下シナリオ（地球の平均気温上昇を産業革命以前の水準から２℃上昇までにとどめるための展開経路と排出曲線を示すもの）を含む様々な気候関連シナリオに基づく検討を踏まえた戦略のレジリエンスについて記載することが考えられる。

気候関連のリスクと機会がもたらす当該組織の事業や戦略などへの影響は，製品・サービスだけではなく，サプライチェーン・バリューチェーン等，事業に関わるすべての影響を検討する必要があり，リスクや機会の発現については，短期・中期・長期と示すだけではなく，具体的な期間を年数で示すことも重要と考えられる。複数の事業を行っている場合，事業内容によっては気候関連のリスクと機会も異なると考えられるため，このような場合は，事業ごとの単位で気候関連のリスクと機会を記載することも有用と考えられる。

また，気候関連リスクのシナリオには様々なものがある。代表的なシナリオとして，移行リスクの分析に用いる国際エネルギー機関（IEA）のシナリオと，物理的リスクの分析に用いる気候変動に関する政府間パネル（IPCC）のシナリオが挙げられるが，シナリオ分析は気候変動関連情報では重要な開示となるため，どのようなシナリオに基づいて気候関連のリスクと機会を識別したかについて記載することは重要である。加えて，シナリオ分析による影響額については，定量的な記載が有用と考えられる。ただし，不確実性が高いため，概算値のほか，影響額の範囲を示す記載方法も考えられる。

記載例 3 の不二製油グループ本社㈱では，リスクと機会について，採用した1.5℃シナリオと4℃シナリオごとに発現時期，影響期間について具体的な年数で記載し，また影響度については，「大」，「中」，「小」と区分し，それぞれの区分における影響額の範囲について記載を行っている。また，**記載例 4** の㈱丸井グループでは，採用したシナリオや対象期間，対象範囲，算定要件を具体的に記載している。

記載例 3 不二製油グループ本社㈱

気候変動リスク・機会および財務インパクトの影響度評価

			リスク・機会	財務インパクト	2050年頃における財務インパクトの評価							
					1.5℃シナリオ				4℃シナリオ			
					リスクまたは機会の内容	発現時期	影響期間	影響度[*1]	リスクまたは機会の内容	発現時期	影響期間	影響度[*1]
リスク	移行リスク	政策・法規制	1. 環境規制対応コストの増加リスク	炭素税導入によるコストの増加	世界中で気候変動対応の環境規制が厳格化され，グループ会社所在国における炭素税や，排出量取引制度等の導入，また再生可能エネルギーへの置換や環境投資や既存資産の減損によるコストの増加	5年以内	10年以上	約42億円[*2]	環境規制は1.5℃シナリオ程厳格化されておらず，炭素税額は大きくないものの，当社のグループ会社所在国における炭素税導入によるコストの増加。	10年以内	10年以上	約5億円[*2]
					対応策 •「環境ビジョン2030」の推進によるCO_2排出量削減目標遵守 •インターナルカーボンプライシング導入							
		評判	2. サプライヤーの森林破壊や緑地消失に関係するリスク	エンゲージメント対応強化に伴うコストの増加，主要顧客との取引停止等による売上の減少	・当社主要原料サプライヤーの気候変動への悪影響防止を図るエンゲージメント対応強化コストの増加 ・社会の高いサステナビリティ意識の中，当社のサプライヤーが気候変動への悪影響を及ぼした際の当社グループの評判低下による主要顧客との取引停止による売上減少	5年以内	10年以上	中	1.5℃シナリオに比べ，社会のサステナビリティ意識が高まらず，気候変動への許容度が高いことから，当社グループの独自のエンゲージメント強化に伴うコストの増加は限定的。	11年後以降	10年以上	小
					対応策 •当社グループの調達方針に基づくサプライチェーン上の環境リスク予防・低減活動強化 •サプライヤー行動規範の策定							
		急性	3. 異常気象による自然災害の激甚化リ	風水害が及ぼすグループ会社の損失	風水害の頻度や威力増大により，ハリケーンや台風被害が多い米国エリア，日本のグループ会社の風水害被害や操業停止。	11年後以降	10年以上	中	1.5℃シナリオを上回る風水害の頻度や威力増大により，グループ会社のより甚大な風水害被害や操業停止。	10年以内	10年以上	大

			リスク・機会	財務インパクト	2050年頃における財務インパクトの評価 1.5℃シナリオ リスクまたは機会の内容	発現時期	影響期間	影響度*1	4℃シナリオ リスクまたは機会の内容	発現時期	影響期間	影響度*1
リスク	物理的リスク		スク		対応策 ●グループ間の相互補完体制を組み込んだBCPの策定，危機発生時の対応マニュアルの整備，保険によるリスク移転を推進							
リスク	物理的リスク	慢性	4． 世界的な主要原料の価格高騰，不足懸念リスク	主要原料における調達可能量減少による売上の減少	以下要因により，主要原料の収穫量減少，供給量不足が発生し，一部の製品の生産への支障と売上減少。 ・異常気象や自然災害による影響 ・世界の人口増による需要増加 ・森林の開発制限強化など農法変化による，世界の人口増に見合う耕地面積の増大不足	10年以内	10年以上	小	以下要因により，主要原料の甚大な収穫量減少，供給量不足が発生し，大部分の製品の生産への大きな支障と，売上の大幅減少。 ・1.5℃シナリオを上回る異常気象や自然災害による影響 ・主要原料の栽培適地移動と，面積減少 ・世界の人口増による需要増加	11年後以降	10年以上	中
					対応策 ●原料調達の持続可能性向上，サプライソースの強化推進 ・サプライヤーとのエンゲージメント，農家の単収改善等の支援プログラム ・原料の多様化 ・学術機関・政府・業界と協働した育種研究による生産性向上促進							
機会		市場	5． PBF（Plant-Based Food 植物性食品）市場の拡大機会	植物性たん白質（肉代替・乳製品代替等）市場における売上の増加	以下の機会を捉えた製品の競争力強化による売上の大幅増加 ・ミレニアル世代・Z世代やベジタリアンを中心に，植物性たん白質の消費の活発化と世界の市場の大幅拡大。 ・中低所得国を中心に畜肉や乳製品の需要量が増加する一方，気候変動が畜産業に悪影響を与え，世界の畜肉や乳製品の供給量不足を補う植物性たん白質の需要が増加。日本，米国，欧州では動物性たん白質への高依存からの移行，サブサハラアフリカや南アジアではたん白質不足により，植物性たん白質の需要が拡大。	5年以内	10年以上	中	以下の機会を捉えた製品の競争力強化による売上の大幅増加 ・1.5℃シナリオと異なりサステナビリティ重視の消費行動は拡大しないが，中低所得国を中心に畜肉や乳製品の需要量が増加する。一方，1.5℃シナリオを上回る気候変動が畜産業に悪影響を与え，世界の畜肉や乳製品の供給量不足を補う植物性たん白質の需要が増加。日本，米国，欧州では動物性たん白質への高い依存からの移行，サブサハラアフリカや南アジアでは人口増に伴うたん白質不足により，植物性たん白質の需要が拡大。	11年後以降	10年以上	小
					対応策 ●変化する市場環境・ニーズを機会と捉え，植物性食品素材による社会課題の解決を推進 ・製品開発や事業戦略体制の構築，事業ポートフォリオの見直し，生産拠点の最適化 ・グローバル研究ネットワークの構築とオープンイノベーションの推進							
機会		レジリエンス	6． 気候変動が惹起する新たな健康問題に関係する機会	免疫改善，高栄養・高たん白，低糖質などの消費者ニーズの高まりによる売上の増加	以下の機会を捉えた，当社グループが展開する各事業や，拡大に注力するPBF製品において研究開発を進めている新規・既存技術の活用による売上増加。 ・世界的な気候変動により，感染症や熱中症拡大など発生地域・国が拡大。新たな健康問題が惹起され，人々の健康意識がさらに向上。 ・世界各国で急増が見込まれる肥満，糖尿病，認知症などの生活習慣病に対し，それらの予防食品等への需要拡大。 ・社会におけるSDGsの価値観浸透により，全世代において「One Health」*3の概念が強まり，地球と人間の健康をベースとした製品需要が増加。	10年以内	10年以上	中	以下の機会を捉えた当社グループが展開する各事業や，拡大に注力するPBF製品において研究開発を進めている新規・既存技術の活用による売上増加。 ・世界的な気候変動により，感染症や熱中症拡大など発生地域・国が拡大。新たな健康問題が惹起され，人々の健康意識がさらに向上。 ・世界各国で急増が見込まれる肥満，糖尿病，認知症などの生活習慣病に対し，それらの予防食品等への需要拡大。 ・1.5℃シナリオとは異なり，社会においてSDGsの価値観，「One Health」の概念が定着せず，地球と人間の健康をベースとした製品需要は1.5℃シナリオ程	11年後以降	10年以上	中

		リスク・機会	財務インパクト	2050年頃における財務インパクトの評価							
				1.5℃シナリオ				4℃シナリオ			
				リスクまたは機会の内容	発現時期	影響期間	影響度*1	リスクまたは機会の内容	発現時期	影響期間	影響度*1
機会								は拡大しない。			
機会				対応策 ・変化する市場環境・ニーズを機会と捉え，植物性食品素材による社会課題の解決を推進 ・製品開発や事業戦略体制の構築，事業ポートフォリオの見直し，生産拠点の最適化 ・グローバル研究ネットワークの構築とオープンイノベーションの推進							

＊1　影響度
大：「利益への影響額が100億円以上となる可能性がある」
中：「利益への影響額が20億円以上～100億円未満となる可能性がある」
小：「利益への影響額が20億円未満となる可能性がある」
上記，大・中・小の影響度は，当社グループにおける現在のポートフォリオ，財務状況，業績等に基づき，ある条件下の試算により予測される2050年頃の財務インパクトについて言及したものです。財務インパクトの評価はこの影響度を基準として行っていますが，変動する場合があります。

＊2　「環境規制対応コストの増加リスク」における財務インパクト「炭素税導入によるコストの増加」の影響度は，2030年頃を想定したものであり，「IEA」，「IPCC」等による各国炭素税見込額と当社グループのCO_2排出見込量より算出。

＊3　「One Health」：生態系の健康，そして動物の健康を守ることが，人の健康を守ることでもあるという事実を認識し，人，動物，生態系，3つの健康を1つと考え，守っていこうという概念。

（出所）　不二製油グループ本社㈱2022年3月期有価証券報告書

記載例4　㈱丸井グループ

（財務影響の分析・算定）

事業への財務的影響については，気候変動シナリオ等に基づき分析し2050年までの期間内に想定される利益への影響額として項目別に算定しています。リスクについては，物理的リスクとして，気温上昇が1.5℃以下に抑制されたとしても急性的に台風・豪雨等での水害が発生しうると予測しています。店舗の営業休止による不動産賃貸収入等への影響（約19億円）および建物被害（約30億円）を算定。移行リスクとしては，将来のエネルギー関連費用の増加を予測し，再生可能エネルギーの調達コストの増加（約8億円）および炭素税導入による増税（約22億円）を算定しています。機会については，環境意識が高い消費者へのライフスタイル提案による店舗収益への影響（約19億円）およびカード会員の増加による長期的収益（約26億円），環境配慮に取り組む企業への投資によるリターン（約9億円）を算定。カード会員の再生可能エネルギー電力の利用によりリカーリングが増加しゴールドカード会員化につながることでの長期的収益（約20億円），電力小売事業への参入による調達コストの削減（約3億円）および炭素税の非課税（約22億円）を算定しています。今後もさまざまな動向を踏まえ定期的に分析し，評価の見直しと情報開示の充実を進めていきます。

（前提要件）

対象期間	2020年～2050年
対象範囲	丸井グループの全事業
	気候変動シナリオ（IPCC・IEA等）に基づき分析
	項目別に対象期間内に想定される利益影響額を算定

算定要件	リスクは事象が発生した際の影響額で算定
	機会は原則，長期的な収益（LTV）で算定
	公共事業等のインフラ強化やテクノロジーの進化等は考慮しない

（出所）㈱丸井グループ2022年３月有価証券報告書

4 「指標及び目標」

「指標及び目標」では，気候関連のリスクと機会を評価および管理する際に用いる指標と目標について記載することが考えられる。

GHG排出量については，Scope 1，Scope 2 および該当する場合はScope 3 のGHG排出量と関連リスクの記載が考えられる。加えて，気候関連リスクと機会を管理するために用いる目標と目標に対する実績を記載することが考えられる。

気候関連リスクと機会を測定・管理するために用いる指標の検討には，水資源，エネルギー，土地利用，廃棄物管理の側面も踏まえる必要があると考えられる。また，炭素の社内価格の情報や，低炭素経済向けの製品およびサービスからの収入に関する指標についても必要に応じて記載する必要があると考えられる。加えて，気候関連リスクの重要性が高い場合には，気候関連リスクに関連した業績評価が，役員等の報酬体系に組み込まれているかについても記載すべきと考えられる。

GHG排出量については，開示原則（別添）では，投資家と企業の建設的な対話に資する有効な指標となっている状況に鑑み，各企業の業態や経営環境等を踏まえた重要性の判断を前提としつつ，特に，Scope 1・Scope 2 のGHG排出量について，企業において積極的に開示することが期待されるとしている。しかし，わが国においては，相当程度多くのGHGを排出する企業は，「地球温暖化対策の推進に関する法律」に基づき，Scope 1・2 のGHG排出量の公表が求められていることを踏まえると，当該企業においては，GHG排出量が投資家の投資判断や企業価値との関係で重要性を持つ可能性が高いと考えられ，特にその重要性を適切に評価したうえで記載を検討することが考えられる。

なお，これらの指標については，経年変化がわかるように複数期間にわたって記載することも重要であり，また，指標の計算方法を記載することも重要と考えられる。また，実績値も記載し，目標値と実績値の乖離についての経営者の分析結果を記載することも有用と考えられる。

有価証券報告書にGHG排出量等の指標について実績値を記載する場合，有価証券報告書の提出までにその集計が間に合わないことも想定される。このような場合，概算値や前年度の情報を記載することも可能と考えられる。ただし，概算値であることや前年度のデータであることを記載し，投資家に誤解を生じさせないようにする必要があると考えられる。なお，実際の集計結果が概算値と大きく異なり，投資家の投資判断に重要な影響を及ぼす場合には，有価証券報告の訂正を行うことが考えられる点には留意が必要である（「『企業内容等の開示に関する内閣府令の一部を改正する内閣府令（案）』に対するパブリックコメントの概要及びコメントに対する金融庁の考え方」No. 238等）。

記載例 5 の㈱リコーでは，GHG排出量について，Scope 3 まで記載されており，また，Scope 1 からScope 3 について，経年変化がわかるように2015年度，2020年度，2021年度と複数期間にわたって記載されている。

記載例 5　㈱リコー

リコーグループ環境目標（脱炭素分野）

2030年目標
- GHGスコープ1，2＊：63%削減 2015年度比
- GHGスコープ3＊　：40%削減 2015年度比（調達，使用，物流カテゴリー）
- 事業に必要な電力を50%再生可能エネルギーに切り替える

2050年目標
- バリューチェーン全体のGHG排出ゼロを目指す
- 事業に必要な電力を100%再生可能エネルギーに切り替える

＊GHGスコープ1，2，3
・GHGスコープ1：自社の工場・オフィス・車両などから直接排出されるGHG
・GHGスコープ2：自社が購入した熱・電力の使用に伴うGHG
・GHGスコープ3：企業活動のサプライチェーンの排出量（GHGスコープ1，2を除く）

2021年度実績

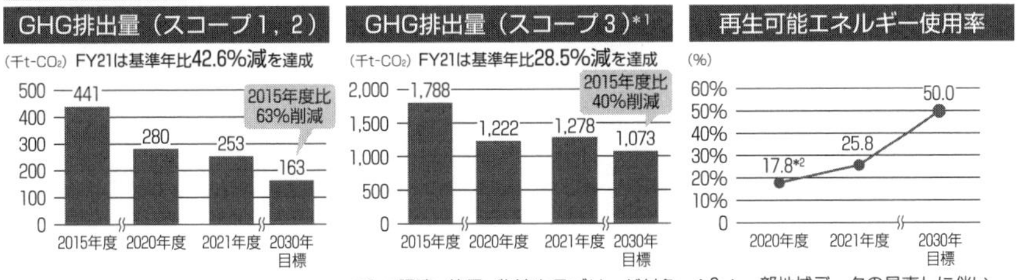

＊1：調達，使用，物流カテゴリーが対象　＊2：一部地域データの見直しに伴い2020年度数値を改訂

（出所）㈱リコー2022年3月有価証券報告書

おわりに

2023年３月期からは，気候変動関連情報に重要性がある場合，有価証券報告書等での開示が求められることになる。しかし，わが国では，これまで気候変動関連情報の開示は，任意の開示書類において数多く開示が行われてきており，他のサステナビリティのテーマと比べ，すでに多くの開示の好事例や開示実務が存在していると考えられる。したがって，このような好事例や開示実務を参考に有価証券報告書等の開示を検討し，また投資家との対話を通じて継続的に充実を図っていくことが期待される。

■著者紹介

前田和哉（まえだ・かずや）
EY新日本有限責任監査法人　公認会計士
日本基準，米国基準およびIFRS適用企業の財務諸表監査業務等に従事するとともに，品質管理本部　会計監理部において，会計処理および開示制度に関する相談業務などに従事。2018年から2020年の間，金融庁企画市場局企業開示課に在籍し，財務諸表等規則，企業内容等の開示に関する内閣府令の改正等の業務に従事。

❶「サステナビリティに関する考え方及び取組」の記載欄

③　人的資本に関する開示

EY新日本有限責任監査法人 公認会計士　船木博文

Summary

2023年1月31日に改正された「企業内容等の開示に関する内閣府令」等により，有価証券報告書等におけるサステナビリティ情報の開示の拡充が行われている。このうち，人的資本に関する開示については，すべての企業において，新設された「サステナビリティに関する考え方及び取組」の記載欄に「戦略」と「指標及び目標」の開示が必ず求められる等，特に留意が必要である。本章では，人的資本に関する開示のポイントを，先進的な事例も踏まえながら解説する。

はじめに

2023年3月期の有価証券報告書等から新たにサステナビリティに関する情報の開示が求められる。今回の「企業内容等の開示に関する内閣府令」（以下「開示府令」という）等の改正では，細かな記載事項が規定されておらず，各企業の取組状況に応じて柔軟に記載できるような枠組みとなっている。人的資本に関する開示についても，開示府令等の定めは簡潔な内容となっており，具体的に何をどのように記載すればよいのかわからないといった悩みをお持ちの方も多くいるのではないかと思われる。

以下では，人的資本に関する開示について，開示府令の要求事項を具体的な記載内容に落とし込みながら，金融庁より公表されている「記述情報の開示の好事例集2022（サステナビリティ情報等に関する開示）」（以下「好事例集」という）に掲載されている事例も踏まえて解説する。なお，文中の意見にわたる部分は筆者の私見であることをあらかじめ申し添える。

なお，人的資本に関する開示のうち，「従業員の状況」における多様性に関する指標（女性管理職比率，男性育児休業取得率，男女間の賃金格差）については，本章では取り上げていない（本書198頁以下で解説）。

Ⅰ　人的資本の開示の充実が求められる背景

企業の競争優位の源泉や持続的な企業価値向上の推進力は，無形資産にシフトしてきている。この無形資産の中核要素の１つである人的資本は，社会のサステナビリティおよび企業の成長と収益力の両立を図るサステナビリティ経営の重要な要素であるといえる。この「人的資本」と比較される概念として「人的資源」という概念があるが,「人的資源」では人材が収益を生み出すために支払うコストと捉えられるのに対し,「人的資本」では人材が無形資産を形成し,企業価値向上の要素として捉えられる。

こうした人的資本を重要視する流れは国内外でみられており，開示の議論も進められている。海外では，2018年に国際標準化機構（ISO）が人的資本に関する情報開示のガイドラインとして「ISO30414」を策定し，人的資本の状況を示す指標を公表したほか，欧州や米国でもサステナビリティ情報の法定開示の制度化の一環として，人的資本の開示についても制度化が進められている。

日本では，2020年にいわゆる「人材版伊藤レポート」が公表されたことをきっかけとして人的資本経営への注目度が高まり，2021年の改訂コーポレートガバナンス・コードでは，上場企業に対し，人的資本に関する一定の開示を求めている。さらに，2021年に発足した岸田政権が「新しい資本主義」を掲げ,「企業の人材投資の見える化」等の方針を打ち出したこと等により，人的資本に関する法定開示への機運が高まっていった。

そして，2022年６月に公表された令和３年度の「ディスクロージャーワーキング・グループ報告」（以下「DWG報告」という）において，投資家の投資判断に必要な情報を提供する観点から，人的資本や多様性に関して，有価証券報告書の開示項目とすることが提言されることとなった。

Ⅱ　人的資本に関する「戦略」・「指標及び目標」の開示

人的資本（人材の多様性を含む）に関する開示については，今回の開示府令で新たに設けられた「サステナビリティに関する考え方及び取組」の記載欄に，以下の内容を記載することが求められている（開示府令第二号様式（記載上の注意）(30-2) c）。

- 「人材の多様性の確保を含む人材の育成に関する方針」（以下「人材育成方針」という）および「社内環境整備に関する方針」（以下「社内環境整備方針」という）を「戦略」において記載すること
- 「戦略」で記載した方針に関する指標の内容ならびに当該指標を用いた目標および実績を「指標及び目標」において記載すること

「サステナビリティに関する考え方及び取組」のうち，「戦略」と「指標及び目標」については，原則として，重要な場合にのみ開示が求められることとされているが，この人的資本に関する開示については，重要性にかかわらずすべての企業において開示が必須とされている。これは，人材に関する戦略が，中長期的な企業価値向上の観点からすべての企業にとって重要であると捉えられていることが背景にあると考えられる。

1 「人材育成方針」と「社内環境整備方針」

(1) 記載内容・開示イメージ

まず，「戦略」における「人材育成方針」と「社内環境整備方針」について，具体的にどのような内容を記載することが求められているのかについてみていく。

開示府令では，これらについて例示的に「人材の採用及び維持並びに従業員の安全及び健康に関する方針等」と記載されている。特段それ以上の言及はないが，これは，従業員の個々の能力を向上させ，さらにその能力を発揮できるように人的資本の価値を向上させるような人材戦略や従業員の安全面等のコンプライアンス環境を含んだものと捉えることができると考えられる。

人材版伊藤レポートによると，人材戦略は経営戦略と連動していることが不可欠であり，経営戦略を実現するためにあるべき姿と，現在の人材および人材戦略とのギャップを適合させ，持続的な企業価値の向上につなげていくことが求められるとされている。これを踏まえると，人材戦略については，人材ポートフォリオの構築，リスキル，エンゲージメントの向上等について，定性的な説明を行うことが考えられる。具体的には，たとえば，戦略的な人材確保・配置転換，健康経営／ワークライフバランスの追求，女性管理職や外国人等の登用といった多様性を確保する施策内容等が考えられる。

これらをまとめると，**図表1**が開示のイメージになると考えられる。ただし，ここに示している項目に限られず，その他にも，男女間の管理職等に関する考え方やウェルビーイングへの取組み等，何を記載すべきかについては各企業の判断により様々であると考えられる（「『企業内容等の開示に関する内閣府令の一部を改正する内閣府令（案）』に対するパブリックコメントの概要及びコメントに対する金融庁の考え方」（以下「金融庁の考え方」という）No. 170等）。

図表1　「人材育成方針」と「社内環境整備方針」

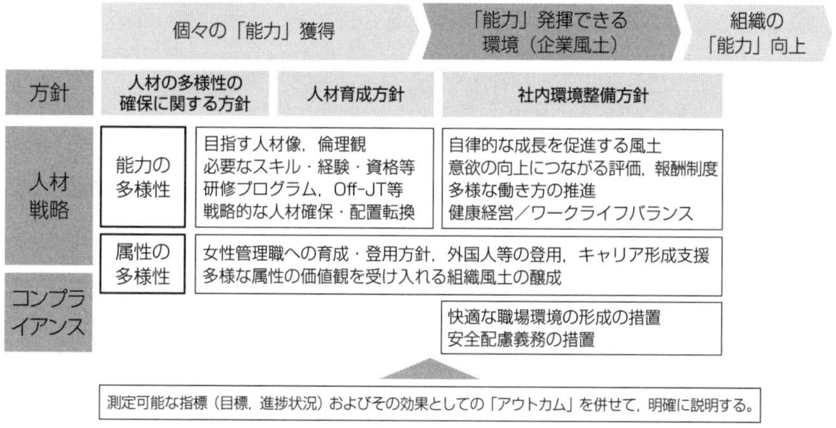

（2）記載例

記載例1は，㈱丸井グループの開示例である。丸井グループでは，人的資本経営の取組みについて，企業価値向上の観点を踏まえながら，「企業理念」，「働き方改革」，「多様性の推進」等，様々な施策ごとの取組みについて定量的な情報も含めて具体的に記載している。

2022年に内閣官房より公表された「人的資本可視化指針」では，開示事項の類型として，「独自性」（自社固有の戦略やビジネスモデルに沿った取組み・指標・目標を開示しているか）と「比較可能性」（標準的指標で開示しているか）の観点が示されており，この観点については好事例集においても投資家・アナリストが期待する主な開示のポイントとして，「適宜使い分け，又は，併せた開示は有用」というコメントが紹介されている。

この点，丸井グループの開示は，多様性の推進に関して「女性イキイキ指数」という独自のKPIを掲げた取組みについて，男性の育休取得率等の標準的な指標も含めながら具体的に記載している。全体を通して，自社固有の経営戦略と人材戦略がどのように結びついているかがわかりやすく記載されており，参考になる事例であると考えられる。

記載例１ **㈱丸井グループ**

■人的資本経営の取り組み

当社グループでは「人の成長＝企業の成長」という理念のもと，継続的な企業価値向上をめざし，2005年より17年間にわたり企業文化の変革に取り組んできました。企業文化の変革に向けて，「企業理念」「対話の文化」「働き方改革」「多様性の推進」「手挙げの文化」「グループ間職種変更異動」「パフォーマンスとバリューの二軸評価」「Well-being」等の施策を同時進行で進めてきました。

＜企業文化変革のための取り組み＞

１）企業理念

当社グループの人的資本経営は「人の成長＝企業の成長」という経営理念が根本となっています。この理念について，働く理由や会社に入って成し遂げたいことなどを対話の場を設けて話し合うことで，会社のパーパスと個人のパーパスのすり合わせを行い，10年以上で4,500名以上の社員が参加しました。その結果，理念を共有できない人が退職したことで一時的に退職率は上がりましたが，その後，退職率（定年退職者を除く）は約３％前後の低水準で定着しています。また，入社３年以内の離職率は約11％と世の中の平均を大きく下回る水準で推移しており，会社と個人との「選び選ばれる関係」の基盤が構築されています。

２）対話の文化

かつての一方通行から，双方向のコミュニケーションを通じた「対話の文化」が醸成されてきました。「１．安全な場宣言から始める」「２．特に目的を定めない」「３．結論を求めない」「４．傾聴する」「５．人の発言を受けて発言する」「６．人の意見を否定しない」「７．間隔を置いて熟成させる」の７つの目安に沿って，会議やミーティングは必ず対話を交えて行われています。

3）働き方改革

働きやすい環境の実現のみならず，仕事の本質を「時間の提供」から「価値の創出」と考える企業文化の転換をめざしています。社員によるプロジェクト活動の結果，2008年3月期には月間11時間だった1人当たり残業時間は，2022年3月期には約4.5時間まで大幅に減少しました。

4）多様性の推進

2014年から「男女」「年代」「個人」の3つの多様性を掲げ，組織改革を推進しています。「男女」の多様性については，2014年3月期から女性活躍推進のプロジェクトをスタートし，「女性イキイキ指数」という独自のKPIを掲げて取り組みを進めた結果，2022年3月期には男性社員の育休取得率が4年連続で100%を達成し，さらに女性の上位職志向も64%まで向上しました。2022年3月期からは新たに「男性の産休取得」と「男女の性別役割分担の見直し」を目標に掲げ，より本質的な取り組みにも着手しています。

◇女性イキイキ指数（抜粋）

		14年3月期	22年3月期	26年3月期
	女性リーダー比率	20	32	40
	女性の上位職志向	41	64	75
	男性の育休取得率100%の維持	14	100	100
新設	男性の産休取得率（8週以内）	−	51	80
新設	「男性は仕事，女性は家事育児」という性別役割分担意識を見直すことに，共感する人の割合	−	48	50
新設	家庭における男性の家事・育児の分担割合	−	35	35

（出所）㈱丸井グループ2022年3月期有価証券報告書　（%）

記載例2は，カゴメ㈱の開示例である。健康経営に関する取組みについて，特定保健指導実施率や高ストレス者比率等の推移状況等の定量的な情報を含めて具体的に記載しており，社内環境整備方針の1つとして参考になる事例であると考えられる。

また，カゴメの有価証券報告書では，随所に担当役員の顔写真付きのメッセージが掲載されている点も特徴的である。ここでは，人材戦略に関して，具体的な課題や人的資本の拡充に向けた今後の取組み等が記載されており，経営管理者の認識をわかりやすく伝える観点からも参考になる事例であると考えられる。

記載例2 **カゴメ㈱**

④ 健康経営の推進

当社は，企業が健全であるためには，従業員一人ひとりが心身ともに健康であることが重要だと考え，積極的に従業員の健康管理に取り組んでいます。

2021
健康経営優良法人
Health and productivity

DBJ健康格付
2020

参考リンク：
https://www.kagome.co.jp/company/about/philosophy/healthandproductivity/

カゴメ健康経営宣言

2017年には「カゴメ健康７ケ条」を制定し，「カゴメ健康経営宣言」を行いました。2020年12月には，㈱日本政策投資銀行が行う「DBJ健康経営（ヘルスマネジメント）格付」において，最高ランクの格付を取得しました。さらに，2021年３月には，経済産業省及び日本健康会議主催の「健康経営優良法人2021（大規模法人部門)」に認定されました。

カゴメ健康経営宣言

従業員の健康は，カゴメで働くことの誇りややりがいの向上を通して「働きがい」に直結するものです。
当社は「カゴメ健康7ケ条」を中核とし，健康経営を推し進めながら，食を通じお客様の健康に貢献してまいります。

（年度）

内容	2019	2020	2021
健康診断に関する状況			
受診率(%)	100	100	100
特定保健指導実施率(%)	72.0	84.8	88.7
ストレスチェックに関する状況			
受診率(%)	95.7	93.3	92.0
高ストレス者比率(%)	7.4	7.6	8.3
喫煙率の推移(%)	20.8	19.5	16.2

健康経営推進体制

2016年にカゴメアクシス㈱に専任組織を設置し，事業所全てに産業医を選任，保健師とともに，健康管理を推進しています。また，2018年には，「健康推進委員会」が発足し，事業所独自で主体的に健康増進活動を行っています。

産業保健体制

国内の全事業所に健康管理担当窓口を設け，産業保健スタッフ（産業医，保健師）が連携しながら，従業員への面談などを実施し，フィジカルヘルス，メンタルヘルスの両面で不調者の早期発見，保健指導などを行っています。

健康管理・健康増進施策に関する状況

「カゴメ健康７ケ条」に基づき健康施策を推進しているほか，カゴメ健康保険組合とも連携して，独自健診である「カゴメけんしん」などを毎年実施しています。

従業員の健康リテラシーの向上

従業員一人ひとりの心身の健康を保つためには，カゴメ従業員の健康状態の見える化と共有，正しい知識習得が必要と考え，2017年から「カゴメ健康レポート」を発刊するとともに，従業員向けの研修などを実施しています。

参考リンク：
https://www.kagome.co.jp/company/about/philosophy/healthandproductivity/

担当役員メッセージ

常務執行役員
CHO（人事最高責任者）
有沢 正人

第３次中期経営計画では，既存領域において新たな価値を創造し，成長ドライバーとなる新たな事業の育成や探索を加速させます。この経営戦略を実行するためには，従業員が働きがいを感じることで自律的に行動し，変化に対応しながら新たな挑戦を続けることが重要です。また，経営戦略と人事戦略を連動させることにより，多様な個人が活躍する人材ポートフォリオを構築し，一人ひとりが個性を活かして活躍することで，組織を活性化することが必要となります。第２次中期経営計画期間中においては，働きやすさの整備，中途採用の拡大，働きがいの見える化，従業員の自律的なキャリア形成を可能とする制度などを整備してきましたが，まだ目指す姿とのギャップがあります。具体的な課題としては，エンゲージメントサーベイの導入によって浮彫りとなった「挑戦する風土」への展開，心理的安全性の浸透，公正な差がつく評価の仕組み構築，シニアの職務開発などが挙げられます。第３次中期経営計画においては，「働きがいの向上」を重点課題とし，働き方（働きやすさ，多様な経験機会の提供），人材開発（評価報酬，配置登用，能力開発），多様な人的集団（採用，能力発揮）の３つの切り口から課題を設計し，価値創造につながる制度，仕組み，風土の醸成をスピーディーに進めることにより「人的資本の拡充」に努めます。

私は，人件費はコストではなく価値創造につながる投資であると考えています。長期的な成長を見据え，経営戦略をいかに実行するかという観点から，人材戦略を実行していきます。

（出所） カゴメ㈱2021年12月期有価証券報告書

2 戦略と紐づいた「指標及び目標」

（1） 記載内容・開示イメージ

人材戦略と紐づいた指標の開示については，「戦略」に記載した方針と整合する形で「指標及び目標」において測定可能な指標を記載することが求められる。自社が直面する重要なリスクと機会を中長期的な業績や競争力と関連づけながら，目指すべき姿，目標とそのアウトカム（達成する効果や成果），モニタリングすべき指標等を検討する必要があると考えられる。また，どのような指標や目標を開示すべきかについては，取締役や経営層で議論を行ったうえで決定し，明瞭かつロジカルに説明することが期待される。

「指標及び目標」について，2022年６月に公表された令和３年度のDWG報告等を参照しながらまとめると，**図表２**が開示のイメージになると考えられる。自社が直面する重要なリスクと機会，長期的な業績や競争力と関連づけながら，目指すべき姿やモニタリングすべき指標を検討して開示項目を決定することが重要になると考えられる。また，特にアウトカムをわかりやすく示すことによって，戦略的な開示につなげることが可能になるとも考えられる。

多様性について，**図表2**では，「中核人材の多様な属性の確保」と「中核人材の多様な能力の確保」の2つに分けている。これは，人材の多様性には，性別や国籍，年齢などの属性に関する多様性もあれば，人が有するスキルや専門性等の能力に関する多様性があり，人材戦略上の位置づけも変わってくると考えられるためである。なお，この「中核人材」とはコーポレートガバナンス・コードで用いられている表現であり，ここでは人材戦略上，重要なポジションとなる人材を想定している。

図表2 「指標及び目標」における測定可能な指標の開示

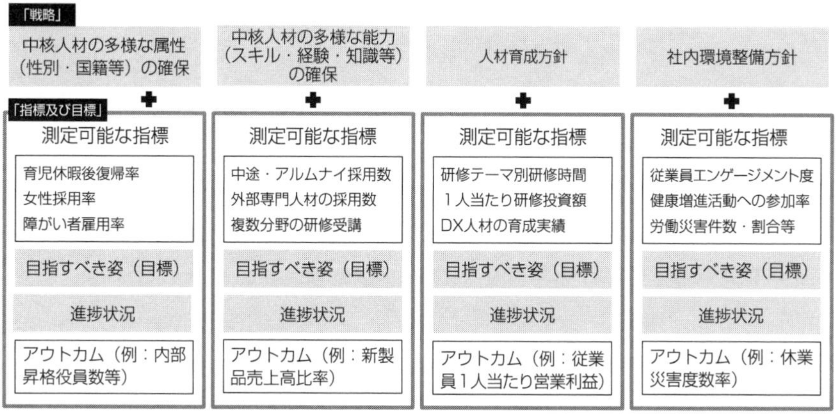

さて，企業によっては，人材育成方針や社内環境整備方針に関する指標の決定あるいは目標の数値化が現時点では難しいという状況も考えられる。この点，パブリックコメントでは，「人材育成方針や社内環境整備方針に関する指標及び目標についても，各企業の現在の取組状況に応じて記載することが考えられます」という考え方が示されている（金融庁の考え方No. 168）。そのため，このような場合には，自社における指標または目標の検討状況，決定を予定している時期，定性的な目標がある場合にはその内容等を記載することが考えられる。

なお,「従業員の状況」において,多様性に関する指標（女性管理職比率,男性育児休業取得率,男女間の賃金格差）の実績値を記載した場合は,「指標及び目標」の欄への記載は不要とされている（企業内容等の開示に関する留意事項について（企業内容等開示ガイドライン）5-16-5）。

(2) 記載例

記載例3は,㈱丸井グループの開示例である。丸井グループでは,持続的な企業価値向上の観点から,「人的資本投資」を定義づけしている。具体的には,これまでの経営管理上の費用を見直し,従来,人材投資としていた教育・研修費に加え,中長期的に企業価値向上につながる項目として,研究開発費に含めていた人件費等を「人的資本投資」として再定義し,その実績および計画を定量的に記載している。企業価値の創造にも直結する人的資本への投資の実績や目標については投資家の関心も高く,参考になる事例であると考えられる。

記載例 3　㈱丸井グループ

＜新たな成長に向けた「人的資本投資」＞

2022年３月期において，経営管理上の費用を見直し，これまで人材投資としていた教育・研修費に加え，単年度の損益項目の中で中長期的に企業価値向上につながる項目として，研究開発費に含めていた新規事業に係る人件費や共創チームの人件費，さらにグループ間職種変更異動した社員の１年目の人件費などを「人的資本投資」として再定義しています。この再定義による2022年３月期の人的資本投資は77億円となりました。これを2026年３月期に120億円まで拡大することで，持続的な企業価値の向上をめざします。

◇人的投資の内訳（22年３月期）

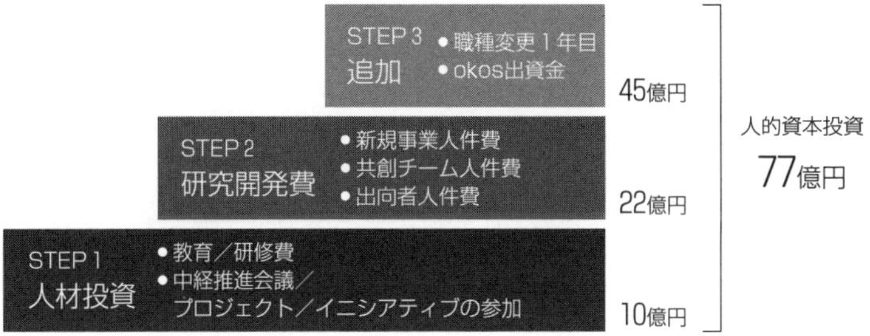

◇人的資本投資計画

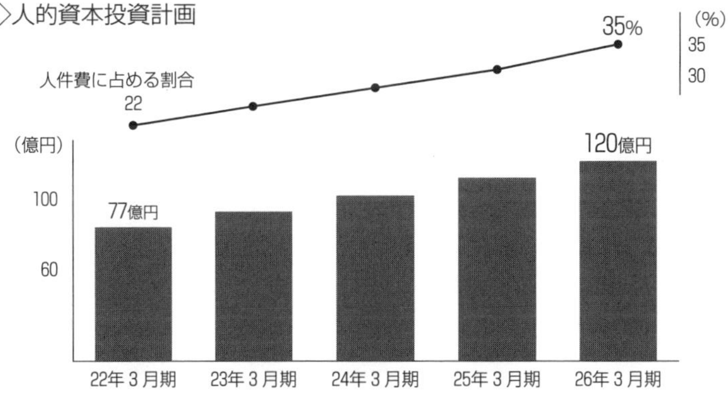

（出所）㈱丸井グループ2022年３月期有価証券報告書

記載例 4 は，豊田合成㈱の開示例である。豊田合成では，人材戦略において，「人材育成の促進」，「多様な人材の活躍」，「いきいきと働きやすい風土づくり」の３つの柱を掲げ，それぞれの柱ごとに関連するKPIの実績と目標を記載している。人材戦略の重点項目と関連する指標の関係がわかりやすく記載されており，参考になる事例であると考えられる。

なお，KPIの目標設定にあたっては，なぜその目標設定を行ったのかが，企業理念，文化，戦略等と紐づけて説明されることが有用であり，そのような記載がなされれば，より説得力を増す内容になると考えられる。

記載例４　豊田合成㈱

人材戦略の３つの柱

1．人材育成の促進

①グローバル経営幹部候補の育成
②部・室長が組織のビジョンを明確に示す「マネジメント宣言活動」
③未来のあるべき姿からバックキャストで考える「ビジョン構築型問題解決研修」
④若手社員を対象とした「３年独り立ちプラン」,「海外育成出向」
⑤DX推進を担う「デジタル人材育成」
⑥製造現場の技能力を高める「保全技能伝承道場」,「金型技能伝承道場」

2．多様な人材の活躍

①女性管理職の育成を促進する「チャレンジプログラム」
②積極的な「キャリア採用」と採用時の受け入れ研修
③シニア社員による一層の活躍促進のための「65歳定年制」
④障がい者雇用

3．いきいきと働きやすい風土づくり

①電子決裁やテレワークの促進など，ITを活用した「働き方改革」
②「エンゲージメントサーベイ」による組織課題の明確化と対策実行
③社内管理職・監督者を対象とした「ハラスメント防止研修」
④育児や介護と仕事を両立できる各種施策
⑤記念体育館「エントリオ」とスポーツクラブ活動
⑥健康経営

区　分	項　目	2021年度実績	2025年度目標
1 人材育成の促進	幹部人材を対象とした研修の受講者数	54名	65名
	海外出向経験者比率（管理職，事技職）	22.7%	25%以上
	DX人材の育成人数	94名	270名
2 多様な人材の活躍	女性管理職の人数	30名	40名
	中途採用者の管理職比率	31.0%	30%以上
	ローカル幹部比率（海外関係会社の副社長以上）	28.3%	40%以上
	障がい者雇用	2.78%（国内グループ全体）	法定雇用率達成（国内グループ各社）
3 いきいきと働きやすい風土づくり	平均残業時間	12.3H／月・人	10.0H／月・人以下
	年休取得率※	97.3%	90%以上
	エンゲージメントサーベイ結果	56%（肯定的評価）	65%以上

（※）　2021年度（管理職除く）

（出所）　豊田合成㈱2022年３月期有価証券報告書

3 連結ベースの記載

「サステナビリティに関する考え方及び取組」の記載欄では，基本的にはすべての項目について，連結ベースでの開示が求められている（開示府令第二号様式（記載上の注意）(30-2))。しかし，たとえば人材育成等について，連結グループの主要な事業を営む会社において，関連する指標のデータ管理とともに具体的な取組みが行われているものの，必ずしも連結グループに属するすべての会社では行われてはいない等，連結ベースの開示が困難となる場合も想定される。

そのような場合には，連結グループにおける開示が困難である旨を記載したうえで，連結グループにおける主要な事業を営む会社単体（主要な事業を営む会社が複数ある場合にはそれぞれ）またはこれらを含む一定のグループ単位の「指標及び目標」の開示を行うことも考えられる（パブリックコメントに対する金融庁の考え方No. 166等）。

Ⅲ 「人権」に関する開示

近年，サステナビリティのテーマの１つとして，人権に対する社会的な関心が高まってきている。令和３年度のDWG報告においても，「企業における人権への取組み（いわゆる「人権デューデリジェンス」）の議論が進んでいる中で，人権の開示を進めることは重要」であり，また，「人権の開示はより一層難しい課題であり，今後考えていく必要がある」旨が記載されている。また，国際サステナビリティ基準審議会（ISSB）は，気候変動に次ぐテーマ別の基準化の候補の１つとして，「人権」を挙げており，今後ますます注目度が高まっていくと思われる。

そのような中，企業が人権問題を事業のリスクや経営上対処すべき課題として捉え，開示する例も増えてきている。**記載例５**は，総合商社の双日㈱の開示例である。グローバルに事業を展開する総合商社では，サプライチェーンを通じて多くの人と直接・間接的に関わるため，サプライチェーン上の人権課題への取組みが特に重要であると考えられる。

双日では，グループの事業の中で特にリスクが高い事業分野を特定するとともに，サプライチェーン全体のどの位置で人権リスク等が発生しやすいかについて分析を行い，その結果を開示している。双日では，社会課題の１つとして，「サプライチェーンを含めた人権尊重」を取り上げているところ，サプライチェーンにおけるリスク評価の結果を図示しながら具体的に開示しており，先進的な事例であると考えられる。

記載例５　**双日㈱**

- リスク評価

当社グループの事業は多岐に亘り，川上から川下までサプライチェーンに広く関わっています。英国NGO「ビジネスと人権リソースセンター」が保有する環境・人権リスクの発生事例データベースをもとに，当社グループの事業の中でも特にリスクが高い事業分野を特定すると共に，サプライチェーン全体において一般的にどの位置で環境・人権リスクが発生しやすいか，分析・確認をしています。

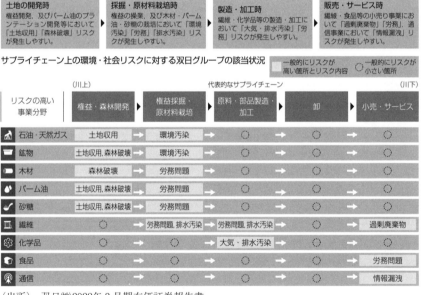

(川上)　→　(川下)

土地の開発時
権益開発，及びパーム油のプランテーション開発等において「土地収用」「森林破壊」リスクが発生しやすい。

▶ **採掘・原材料栽培時**
権益の操業，及び木材・パーム油・砂糖の栽培において「環境汚染」「労務」「排水汚染」リスクが発生しやすい。

▶ **製造・加工時**
繊維・化学品等の製造・加工において「大気・排水汚染」「労務」リスクが発生しやすい。

▶ **販売・サービス時**
繊維・食品等の小売り事業において「過剰廃棄物」「労務」，通信事業において「情報漏洩」リスクが発生しやすい。

サプライチェーン上の環境・社会リスクに対する双日グループの該当状況

（凡例）網掛け：一般的にリスクが高い箇所とリスク内容　◌：一般的にリスクが小さい箇所

代表的なサプライチェーン（川上→川下）

リスクの高い事業分野	権益・森林開発	権益採掘・原材料栽培	原料・部品製造・加工	卸	小売・サービス
石油・天然ガス	土地収用	環境汚染	◌	◌	◌
鉱物	土地収用，森林破壊	環境汚染	◌	◌	◌
木材	森林破壊	労務問題	◌	◌	◌
パーム油	土地収用，森林破壊	労務問題	◌	◌	◌
砂糖	土地収用，森林破壊	労務問題	◌	◌	◌
繊維	◌	労務問題，排水汚染	労務問題，排水汚染	◌	過剰廃棄物
化学品	◌	◌	大気・排水汚染	◌	◌
食品	◌	◌	◌	◌	労務問題
通信	◌	◌	◌	◌	情報漏洩

（出所）　双日㈱2022年３月期有価証券報告書

おわりに

いよいよ人的資本等に関する法定開示がスタートする。個々の企業の現在の取組みの状況によっては，初年度から充実した開示を行うことが難しい場合も考えられるが，まずは今回の開示を起点として，今後ステークホルダーとの対話を踏まえながら，自社における取組みの進展とともに開示の充実化を図っていくことが重要である。そして，こうした開示の充実化を経営の高度化にもつなげ，さらには持続的な企業価値の向上につなげていくといった好循環の確立が期待される。

■著者紹介

船木博文（ふなき・ひろふみ）
EY新日本有限責任監査法人　公認会計士
大手金融機関を経て，2006年に新日本監査法人（現EY新日本有限責任監査法人）に入社。主に金融機関の会計監査業務や内部統制監査業務等に従事後，現在は各種サステナビリティに関する金融機関向けのアドバイザリー業務に従事。また，2020年から2022年の間，金融庁企画市場局企業開示課に在籍し，「記述情報の開示の好事例集」の取りまとめ等の業務に従事。

❷ 将来情報の記載と虚偽記載の責任

西村あさひ法律事務所 弁護士　美﨑貴子
西村あさひ法律事務所 弁護士・米国公認会計士　若林義人

Summary

2023年1月31日に開示府令および開示ガイドラインが改正され，将来情報の記載と虚偽記載の考え方の整理が明記された。そもそも有価証券報告書等の虚偽記載については，法令上「重要な事項について虚偽の記載がある」との抽象的な要件が定められるにとどまる。本章では，かかる法令の要件についてのこれまでの解釈，裁判例等を踏まえつつ，今般の改正によって明記された将来情報という不確実な情報についての虚偽記載の考え方を紹介する。

Ⅰ　開示ガイドラインの改正

2023年1月31日に，「企業内容等の開示に関する内閣府令及び特定有価証券の内容等の開示に関する内閣府令の一部を改正する内閣府令」（令和5年内閣府令第11号，以下「改正開示府令」という）が公布され，同日から施行された。これと併せて，「企業内容等の開示に関する留意事項について（企業内容等開示ガイドライン）」が改正された（以下，同ガイドラインを「開示ガイドライン」といい，改正後の同ガイドラインを「改正開示ガイドライン」という）。

改正開示ガイドラインでは，有価証券届出書の「企業情報」の「第2　事業の状況」の「1　経営方針，経営環境及び対処すべき課題等」から「4　経営者による財政状態，経営成績及びキャッシュ・フローの状況の分析」までの将来に関する事項（以下「将来情報」という）で有価証券届出書に記載すべき重要な事項について，「一般に合理的と考えられる範囲で具体的な説明が記載されている場合には，有価証券届出書に記載した将来情報と実際に生じた結果が異なる場合であっても，直ちに虚偽記載等（重要な事項について虚偽の記載があり，又は記載すべき重要な事項若しくは誤解を生じさせないために必要な重要な事実の記載が欠けていることをいう。）の責任を負うものではないと考えられる」と明記された。なお，当該定めは，有価証券報告書や四半期報告書の取扱いにも準用されている[(1)]。

これは，2022年６月13日付「金融審議会ディスクロージャーワーキング・グループ報告」（以下「６月DWG報告」という）において，サステナビリティ開示について，投資家の投資判断にとって有用な情報を提供する観点では，事後に事情が変化した場合において虚偽記載の責任が問われることを懸念して企業の開示姿勢が萎縮することは好ましくないとの考えが示されたことを受けて定められたものである。

開示書類の虚偽記載について，一定の場合に限定するとはいえ，「虚偽記載等の責任を負うものではない」という考えがガイドラインに明記されたことは初めてであり注目を集めている。

本章では，法令上定められている開示書類の虚偽記載責任について，これまでの考え方を改めて整理・分析するとともに，改正開示ガイドラインの内容およびそれによる実務への影響を整理したい。

Ⅱ　虚偽記載に関する法令の定め

1　法令上の定め

法令上，重要な事項について虚偽の記載がある有価証券報告書等を提出した者は，10年以下の懲役もしくは千万円以下の罰金，または併科となる（金融商品取引法（以下「金商法」という）197①一，24①，207①一）。条文上刑事罰の対象となるのは，重要な事項について虚偽の記載がある有価証券報告書等を提出した場合をいい，不記載は含まれない。

また，重要な事項について虚偽の記載があり，または記載すべき重要な事項の記載が欠けている有価証券報告書等を提出した者は，課徴金または訂正命令の対象となる（課徴金について金商法172の２，172の４，訂正命令について金商法10，24の２）。課徴金納付命令は行政処分であり，責任非難の性格を有す

(1)　本章では，以後これらをまとめて「有価証券報告書等」という。

る刑事罰とは，その目的が異なるため，同一の虚偽記載事案について，刑事罰が科されるとともに，課徴金が課される場合もある。なお，罰金額については課徴金額との調整が行われ，課徴金の金額から罰金額が控除される（金商法185の7⑯，185の8⑥，金融商品取引法第六章の二の規定による課徴金に関する内閣府令61の8，61の9）。

2　法令違反となる「重要な事項」

(1)「重要な事項」についての考え方

上記1のとおり，法令上は，「重要な事項」について，虚偽がある場合や記載が欠けている場合に，法令違反として刑事罰や課徴金の対象となることが定められている。

「重要な事項」とは，当該事実について真実が明らかになれば，投資家の投資判断に影響が生じるものと解されており，財務情報か記述情報（非財務情報）かによる区別はない。また，「虚偽の記載」における「虚偽」とは，真実に反することをいい，作成時期の情報を基準に投資家保護の観点から規範的に判断される（神田秀樹・黒沼悦郎・松尾直彦『金融商品取引法コンメンタール4　不公正取引規制・課徴金・罰則』（商事法務，2011年）226頁）。

また，過年度訂正等の実務上，財務諸表利用者の意思決定への影響に照らした重要性が考慮されるとされており，重要性の判断は，財務諸表に及ぼす「金額的な面」と「質的な面」の双方を考慮する必要があるとされている（企業会計基準24号「会計方針の開示，会計上の変更及び誤謬の訂正に関する会計基準」（以下「会計方針の開示等会計基準」という）35項「重要性」）。

このように，「重要な事項」であるか否かは，金額的重要性と質的重要性を総合的に勘案して，投資家の投資判断への影響を判断されている。

(2)　金額的重要性

「金額的な面」，すなわち金額的重要性については，「損益への影響額又は累積的影響額が重要であるかどうかにより判断する考え方や，損益の趨勢に重要な影響を与えているかどうかにより判断する考え方のほか，財務諸表項目への影響が重要であるかどうかにより判断する考え方などがある。ただし，具体的な判断基準は，企業の個々の状況によって異なり得ると考えられる」とされている（会計方針の開示等会計基準35項）。

また，「投資家の投資判断に影響を与えたか否か」という点から，①インサイダー取引規制上の重要事実である業績予想等の差異について，有価証券の取引等の規制に関する内閣府令51条が定める重要基準や，②有価証券報告書提出会社（単体・連結）の「財政状態，経営成績及びキャッシュ・フローの状況に著しい影響を与える事象」として定められている，臨時報告書の提出事由（開示府令19②十二，十九）が参考になると考えられている。

①および②の具体的基準は**図表１**のとおりである。

図表１ 「金額的重要性」の参考基準

① 業績予想等の差異についての重要基準（金商法166②三，有価証券の取引等の規制に関する内閣府令51各号）	
売上高 （単体・連結）	新たに算出した予想値または当事業年度の決算における数値が，公表がされた直近の予想値から±10%以上
経常利益 （単体・連結）	新たに算出した予想値または当事業年度の決算における数値が，公表がされた直近の予想値から±30%以上 かつ 新たに算出した予想値または当事業年度の決算における数値と公表がされた直近の予想値の差額が，前事業年度末日の純資産額と資本金の額のいずれか少なくない金額の５%以上
純利益 （単体・連結）	新たに算出した予想値または当事業年度の決算における数値が，公表がされた直近の予想値から±30%以上 かつ 新たに算出した予想値または当事業年度の決算における数値と公表がされた直近の予想値の差額が，前事業年度末日の純資産額と資本金の額のいずれか少なくない金額の2.5%以上
② 臨時報告書提出事由（金商法24の５④，開示府令19②十二，十九）	
単体・連結	損益に与える影響額が， 最近事業年度末日における純資産額の３%以上 かつ 最近５事業年度における当期純利益の平均額の20%以上

さらに，金融庁・企業会計審議会が公表した「財務報告に係る内部統制の評価及び監査に関する実施基準」においては，財務報告に係る内部統制の評価の文脈における開示すべき重要な不備の判断指針として，「金額的重要性は，連結総資産，連結売上高，連結税引前利益などに対する比率で判断する。これらの比率は画一的に適用するのではなく，会社の業種，規模，特性など，会社の状況に応じて適切に用いる必要がある」としたうえで，「例えば，連結税引前利益については，概ねその５％程度とすることが考えられるが，最終的には，財務諸表監査における金額的重要性との関連に留意する必要がある」として，一応の目安として連結税引前利益の「概ね５％」という数字を掲げており，金額的重要性として参考になるものと考えられる。

このほか，日本公認会計士協会が公表した監査基準報告書320「監査の計画及び実施における重要性」Ａ７項においても，監査計画の策定時における財務諸表全体に対する重要性の決定における指標として，「例えば，監査人は，製造業を営む営利を目的とする企業において税引前利益を指標とする場合には５％が適切であると考えることがあるが，状況によっては，これとは異なる割合が適切であると判断することもある」として，５％が１つの重要性の基準となりうることを説明している[(2)]。

ただし，現に過年度訂正を行った事例に照らすと，上記金額的重要性を満たす訂正がなされた場合に，必ずしも課徴金納付命令勧告の対象となっているわけではなく，実務上は，「重要な事項の虚偽」について，金額的重要性だけでなく，虚偽記載の実態などの質的重要性も踏まえたうえで，「投資家の投資判断に影響が生じ」たか否かを判断しているようである。

（３） 質的重要性

「質的な面」，すなわち質的重要性については，記述情報（非財務情報）の記

(2) 当該５％の目安は，ISA（国際監査基準）320のＡ８項においても「For example, the auditor may consider five percent of profit before tax from continuing operations to be appropriate for a profit oriented entity in a manufacturing industry, while the auditor may consider one percent of total revenue or total expenses to be appropriate for a not-for-profit entity」としており，整合した規定になっている。

載について特に問題となりやすい。もっとも，質的重要性については，「企業の経営環境，財務諸表項目の性質，又は誤謬が生じた原因などにより判断することが考えられる」とされているにとどまる（会計方針の開示等会計基準35項）。これは，「質的」という性質上，定量的な基準を設けることが困難であるためだと思われる。

この点，西武鉄道事件機関投資家訴訟東京地裁判決（東京地判平成20年４月24日）では，同社の有価証券報告書の「大株主の状況」の記載について，㈱コクドが所有する西武鉄道株式の数を，コクドが自社名義で所有する株式数のみを記載し，コクドが他人名義で所有する株式（名義株）を除外し，過少に虚偽の報告をしていたことについて，上場廃止基準として少数特定者持株数基準が施行導入された昭和57（1982）年10月１日以降は，コクドが所有する西武鉄道株式の数について有価証券報告書等に真実を記載していれば，かかる上場廃止基準に抵触するものであり，「そのような事項についての虚偽記載が，投資家の投資判断に重大な影響を与える重要な事項であることは明らか」と判示し，質的重要性を認めている。

記述情報（非財務情報）は，投資家と企業との建設的な対話を促進するために，その記載の充実が図られてきていることに照らすと，記載の充実が求められる事項は，投資家の投資判断に影響を与えることが前提になっていると考えられる。そのため，その具体的項目や，記載内容によっては「重要な事項」となりうる。そして，投資家保護の観点から規範的に判断して，当該記載が真実に反するならば，虚偽記載と判断される場合がありうると考えられる。

3　有価証券報告書等の虚偽記載についての摘発状況

もっとも，有価証券報告書等の虚偽記載の調査・摘発を行う証券取引等監視委員会（以下「監視委」という）の活動をみる限り，多くの場合が財務情報に関する書類（貸借対照表，損益計算書またはキャッシュ・フロー計算書）の虚偽記載を対象とするものが摘発されてきた[(3)]。

---

(3)　課徴金制度が導入された2006年以降2023年２月までで，有価証券報告書等の虚偽記載が，刑事罰または課徴金の対象となった会社は約130社あるところ，120件以上の事案が財務情報に関する虚偽記載が認定されている。

ただし，近年，監視委は，課徴金調査に関して，多面的かつ効果的な開示検査を実施する観点から，「有価証券報告書等の非財務情報についての積極的な調査・検査」を実施すると発表している（たとえば，2022年８月証券取引等監視委員会「開示検査事例集（令和３事務年度）」５頁）。

そして，令和元事務年度においては，２件の非財務情報の虚偽記載を対象とした課徴金納付命令勧告が行われている。このように，記述情報（非財務情報）について，重要な虚偽記載が現に認定され，摘発対象となったという事例は認められるものの，件数としては限定的である。

また，いずれの事案も，「過去の事実」に関する記載が「事実と異なる」ことをもって虚偽を認定しており，見積り等のように，将来に関する仮定に関する情報の記載そのものについて，その結果が，記載していた仮定と異なったことをもって摘発した事例は不見当である。ただし，固定資産の減損等，会計上の見積りを行った結果，または，当該見積り等の検討を行わなかった結果としての財務情報について，虚偽記載が認定された事例は複数存在している[4]。

（参考）固定資産の減損，会計上の見積りが問題となった裁判例

課徴金勧告後の民事上の請求における裁判においては，たとえば，固定資産の減損における回復可能性について「回復可能性は，会計上の見積りの一態様であって，それ自体，監査実務上，経営者の行った見積りの合理性の有無という観点から判断され，ある程度の許容範囲も認められていたのである…。このような当時の実務の状況からすれば，回復可能性の判断については，これに関する経営者の判断の合理性の有無という観点から決するのが相当」とした大阪地裁判決平成24年９月28日（金融・商事判例1407号36頁）や，工事進行基準と総発生原価見通しについて，「当該見積りの時点においては，それが将来の予測に係るものであるという性質上，算定に当たって一定の幅が存在することも否定することができない。したがって，工事進行基準における過去の総発生原価見通しが不適正であった

(4)　監視委が公表している「開示検査事例集」または「金融商品取引法における課徴金事例集～開示規制違反編～」において，固定資産の減損等，会計上の見積りに関する項目が問題になった事例についても記載されている。

ために過年度決算における期間損益の配分が不適正となったか否かの判断においては，当該決算時点で認識可能であった事実を前提として，企業会計準則の裁量を逸脱するものであったか否かによって決するのが相当である」とした東京高裁判決平成29年２月23日（資料版商事法務402号61頁）といったものもあり，会計上の見積りについて，一定の幅があることを前提にした合理的な判断を認める傾向にあるものと思われる。

当該裁判例については，将来に関する仮定に基づく見積りの結果としての財務情報が問題になったものであるが，将来に関する仮定に関する情報の記載そのものについても，一定の幅があることを前提にしつつも，財務諸表作成時に入手可能な情報に基づいた合理的なものであるかが問題になりうるものと思われる。

Ⅲ　将来情報の記載と虚偽記載

1　改正開示ガイドライン5-16-2の定め

6月DWG報告では，前回の金融審議会ディスクロージャーワーキング・グループ（以下，同グループを「2018年DWG」といい，2018年DWGの報告を「2018年DWG報告」という）における報告の審議において，財務情報のみならず，それを補完する記述情報が企業と投資家との対話の基盤として特に重要性を増しているとの問題意識のもとで報告がとりまとめられ，2018年DWG報告を受けた制度改正が進められ，そうした中で，企業と投資家との対話や開示実務の進展などにより，企業情報の開示，特に記述情報の開示の充実が進み，その有用性が着実に高まっているとしたうえで，有価証券報告書等において，新たにサステナビリティ情報の「記載欄」を新設することなどが提言された。

もっとも，サステナビリティ情報は，企業の中長期的な持続可能性に関する事項であり，将来情報を含むため，事後に事情が変化し，開示内容と齟齬するおそれがある。

そこで，6月DWG報告では，事後に事情が変化した場合において虚偽記載の責任が問われることを懸念して企業の開示姿勢が萎縮することは好ましくないとして，開示ガイドライン等において，サステナビリティ開示における事例を想定して，さらなる明確化を図ることを検討すべきと提言した。これを受けて，改正開示ガイドラインでは，「一般に合理的と考えられる範囲で具体的な説明が記載されている場合には，有価証券届出書に記載した将来情報と実際に生じた結果が異なる場合であっても，直ちに虚偽記載等…の責任を負うものではないと考えられる」と明記された。

これは，2019年の企業内容等の開示に関する内閣府令の改正の際にも，事業等のリスクの記載について，虚偽記載に該当するかどうかは個別に判断すべきとしつつも，「将来の不確実な全ての事象に関する正確な予想の提供を求めるものではなく，提出日現在において，経営者が企業の経営成績等の状況に重要な影響を与える可能性があると認識している主要なリスクについて，具体的な説明を求めるもの」であり，「一般に合理的と考えられる範囲で具体的な説明がされていた場合，提出後に事情が変化したことをもって，虚偽記載の責任を問われるものではない」との考えを示していた（2019年１月31日金融庁「『企業内容等の開示に関する内閣府令の一部を改正する内閣府令（案）』に対するパブリックコメントの概要及び金融庁の考え方」No. 16）こととも整合する。

このように，改正開示ガイドラインでは，有価証券報告書等に記載した将来情報と実際に生じた結果が異なったとしても，直ちに虚偽記載等の責任を負うものではないとしているが，「一般に合理的と考えられる範囲で具体的な説明が記載されている場合には」という限定が設けられている。そして，当該将来情報について社内で合理的な根拠に基づく適切な検討を経たものである場合は，その旨を，検討された内容（たとえば，当該将来情報を記載するにあたり前提とされた事実，仮定および推論過程）の概要とともに記載することが例示されている。

そのため，経営者が，投資者の投資判断に影響を与える重要な将来情報を「認識しながら敢えて記載をしなかった場合」や，重要であることを「合理的な根拠なく認識せず記載しなかった場合」には，虚偽記載等の責任を負う可能性があるとされている（改正開示ガイドライン５-16-２)。経営者が，重要な将来情報を認識しつつ「認識と異なる記載をした」場合だけでなく，「敢えて記載をしなかった」場合も虚偽記載等と判断されるリスクを謳っており，この点では，制度面からも経営者の積極的開示を求めているように思われる。また，「合理的な根拠なく認識せず記載しなかった」場合も，虚偽記載等と判断されるリスクは依然残るものとされているため，どのような経緯を経て結論に至ったか，従来以上に，記載内容について適切なプロセスを経ることが求められることとなる。

2　改正開示ガイドライン 5-16-2 の対象範囲

改正開示ガイドライン 5-16-2 は，将来情報，すなわち「企業情報」の「第2　事業の状況」の「1　経営方針，経営環境及び対処すべき課題等」から「4　経営者による財政状態，経営成績及びキャッシュ・フローの状況の分析」までに記載される情報を対象とするものであり，サステナビリティ情報に限定されていない。もっとも，財務諸表等については，会計基準によりその記載内容が定められていることなどから，対象に含まれていない（2023年1月31日金融庁「『企業内容等の開示に関する内閣府令の一部を改正する内閣府令（案）』に対するパブリックコメントの概要及び金融庁の考え方」（以下「金融庁の考え方」という）No. 194等）。

3　改正開示ガイドライン 5-16-4

また，6月DWG報告では，有価証券報告書におけるサステナビリティ情報の「記載欄」への記載については，任意開示書類に記載した詳細情報を参照することが考えられるが，その際の虚偽記載の責任の考え方については整理が必要であると提言された。

これを受けて改正開示ガイドラインにおいても，サステナビリティ情報や「コーポレート・ガバナンスの概要」を記載するにあたっては，一定の事項を有価証券報告書等に記載したうえで，当該記載事項を補完する詳細な情報について，提出会社が公表した他の書類を参照する旨の記載を行うことが可能とされた（改正開示ガイドライン 5-16-4）。

参照先の書類は，有価証券報告書等とは異なり法定の書類ではなく，また有価証券報告書等の一部を構成するものでもないため，仮に記載内容に誤りがあったとしても，当該書類そのものについて直ちに法令違反を問われるものではない。そのため，改正開示ガイドラインにおいても，参照先の書類に虚偽の表示または誤解を生ずるような表示があっても，直ちに有価証券報告書等に係る虚偽記載等の責任を負うものではないことが明記された（改正開示ガイドライン5-16-4）。

ただし，「当該書類に明らかに重要な虚偽の表示又は誤解を生ずるような表示があることを知りながら参照していた場合等」には，「当該書類を参照する旨を記載したこと自体」が有価証券報告書等の虚偽記載等になりうるともされており，注意が必要である。

虚偽記載等の責任を負うかどうかは，個別事案ごとに実態に即して判断されるが，改正開示ガイドラインでは，①有価証券報告書等において，単に本来記載すべき重要な事項の記載が欠けているということにとどまらず，記載すべき重要な事項について意図的に記載せずこれを参照することとし，その参照先における記載内容が重要な虚偽の表示となっている場合や，②有価証券報告書等において記載すべき重要な事項の記載がなされているものの，さらに敢えて参照することとしたうえで，参照先における記載内容が有価証券報告書等の記載内容と「矛盾する」などによって重要な虚偽の表示となっている場合が例示されている（金融庁の考え方No. 270）。

①については，本来，有価証券報告書等において，本来記載すべき重要な事項が「記載されていない場合」は，かかる記載の欠缺そのものが有価証券報告書等の虚偽記載に該当しうるはずであり，「それにとどまらず…意図的に記載せずこれを参照した」という要件を課した理由は必ずしも明らかではない。もっとも，有価証券報告書等に記載すべき重要な事項の記載を欠いた場合も，敢えて参照した先の記載内容が重要な虚偽の表示となっていた場合も，投資家の投資判断の観点からすれば不適切であることは明らかであり，個別の事案における判断においては大きく異なるものではないと考えられる。

いずれの場合においても，経営者が，参照先の書類の内容をどのように理解し，どのような理由に基づいて参照することとしたのかが虚偽記載の有無の判断において重要となると考えられる。この点においても，上記1同様に，記載内容について適切なプロセスを経ることが求められることとなると思われる。

Ⅳ 小 括

以上のとおり，改正開示ガイドラインにおいては，将来情報の記載について，一定の場合に限定しながらも，「虚偽記載等の責任を負うものではない」という考えが明記された。これは，前述のとおり，財務情報としての会計上の見積りに関して一定の幅があることを前提とした判断が行われてきたことと同様の考え方であり，虚偽記載の考え方を大きく変更するものではないと思われる。

ただし，これまでは，虚偽記載の疑義が生じた場合に，会計処理を行った当時の見積りの判断が合理的であったことを，事後的にどのように立証するかという観点から注目されてきたが，改正開示ガイドラインでは，「一般に合理的と考えられる範囲で具体的な説明が記載されている場合」と限定しており，経営者がいかなる根拠に基づいて合理的との判断に至ったかのプロセスそのものを開示するよう求めている。そのため，今後は，将来情報の検討にあたっては，そのプロセス，判断根拠を開示することも念頭に置きながら経営判断を行っていくことが重要となる。

■著者紹介

美﨑貴子（みさき・たかこ）
2008年 弁護士登録。2012年 東京電力福島原子力発電所事故調査委員会（国会事故調）協力調査員。2014-2017年 証券取引等監視委員会（総務課，取引調査課，開示検査課）出向。インサイダー取引や開示規制違反などの金融商品取引法違反をはじめ，危機管理案件全般を取り扱う。主な論文として，「事後的な検討等の観点からどう考えるべきか『会計上の見積り』における法的留意点」（旬刊経理情報No. 1583（2020年７月10日増大号））などがある。

若林義人（わかばやし・よしと）
2007年 弁護士登録，2008年 会計士補登録，2017年 米国公認会計士。国内外のM&A・投資，株主総会対応，コーポレートガバナンスを含む企業法務全般を取り扱う。主な論文として，『スクイーズ・アウトの法務と税務（第３版）』（共著，中央経済社，2021年），「事後的な検討等の観点からどう考えるべきか『会計上の見積り』における法的留意点」（旬刊経理情報No. 1583（2020年７月10日増大号））などがある。

❸ 「従業員の状況」欄に記載すべき多様性に関する開示
女性管理職比率，男性育児休業取得率，男女間賃金差異

三浦法律事務所 弁護士／OnBoard㈱ CEO 松澤 香

Summary

今回の女性活躍推進法等の改正および改正開示府令に基づき，一定の企業は，男性育児休業取得率および男女間賃金差異の公表が義務化され，また，有価証券報告書等における多様性に関する開示項目として，「従業員の状況」欄に①女性管理職比率②男性育児休業取得率③男女間賃金差異を記載することが求められる。企業は，投資家に対する有用な情報提供を行うべく，単なる数値の記載にとどまらない任意の追加的な情報の提供が期待されており，これらの開示の前提となる自社の経営戦略を踏まえた人的資本に関する統合的なストーリーの構築が必要となると考えられる。

はじめに

今回の開示府令の改正では，人的資本・多様性の開示として，「サステナビリティに関する考え方及び取組」の記載欄の追加に加え，「企業情報」の「企業の概況」の中の「従業員の状況」の記載事項として，最近事業年度の提出会社およびその連結子会社それぞれにおける，「管理職に占める女性労働者の割合」（以下「女性管理職比率」という），「男性労働者の育児休業取得率」（以下「男性育児休業取得率」という）および「労働者の男女の賃金の差異」（以下「男女間賃金差異」という）が追加された。

本章では，上記の「従業員の状況」における改正について，その趣旨・内容や実務上のポイントについて，当該改正に至る日本における女性活躍の推進に関する状況や法制度等を踏まえながら解説する。

なお，以下，筆者の個人的見解・意見を述べるものであり，筆者が所属する事務所の統一的見解ではなく，それらを代表するものでもない点を念のため申

し添える。

Ⅰ 「従業員の状況」欄の改正内容と趣旨

1 「従業員の状況」欄に記載すべき多様性に関する開示

上記のとおり，今回の改正においては，「従業員の状況」欄に，①女性管理職比率，②男性育児休業取得率，および③男女間賃金差異の記載が追加されている（**図表1** d～f）。なお，最近事業年度（有価証券届出書。有価証券報告書においては，当事業年度を意味する）におけるこれらの情報について，「女性の職業生活における活躍の推進に関する法律」（以下「女性活躍推進法」という）および「育児休業，介護休業等育児又は家族介護を行う労働者の福祉に関する法律」（以下「育児・介護休業法」という）[(1)]に基づく公表義務を負わない場合その他女性活躍推進法に基づく当該公表を行っていない場合には，記載を省略することができるものとされている。

また，連結子会社のうち主要な連結子会社以外のものについては，「企業情報」の「提出会社の参考情報」の「その他の参考情報」に記載し，当該箇所を参照することができるものとされた（**図表1** g）。

上記のとおり，有価証券報告書等における各開示の義務については，女性活躍推進法および育児・介護休業法に基づく公表義務・公表の有無がメルクマールとなる。その判断の時点はあくまで「当事業年度」（有価証券報告書）「最近事業年度」（有価証券届出書）とされており，当該事業年度に，女性活躍推進法および育児・介護休業法に基づく公表を行わなければならない会社に該当する場合には，仮に当該公表が行われる前であっても，有価証券報告書等において開示が求められることに留意が必要である（金融庁の考え方No. 7～11）。

また，開示の対象となる企業については，現時点では，これらの指標は，個社のものを開示すれば足りるものとされ，連結ベースでの開示は求められてい

(1) 「『企業内容等の開示に関する内閣府令の一部を改正する内閣府令（案）』に対するパブリックコメントの概要及びコメントに対する金融庁の考え方」（以下「金融庁の考え方」という）No. 60。

図表１　第二号様式（記載上の注意）(29)　従業員の状況(※)

d	女性管理職比率	最近事業年度の提出会社及びその連結子会社それぞれにおける管理職に占める女性労働者の割合（女性の職業生活における活躍の推進に関する法律に基づく一般事業主行動計画等に関する省令（平成27年厚生労働省令第162号。ｅ及びｆにおいて「女性活躍推進法に基づく一般事業主行動計画等に関する省令」という。）第19条第１項第１号ホに掲げる事項をいう。以下ｄにおいて同じ。）を記載すること。ただし，提出会社及びその連結子会社が，最近事業年度における管理職に占める女性労働者の割合について，女性の職業生活における活躍の推進に関する法律（平成27年法律第64号。ｅ及びｆにおいて「女性活躍推進法」という。）の規定による公表をしない場合は，記載を省略することができる。
e	男性労働者の育児休業取得率	最近事業年度の提出会社及びその連結子会社それぞれにおける男性労働者の育児休業取得率（女性活躍推進法に基づく一般事業主行動計画等に関する省令第19条第１項第２号ハに掲げる事項のうち男性に係るものであって同条第２項の規定により公表しなければならないものをいう。）を記載すること。ただし，提出会社及びその連結子会社が，最近事業年度における労働者の男女別の育児休業取得率（同号ハに掲げる事項をいう。）について，女性活躍推進法の規定による公表をしない場合は，記載を省略することができる。
f	男女間賃金差異	最近事業年度の提出会社及びその連結子会社それぞれにおける労働者の男女の賃金の差異（女性活躍推進法に基づく一般事業主行動計画等に関する省令第19条第１項第１号リに掲げる事項であって同条第２項の規定により公表しなければならないものをいう。）を記載すること。ただし，提出会社及びその連結子会社が，最近事業年度における労働者の男女の賃金の差異（同号リに掲げる事項をいう。）について，女性活躍推進法の規定による公表をしない場合は，記載を省略することができる。
g	主要な連結子会社以外の連結子会社に関する記載方法	連結子会社のうち主要な連結子会社以外のものに係るｄからｆまでに規定する事項については，「第二部　企業情報」の「第７提出会社の参考情報」の「２その他の参考情報」に記載することができる。この場合においては，その箇所を参照する旨を記載すること。

（※）　ａ～ｃは省略（下線は筆者による）

ない。連結ベースでのこれらの指標の開示については，2022年6月に公表された「金融審議会ディスクロージャーワーキング・グループ報告」（以下「DWG報告」という）の提言において，投資家の投資判断に有用であると指摘されており，プリンシプルベースのガイダンスである開示原則において努力義務として明示された（金融庁「記述情報の開示に関する原則（別添）―サステナビリティ情報の開示について―」，金融庁の考え方No. 13～18）。

2 「従業員の状況」欄に記載すべき3つの指標の理由

上記3つの指標は，人的資本・多様性を示す重要な指標であり，内閣官房・非財務情報可視化研究会が2022年8月に策定した「人的資本可視化指針」の「ダイバーシティに関連する開示事項」に含まれている。これらの指標が今般の改正で開示の対象となった理由については，金融庁の考え方で以下のとおり示されている（金融庁の考え方No. 42）。

(1) 女性活躍推進法等により，一定以上の労働者を常時雇用する事業主に対して，公表が義務づけられていること（公表項目の選択肢とされている場合も含む）

(2) 2020年5月に閣議決定された「少子化社会対策大綱」において，有価証券報告書などの企業公表文書等への育児休業取得率の記載を促すなど，事業主が男性の育児休業取得を促す取組みを行うことを促進する仕組みの導入について検討するとされたこと

(3) 2021年6月に改訂されたコーポレートガバナンス・コード補充原則2－4①において，上場会社は，女性の管理職への登用等，中核人材の登用等における多様性の確保についての考え方と自主的かつ測定可能な目標を示すとともに，その状況を開示すべきであるとされていること

(4) 2022年6月に閣議決定された「新しい資本主義のグランドデザイン及び実行計画」において，男女間賃金差異について，女性活躍推進法による公表を求めることに加え，有価証券報告書の記載事項にも女性活躍推進法に基づく開示の記載と同様のものを開示するよう求めることとされたこと

(5) DWG報告において，多様性に関する国際的な開示の状況も踏まえ，投資家の投資判断に必要な情報を提供する観点から「女性管理職比率」，「男性

の育児休業取得率」および「男女間賃金格差」について，開示を求めることとされたこと

このように，今般の「従業員の状況」に関する改正は，女性活躍推進法のみならず，少子化社会対策大綱，コーポレートガバナンス・コード，「新しい資本主義のグランドデザイン及び実行計画」，DWG報告など様々な法制度・議論を踏まえたものとなっている。

昨今，人的資本・人への投資の重要性や多様性について，投資家を含む社会の関心はますます高まっている一方で，日本におけるジェンダー・ギャップの改善はなかなか進まない現状がある。世界経済フォーラムが，各国における男女格差を測るジェンダー・ギャップ指数を発表しており(2)，2022年の日本の総合スコアは0.650（０が完全不平等，１が完全平等を示す），順位は146か国中116位となっている。前回と比べて，スコア，順位ともに，ほぼ横ばいとなっており，先進国の中で最低レベル，アジア諸国の中で韓国や中国，ASEAN諸国より低い結果となっている。また，「経済」のスコアは，0.564，「経済」の順位は146か国中121位（前回は156か国中117位）である。

政府も，「経済財政運営と改革の基本方針」（いわゆる骨太の方針）において，毎年，女性活躍推進をその内容としているほか，2015年以降，各府省の翌年度予算の概算要求などに反映することを目的として，「女性活躍・男女共同参画の重点方針（女性活躍加速のための重点方針）」（いわゆる女性版骨太の方針）も策定されており，上記の指標選択の理由をみてもわかるように，あらゆる機会を捉えて，女性活躍推進に関する議論や取組みの実施がなされている。特に，男女の賃金格差については，政府による未来を担う次世代の中間層の維持・世帯所得の向上の観点からも重要なテーマとして認識されている（第208回国会における岸田文雄内閣総理大臣施政方針演説（2022年１月17日））。

また，投資家の関心という観点では，2020年に実施された，内閣府によるESG投資における女性活躍情報の活用状況に関する調査研究によれば，投資判断に女性活躍情報を活用している機関投資家のうち，女性活躍情報は企業の業

(2)　この指数は，「経済」「教育」「健康」「政治」の４つの分野のデータから作成される。

績に長期的に影響があると考える機関投資家は，2018年は約７割だったものが，約９割まで増加しており，今般の改正に基づく多様性開示は，非常に需要が高い情報と考えられる[3]。多くの機関投資家が，女性活躍の推進が長期的に企業の成長につながっていくと考えていることがうかがえる。

以下，「従業員の状況」欄の開示に関して，その経緯および公表義務の有無の判断の観点から，女性活躍推進法および育児・介護休業法について，また，これらに加え，３つの指標の理由として挙げられた，コーポレートガバナンス・コードの女性活躍に関する項目について概説する。

Ⅱ 女性活躍推進法

1 女性活躍推進法とは

女性活躍推進法は，「『日本再興戦略』改訂2014 ― 未来への挑戦 ― 」（2014年６月閣議決定）において，「女性の活躍推進に向けた新たな法的枠組みの構築」が盛り込まれたこと等を踏まえ，働く場面で活躍したいという希望を持つすべての女性が，その個性と能力を十分に発揮できる社会の実現を目指して，2015年８月に成立し，同年９月に公布された法律である。

国や自治体，民間企業などの事業主に対して，自社等の女性の活躍に関する状況把握・課題分析を行ったうえで，女性の活躍推進に向けた数値目標を盛り込んだ行動計画の策定・公表や，取組みの実施，効果の測定によって，PDCAサイクルを回すことを促し，女性活躍の取組みを推進することや，女性の職業選択に資するよう，一定の女性活躍に関する情報の公表などが定められている。当初，常用労働者300人以下の事業主では努力義務とされたが，2019年６月の改正により，「国・地方公共団体・常時雇用する労働者が101人以上の民間事業主」を対象とするものとされ，より幅広い事業主に対し義務化された（施行は

---

(3) 内閣府　男女共同参画局（受託者：東京海上日動リスクコンサルティング株式会社）「ジェンダー投資に関する調査研究報告書」（2021年３月）

2022年４月１日）。

なお，今般の３つの指標のうち，以下**2**で記載する今般の女性活躍推進法の改正までは，①女性管理職比率および②男性育児休業取得率については，女性活躍推進法に基づく情報公表の選択項目として規定されていたが，③男女間賃金差異については，情報公表の項目として含まれていなかった。

2　女性活躍推進法に基づく男女間賃金差異の公表に関する法改正

日本においては，少子化による労働者不足対策が大きな原因となって，女性の就業を促進する政策は一定の成果を出している一方で，日本における男女間賃金格差（差異）は，長期的に見ると縮小傾向にあるものの，国際的に見て依然として大きい状態にある。具体的には，OECDの平均が，男性のフルタイム労働者の賃金の中央値を100とした場合，女性のフルタイム労働者の賃金の中央値は，88.4であるのに対し，日本のそれは77.5となっている（**図表２**）。

かかる現状を踏まえ，さらなる縮小を図るため，2022年７月８日に，女性活躍推進法に関する制度改正がなされ，情報公表項目に「男女の賃金の差異」を追加するとともに，常時雇用する労働者が301人以上の一般事業主に対して，当該項目の公表（およびその前提としての状況把握）が義務づけられた。

したがって，今般の改正後は，常時雇用する労働者が301人以上の一般事業主は，情報の公表にあたり，女性労働者に対する職業生活に関する機会の提供に関する実績として，８項目から１項目以上選択して公表，また，職業生活と家庭生活との両立に資する雇用環境の整備に関する実績として，７項目から１項目選択して公表することに加え，男女間賃金差異を必ず公表しなければならない（**図表３**）。

また，101～300人以下企業は男女間賃金差異を含めた16項目から１項目以上を公表するものとされている。

したがって，常時雇用する労働者が301人以上の一般事業主は，公表義務を負う企業として，常時雇用する労働者が101～300人以下の企業は，男女間賃金差異を公表した場合において，有価証券報告書の「従業員の状況」欄に，男女間賃金差異を記載することになる（金融庁の考え方No. 36）。

図表2　男女間賃金格差の国際比較

○男女間賃金格差を国際比較すると，男性のフルタイム労働者の賃金の中央値を100とした場合の女性のフルタイム労働者の賃金の中央値は，OECD諸国の平均値が88.4であるが，我が国は77.5であり，我が国の男女間賃金格差は国際的に見て大きい状況にあることが分かる。

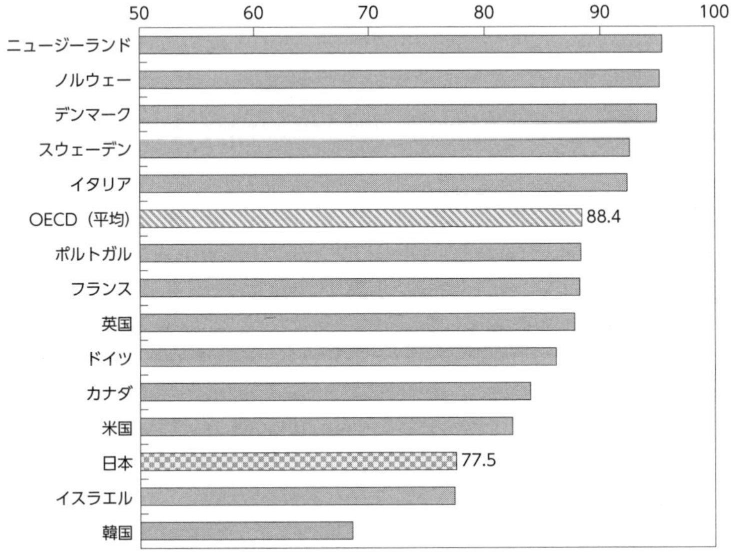

（備考）　1．OECD“OECD. Stat”より作成。
2．ここでの男女間賃金格差とは，フルタイム労働者について男性賃金の中央値を100とした場合の女性賃金の中央値の水準を割合表示した数値。
3．イスラエル，フランスは平成30（2018）年，イタリア，デンマーク，ドイツは令和元（2019）年，それ以外の国は令和2（2020）年の数字。

（出所）　内閣府男女共同参画局「男女共同参画白書　令和4年版」，https://www.gender.go.jp/about_danjo/whitepaper/r04/zentai/html/zuhyo/zuhyo02-12.html

図表3　状況把握・目標設定，情報公表の対照表

状況把握・目標設定、情報公表の対象事項　対照表　改正後

下線の状況把握に関する4つの必須項目に加えて、301人以上企業は男女の賃金の差異も状況把握が必須（目標設定は必須項目なし）

男女の賃金の差異を追加し、301人以上企業は公表必須項目

	状況把握・目標設定（16項目＋8項目）	情報公表（9項目＋7項目）
①女性労働者に対する職業生活に関する機会の提供	①採用した労働者に占める女性労働者の割合（区）	①採用した労働者に占める女性労働者の割合（区）
	②男女別の採用における競争倍率（区）	②男女別の採用における競争倍率（区）
	③労働者に占める女性労働者の割合（区）（派）	③労働者に占める女性労働者の割合（区）（派）
	④男女別の配置の状況（区）	－
	⑤男女別の将来の育成を目的とした教育訓練の受講の状況（区）	－
	⑥管理職及び男女の労働者の配置・育成・評価・昇進・性別役割分担意識その他の職場風土等に関する意識（区）（派：性別役割分担意識など職場風土等に関する意識）	－
	⑦管理職に占める女性労働者の割合	④管理職に占める女性労働者の割合
	⑧各職階の労働者に占める女性労働者の割合及び役員に占める女性の割合	⑤係長級にある者に占める女性労働者の割合 ⑥役員に占める女性の割合
	⑨男女別の1つ上位の職階へ昇進した労働者の割合	－
	⑩男女の人事評価の結果における差異（区）	－
	⑪セクシュアルハラスメント等に関する各種相談窓口への相談状況（区）（派）	－
	⑫男女別の職種又は雇用形態の転換の実績（区）（派：雇い入れの実績）	⑦男女別の職種又は雇用形態の転換実績
	⑬男女別の再雇用又は中途採用の実績（区）	⑧男女別の再雇用又は中途採用の実績
	⑭男女別の職種若しくは雇用形態の転換者、再雇用者又は中途採用者を管理職へ登用した実績	－
	⑮非正社員の男女別のキャリアアップに向けた研修の受講の状況（区）	－
	⑯男女の賃金の差異（全・正・パ有）	－　⇒⑨男女の賃金の差異（全・正・パ有）
②職業生活と家庭生活との両立に資する雇用環境の整備	①男女の平均継続勤続年数の差異（区）	①男女の平均継続勤続年数の差異
	②10事業年度前及びその前後の事業年度に採用された労働者の男女別の継続雇用割合（区）	②10事業年度前及びその前後の事業年度に採用された労働者の男女別の継続雇用割合
	③男女別の育児休業取得率及び平均取得期間（区）	③男女別の育児休業取得率（区）
	④男女別の職業生活と家庭生活との両立を支援するための制度（育児休業を除く）の利用実績（区）	－
	⑤男女別のフレックスタイム制、在宅勤務、テレワーク等の柔軟な働き方に資する制度の利用実績	－
	⑥労働者の各月ごとの平均残業時間等の労働時間（健康管理時間）の状況	④労働者の一月当たりの平均残業時間
	⑦雇用管理区分ごとの労働者の各月ごとの平均残業時間等の労働時間（健康管理時間）の状況（区）（派）	⑤雇用管理区分ごとの労働者の一月当たりの平均残業時間（区）（派）
	⑧有給休暇取得率（区）（派）	⑥有給休暇取得率 ⑦雇用管理区分ごとの有給休暇取得率（区）

状況把握の局面では、把握することを推奨（指針）しており、301人以上企業は情報公表の必須化に伴い、状況把握も必須化

301人以上企業：男女の賃金の差異は正規雇用労働者、パート・有期社員（非正規雇用労働者）、全ての労働者の3区分について算出

301人以上企業は、男女の賃金の差異（必須）＋8項目から1項目以上を公表

301人以上企業は7項目から1項目以上を公表

101～300人以下企業は男女の賃金の差異を含めた16項目から1項目以上を公表

※（区）･･･雇用管理区分ごとに対応する項目、（派）･･･派遣労働者を含めて対応する項目

（出所）　厚生労働省「女性活躍推進法に基づく男女の賃金の差異の情報公表について」2022年7月8日掲載，2022年12月28日更新，https://www.mhlw.go.jp/content/11900000/000970984.pdf

Ⅲ　育児・介護休業法（男性育休取得率）

男性の育児休業取得促進に関する育児・介護休業法改正は，令和２年５月に閣議決定された「少子化社会対策大綱」記載の男性の家事・育児参画の促進も踏まえて実施された。日本において，家事・育児の負担については，就業形態や就業の有無にかかわらず，依然として女性に偏っており，第１子出産を機に約３割の女性が離職する現状がある。妊娠・出産を機に退職した女性の退職理由の１位は，「両立の難しさで辞めた」（41.5％）であることや，日本の夫（６歳未満の子どもを持つ場合）の家事・育児関連時間は，１日当たり１時間程度と国際的にみて低水準であり，また，夫の家事・育児時間が長いほど，妻の継続就業割合が高く，また第２子以降の出生割合も高い傾向にある。他方で，育児休業取得率は，女性は８割台で推移している一方，男性は上昇傾向にあるものの女性に比べ低い水準となっており（令和３年度：13.97％），かつ，育児休業の取得期間においても，女性は９割以上が６か月以上となっている一方，男性は約５割が２週間未満となっており，依然として短期間の取得が中心となっている。

そこで，少子高齢化に伴う人口減少下において，出産・育児等による労働者の離職を防ぎ，希望に応じて男女ともに仕事と育児等を両立できるようにするため，子の出生直後の時期における柔軟な育児休業の枠組みの創設，育児休業を取得しやすい雇用環境整備および労働者に対する個別の周知・意向確認の措置の義務づけ等の改正が行われた。男性の育児休業取得率については，労働者を1,000人超常時雇用する事業主においては，2023年４月から，育児休業等の取得の状況を年１回公表することが義務づけられた（改正後の同法22の２）[(4)]。

したがって，有価証券報告書の「従業員の状況」欄との関係では，育児・介護休業法に基づき男性の育児休業取得率の公表義務を負う企業，また，女性活躍推進法に基づき男女別の育児休業取得率の公表を行っている企業は，有価証券報告書の「従業員の状況」欄に，男性の育児休業取得率を記載することになる。

上記をまとめると**図表４**のようになる。

---

(4)　厚生労働省　雇用環境・均等局　職業生活両立課「育児・介護休業法の改正について～男性の育児休業取得促進等～」2021年11月５日掲載，2022年11月18日更新。

図表4　企業規模別公表義務等のまとめ

常時雇用 労働者数	女性活躍推進法および育児・ 介護休業法上の公表義務の有無等	有価証券報告書における 開示義務が発生する場合
0人～100人	• 女性活躍推進法に基づく情報公表について，努力義務	義務は発生しないが，任意開示は可能（金融庁の考え方 No. 34）
101人～300人	• 女性活躍推進法に基づき情報開示16項目から1項目以上を公表。 • 女性活躍推進法に基づく男女間賃金差異の公表義務：なし • 育児・介護休業法の育児休業等の取得の状況の開示義務：なし	①　女性管理職比率：左記で選択して公表する場合 ②　男性労働者の育児休業取得率：左記で選択して公表する場合 ③　男女間賃金差異：左記で選択して公表する場合
301人～1,000人	• 女性活躍推進法に基づき，女性労働者に対する職業生活に関する機会の提供に関する実績として8項目から1項目以上選択して公表，また，職業生活と家庭生活との両立に資する雇用環境の整備に関する実績として，7項目から1項目選択して公表 • 女性活躍推進法に基づく男女間賃金差異の公表義務：あり • 育児・介護休業法の育児休業等の取得の状況の開示義務：なし	①　女性管理職比率：左記で選択して開示する場合 ②　男性労働者の育児休業取得率：左記で選択して開示する場合 ③　男女間賃金差異：開示義務あり
1,000人超	• 女性活躍推進法に基づき，女性労働者に対する職業生活に関する機会の提供に関する実績として8項目から1項目以上選択して公表，また，職業生活と家庭生活との両立に資する雇用環境の整備に関する実績として，7項目から1項目選択して公表 • 女性活躍推進法に基づく男女間賃金差異の公表義務：あり • 育児・介護休業法の育児休業等の取得の状況の開示義務：あり	①　女性管理職比率：左記で選択して開示する場合 ②　男性労働者の育児休業取得率：開示義務あり ③　男女間賃金差異：開示義務あり

Ⅳ コーポレートガバナンス・コードの改訂（女性管理職比率）

多様性開示の３つの指標の理由として，上記の２つの法律のほか，2021年６月に改訂されたコーポレートガバナンス・コード（以下「CGC」という）に定める中核人材の登用における多様性確保が挙げられているので解説する。

CGCは，会社が，株主をはじめ顧客・従業員・地域社会等の立場を踏まえたうえで，透明・公正かつ迅速・果断な意思決定を行うための原則や指針を示したものである。「株主の権利・平等性の確保」「適切な情報開示と透明性の確保」「取締役会等の責務」など，５つの基本原則と，さらに細かく31の原則と47の補充原則から構成されている。プリンシプルベース・アプローチ（原則主義）とコンプライ・オア・エクスプレイン（comply or explain）の手法を採用しているソフトローであり，法令の改正に比較して時代の変化に対応した柔軟な規範の変更が可能という利点がある。

CGCは，原則２－４で，女性の活躍促進を含む社内の多様性の確保として，「上場会社は，社内に異なる経験・技能・属性を反映した多様な視点や価値観が存在することは，会社の持続的な成長を確保する上での強みとなり得る，との認識に立ち，社内における女性の活躍促進を含む多様性の確保を推進すべきである」と示し，ダイバーシティ経営の必要性を示している。さらに，2021年のCGC改訂の際，補充原則２－４①として「上場会社は，女性・外国人・中途採用者の管理職への登用等，中核人材の登用等における多様性の確保についての考え方と自主的かつ測定可能な目標を示すとともに，その状況を開示すべきである。また，中長期的な企業価値の向上に向けた人材戦略の重要性に鑑み，多様性の確保に向けた人材育成方針と社内環境整備方針をその実施状況と併せて開示すべきである。」を追加している。

CGCは原則４－11においても，取締役会・監査役会の実効性確保のための前提条件として，「取締役会は，その役割・責務を実効的に果たすための知識・経験・能力を全体としてバランス良く備え，ジェンダーや国際性，職歴，年齢の面を含む多様性と適正規模を両立させる形で構成されるべきである」としている。女性役員については，経団連も「2030年までに役員に占める女性比率を30％以上にする」2030年30％チャレンジを実施しているが，上場企業の女性役員数は，2022年の統計で，3,654人であり，この10年で5.8倍に増えたものの全体の9.1％にとどまり(5)，上場企業ベースで単純計算すると8,000人以上女性役員が不足している現状がある。

企業がこの比率を向上させるためには，社外役員の登用に加え，中長期的には内部人材の育成が重要であり，人材のパイプラインづくりが必要となる。直接的には，女性管理職比率を高めて，その中から将来の女性役員を育成する仕組みづくりが重要であり，改めて，女性の管理職への登用といった中核人材の多様性確保の必要性が再認識されている。

なお，女性役員・取締役会におけるジェンダーダイバーシティについては，機関投資家も強い関心を寄せており，たとえば，Institutional Shareholder Services Inc.（ISS）の議決権行使助言基準においては，取締役会の多様性に関する基準を導入し，2023年２月以降，取締役会に女性取締役が１人もいない場合は，経営トップである取締役に対して反対推奨する基準を導入しており，他の国内外の機関投資家も，取締役会の多様性を求める議決権行使基準を設定している。

女性管理職比率については，女性活躍推進法の定めに従い当該比率を開示している企業が，有価証券報告書の「従業員の状況」欄に，当該比率を記載することになる。

V　具体的な開示の方法

それでは，有価証券報告書における各項目の具体的な記載方法について，みていきたい。

1　女性管理職比率

管理職に占める女性労働者の割合の計算方法は，以下のとおりである。

(5)　男女共同参画局　男女共同参画に関するデータ集　上場企業の女性役員数の推移

すなわち，各企業が，女性の管理職数を算出し，企業全体の管理職数で除することによって算出が可能となる。

女性の管理職数　÷　管理職数　×　100（%）

この点，「管理職」がどの範囲を意味するのかが問題となるが，「管理職」とは，「課長級」と「課長級より上位の役職（役員を除く）」にある労働者の合計をいうものとされており，この「課長級」とは，(1)事業所で通常「課長」と呼ばれている者であって，２係以上の組織からなり，もしくは，その構成員が10人以上（課長含む）の長，または，(2)同一事業所において，課長の他に，呼称，構成員に関係なく，その職務の内容および責任の程度が「課長級」に相当する者（ただし，一番下の職階ではないこと）を意味することとされている。

2　育児休業等の取得率

常時雇用する労働者が1,000人を超える事業主は，育児休業等の取得の状況を年１回公表することが義務づけられ，具体的には，以下の（1）または（2）のいずれかの割合を，インターネットの利用その他適切な方法で，一般人が閲覧できる形で公表する必要がある（改正後の「育児休業，介護休業等育児又は家族介護を行う労働者の福祉に関する法律施行規則」71の４）。

（1）　育児休業等の取得割合

公表前事業年度（**図表５**の※１）においてその雇用する男性労働者が育児休業等（**図表５**の※２）をしたものの数を，公表前事業年度において，事業主が雇用する男性労働者であって，配偶者が出産したものの数で除した値。

（2）　育児休業等と育児目的休暇の取得割合

公表前事業年度においてその雇用する男性労働者が育児休業等をしたものの数および小学校就学の始期に達するまでの子を養育する男性労働者を雇用する事業主が講ずる育児を目的とした休暇制度（**図表５**の※３）を利用したものの数の合計数を，公表前事業年度において，事業主が雇用する男性労働者であって，配偶者が出産したものの数で除した値。

図表5　育児休業の取得状況の公表

①育児休業等の取得割合

公表前事業年度（※1）においてその雇用する男性労働者が**育児休業等**（※2）をしたものの数

────────

公表前事業年度（※1）において、事業主が雇用する**男性労働者であって、配偶者**が出産したものの数

または

②育児休業等と育児目的休暇の取得割合

公表前事業年度（※1）においてその雇用する男性労働者が**育児休業等**（※2）をしたものの数 **及び** 小学校就学の始期に達するまでの子を養育する男性労働者を雇用する事業主が講ずる**育児を目的とした休暇**制度（※3）を利用したものの数 の**合計数**

────────

公表前事業年度（※1）において、事業主が雇用する**男性労働者であって、配偶者が出産**したものの数

※1 **公表前事業年度**：　公表を行う日の属する事業年度の**直前の事業年度**

産後パパ育休（出生時育児休業）も含みます！

※2 **育児休業等**：　育児・介護休業法第2条第1号に規定する**育児休業** 及び **法第23条第2項**（所定労働時間の短縮の代替措置として3歳未満の子を育てる労働者対象）又は**第24条第1項**（小学校就学前の子を育てる労働者に関する努力義務）**の規定に基づく措置**として育児休業に関する制度に準ずる措置が講じられた場合の当該措置によりする休業

※3 **育児を目的とした休暇**：　目的の中に育児を目的とするものであることが明らかにされている休暇制度。育児休業等及び子の看護休暇は除く。

《例えば…》

失効年休の育児目的での使用、いわゆる「配偶者出産休暇」制度、「育児参加奨励休暇」制度、子の入園式、卒園式等の行事や予防接種等の通院のための勤務時間中の外出を認める制度（法に基づく子の看護休暇を上回る範囲に限る）などが該当。

（出所）　厚生労働省　雇用環境・均等局職業生活両立課「育児・介護休業法の改正について～男性の育児休業取得促進等～」2021年11月5日掲載，2022年11月18日更新，https://www.mhlw.go.jp/content/11900000/000851662.pdf

なお，「常時雇用する労働者」とは，雇用契約の形態を問わないことに留意が必要である。事実上期間の定めなく雇用されている労働者を指す概念であり，たとえば，(i)期間の定めなく雇用されている者や，(ii)一定の期間を定めて雇用されている者または日々雇用される者であってその雇用期間が反復更新されて事実上期間の定めなく雇用されている者と同等と認められる者（すなわち，過去1年以上の期間について引き続き雇用されている者または雇入れの時から1年以上引き続き雇用されると見込まれる者）も該当する。

3　男女間賃金差異

男女間賃金差異は，「全労働者」，「正規雇用労働者」，「非正規雇用労働者」の3つの区分ごとに，男性の賃金水準に対する女性の割合を公表することとされている。具体的な計算方法は，以下のとおりである(6)。

(i)　労働者を男性・女性，また，正規・非正規で4種類に分類する。

(ii)　4種類の労働者それぞれについて，ある事業年度の総賃金と人員数を算出する。

(iii)　4種類の労働者それぞれについて，総賃金を人員数で除し，4種類の労働

(6)　厚生労働省「女性活躍推進法に基づく男女の賃金の差異の情報公表について」2022年7月8日掲載，2022年12月28日更新

者の平均年間賃金を算出する。

(iv) 正規・非正規の総賃金・人員数を利用して，すべての労働者の年間平均賃金を男女別に算出する。

(v) 正規，非正規，すべての労働者の区分ごとに，(女性の平均年間賃金)÷(男性の平均年間賃金）により，割合（パーセント）算出し，公表する。

図表6　算出の手順

①労働者の分類

	女性	男性
正規労働者	女性・正規	男性・正規
非正規労働者	女性・非正規	男性・非正規

②総賃金と人員数の算出

	女性	男性
正規労働者	女性・正規の総賃金・人員数	男性・正規の総賃金・人員数
非正規労働者	女性・非正規の総賃金・人員数	男性・非正規の総賃金・人員数

③平均年間賃金の算出（正規・非正規）

	女性	男性
正規労働者	女性・正規の平均年間賃金（＝総賃金÷人員数）平均年間賃金①	男性・正規の平均年間賃金（＝総賃金÷人員数）平均年間賃金②
非正規労働者	女性・非正規の平均年間賃金（＝総賃金÷人員数）平均年間賃金③	男性・非正規の平均年間賃金（＝総賃金÷人員数）平均年間賃金④

④平均年間賃金の算出（全ての労働者）

	女性	男性
正規労働者	総賃金（A）／人員数（B）＝平均年間賃金①	総賃金（C）／人員数（D）＝平均年間賃金②
非正規労働者	総賃金（E）／人員数（F）＝平均年間賃金③	総賃金（G）／人員数（H）＝平均年間賃金④
全ての労働者	総賃金（A＋E）／人員数（B＋F）＝平均年間賃金⑤	総賃金（C＋G）／人員数（D＋H）＝平均年間賃金⑥

⑤割合の算出・公表

	女性	男性	公表する割合
正規労働者	平均年間賃金①	平均年間賃金②	①／②×100%　正規雇用の男女の賃金の差異
非正規労働者	平均年間賃金③	平均年間賃金④	③／④×100%　非正規雇用の男女の賃金の差異
全ての労働者	平均年間賃金⑤	平均年間賃金⑥	⑤／⑥×100%　全労働者の男女の賃金の差異

※小数点第2位を四捨五入し，小数点第1位まで表示（必須）。

（出所）厚生労働省「女性活躍推進法に基づく男女の賃金の差異の情報公表について」2022年7月8日掲載，2022年12月28日更新をもとに作成

上記のように，「全労働者」(「正規雇用労働者」と「非正規雇用労働者」の合計)，「正規雇用労働者」(期間の定めなくフルタイム勤務する労働者)，「非正規雇用労働者」(パートタイム労働者（1週間の所定労働時間が同一の事業主に雇用される通常の労働者（正規雇用労働者）に比べて短い労働者）および有期雇用労働者（事業主と期間の定めのある労働契約を締結している労働者))の3区分での公表が必要であることに留意が必要である。なお，個々の事業主において，さらに詳細な区分により，男女の賃金の差異の公表を任意で行うことは問題ないものとされている。

また，厚生労働省から，各数値の考え方についても詳細な留意点が示されており，たとえば，人数については，恣意性を排除するために，男女で異なる数

え方をしないこと，初回の公表以降，将来に向かって繰り返し行う公表を通じて一貫性ある方法を採用すること，人員数の数え方を変更する必要が生じた場合は，人員数の数え方を変更した旨および変更した理由について明記することが留意点として示されている。たとえば，ある事業年度の期首から期末までの連続する12か月の特定の日（給与支払日，月の末日その他）の労働者の人数の平均を用いることが挙げられている。

具体的な公表例としては，**図表７**が挙げられている。

図表７　男女の賃金の差異の公表例

公表日：２０２３年４月２１日

	男女の賃金の差異 （男性の賃金に対する女性の賃金の割合）
全労働者	80.4%
正社員	80.5%
パート・有期社員	91.5%

対象期間：令和４事業年度（令和４年４月１日から令和５年３月31日まで）
賃金：基本給、超過労働に対する報酬、賞与等を含み、退職手当、通勤手当等を除く。
正社員：出向者については、当社から社外への出向者を除き、他社から当社への出向者を含む。
パート・有期社員：期間工、パートタイマー、嘱託を含み、派遣社員を除く。
※なお、パート労働者については、フルタイム労働者の所定労働時間（8時間/日）をもとに人員数の換算を行っている。

POINT：
人員数について労働時間を基に換算している場合にはその旨と計算方法を記載してください

差異についての補足説明：
<正社員>
正社員のうち、最も差異が生じている役職は部長級で、部長級における男女の賃金の差異は71.2%である。また、部長級における女性の割合も8.0%と少なく、部長級への女性登用を計画的に推進していく。
<パート・有期社員>
女性よりも男性に相対的に賃金が高い嘱託社員が多いため、格差が生じていると考えられる。

POINT：
追加的な分析結果を記載すると、より自社の状況をわかりやすく伝えられます

（出所）　厚生労働省「女性活躍推進法に基づく男女の賃金の差異の情報公表について」2022年７月８日掲載，2022年12月28日更新

4　任意の追加的情報の提供

改正開示府令第二号様式記載上の注意㉙ｄからｆまでに規定する事項を記載するにあたっては，今般新設された企業内容等開示ガイドライン５-16-３により，「当該記載事項に加えて，投資者の理解が容易となるように，任意の追加的な情報（女性の職業生活における活躍の推進に関する法律（平成27年法律第64号）の規定による公表において，提出会社又はその連結子会社が任意で行う

追加的な情報公表の内容を含む。）を追記できること」とされている。

この点，女性活躍推進法に基づく男女の賃金格差の開示の趣旨に関して，「『男女の賃金の差異』は，女性活躍推進法に基づく一般事業主行動計画の策定等による取組の結果，特に女性の登用や継続就業の進捗を測る観点から有効な指標となり得るものであるが，女性労働者の新規採用を強化する等の女性活躍推進の取組により，相対的に男女の賃金の差異が拡大することもあり得る。逆に，男女の賃金の差異が小さい場合でも，管理職比率や平均勤続年数などの個々の指標を見たときに男女間格差が生じていることもあり得る。このため，公表に当たっては，特に，『説明』欄（一般事業主が任意で追加的な情報公表を行うための欄）の活用が重要である。」と示されており，各社が，男女の当該「数値の大小のみに拘ることなく，女性活躍推進法に基づき，自社の管理職比率や平均勤続年数などの状況把握・課題分析を行い，女性活躍推進のための取組を進めることが重要である。」と述べられており(7)，**図表 8** のような具体例が挙げられている。これらは，有価証券報告書等における任意の追加的情報

図表 8　任意の追加的な情報公表の例

✓**自社における男女間賃金格差の背景事情**がある場合に，追加情報として公表する。例えば，女性活躍推進の観点から，女性の新卒採用を強化した結果，前年と比べて相対的に賃金水準の低い女性労働者が増え，男女賃金格差が前事業年度よりも拡大した，など。
✓**より詳細な雇用管理区分**（正規雇用労働者を正社員，勤務地限定正社員，短時間正社員に区分する等）での男女の賃金の差異や，**属性（勤続年数，役職等）が同じ**男女労働者の間での賃金の差異を，追加情報として公表する。
✓契約期間や労働時間が相当程度短いパート・有期労働者を多数雇用している場合に，次のような方法で男女の賃金の差異を算出し，追加情報として公表する。 • 正社員，パート・有期労働者それぞれの賃金を**1時間当たりの額に換算する**
✓**時系列**で男女の賃金の差異を公表し，複数年度にわたる変化を示す。

（出所） 厚生労働省「女性活躍推進法に基づく男女の賃金の差異の情報公表について」2022年7月8日掲載，2022年12月28日更新

(7) 厚生労働省雇用環境・均等局雇用機会均等課「女性活躍推進法に基づく『男女の賃金の差異』の公表等における解釈事項について（法第20条・省令第19条等関係）」令和4年9月15日（令和4年12月28日改訂）

提供においても参考になると思われる。

Ⅵ　多様性開示の事例

女性管理職比率の事例については，PART 2❶「③　人的資本に関する開示」で紹介されているので，ここでは，育児休業取得率（**記載例 1**）および男女間賃金差異（**記載例 2**）の数値の開示に関する事例を紹介する。

1　育児休業取得率

記載例 1 では，育児休業取得率の好事例として，双日㈱の事例を取り上げた。双日は，人的資本や多様性に関する指標について，カテゴリごとにKPIを設定

記載例 1　**双日㈱**

当社では，人事施策の浸透度を定量的に効果測定しながら当社の人づくりを実行するため，2021年 6 月に以下のとおり「人材KPI」を設定しました。外部環境や人事施策の浸透状況に応じて柔軟な見直しができるよう動的KPIとし，場合によっては具体的施策の見直しなども踏まえながら，モニタリングする体制を整えています。

＜人材KPI（動的）と2021年度の実績＞

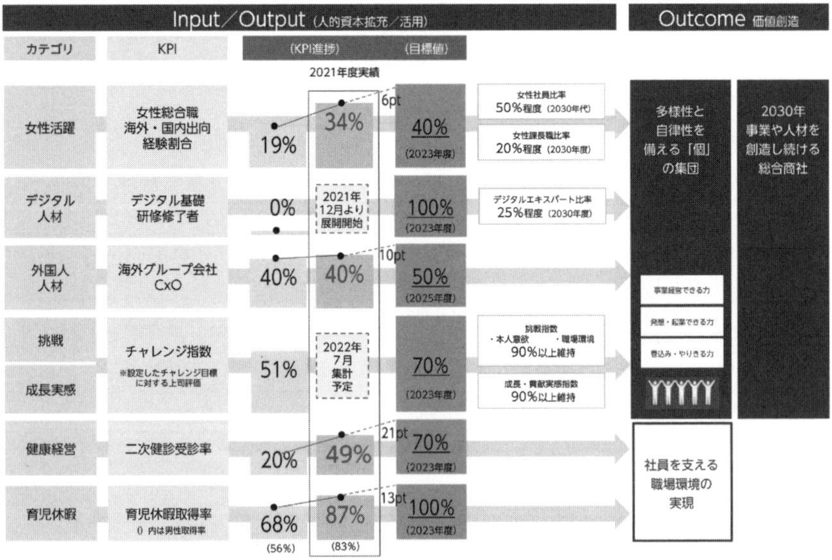

Input／Output（人的資本拡充／活用）
Outcome 価値創造
カテゴリ
KPI
（KPI進捗）
（目標値）
2021年度実績
女性活躍
女性総合職
海外・国内出向
経験割合
19%
34%
6pt
40%
(2023年度)
女性社員比率
50%程度（2030年代）
女性課長職比率
20%程度（2030年度）
デジタル
人材
デジタル基礎
研修修了者
0%
2021年
12月より
展開開始
100%
(2023年度)
デジタルエキスパート比率
25%程度（2030年度）
外国人
人材
海外グループ会社
CxO
40%
40%
10pt
50%
(2025年度)
挑戦
成長実感
チャレンジ指数
※設定したチャレンジ目標に対する上司評価
51%
2022年
7月
集計
予定
70%
(2023年度)
挑戦指数
・本人意欲　・職場環境
90%以上維持
成長・貢献実感指数
90%以上維持
健康経営
二次健診受診率
20%
49%
21pt
70%
(2023年度)
育児休暇
育児休暇取得率
() 内は男性取得率
68%
(56%)
87%
(83%)
13pt
100%
(2023年度)
多様性と
自律性を
備える「個」
の集団
事業経営できる力
発想・起業できる力
巻込み・やりきる力
2030年
事業や人材を
創造し続ける
総合商社
社員を支える
職場環境の
実現

（出所）　双日㈱有価証券報告書2022年 3 月期

し，その目標と実績を定量的に記載している。特に育児休暇取得率については100%を設定し，性別にかかわらず活躍できる職場，組織，会社を目指し，業務効率化やチームマネジメント力の強化にも取り組んでいるとしている。

このように，明確な数値目標とその趣旨を明記している点が好事例とされているものと思われる。

2　男女間賃金差異

男女間賃金差異については，実際に当該データを公表している企業事例が少ないが，たとえば，ホームセンター業界大手の㈱コメリが，有価証券報告書の「5 従業員の状況」の「(2)提出会社の状況」で**記載例 2** のような開示を行っている。

記載例 2　**㈱コメリ**

平均年間給与はナショナル社員（総合職）における数値であり，基準賃金のほか時間外勤務手当等の基準外賃金及び賞与を含んでおります。なお，ナショナル社員（総合職）の男女別の従業員数及び平均年間給与等の状況（2022年 3 月31日現在）は，以下の通りです。

区分	従業員数（人）	平均年間給与（円）
男性	1,214	5,327,809
女性	131	4,303,364
合計／平均	1,345	5,228,021

なお，女性の平均年間給与が男性より低い（男性平均年間給与比80.8%）理由は，勤続年数15年以上の女性の割合が 1 割を超える程度で上位役職者数が少ないこと，及び平均勤続年数も男性より約 7 年短いことが主な理由となっております。引き続き，性別にかかわらず様々な場面で女性の登用を行い，多様性の確保を図ってまいります。

（出所）　㈱コメリ有価証券報告書2022年 3 月期

コメリの開示においては，なお書き部分において，女性平均年間給与が，男性比80.8%である点も数字として記載したうえで，この理由を分析し，なぜ，女性の平均給与が男性より低いのかの理由として，勤続年数15年以上の女性の割合が低く上位役職者数が少ないこと，また，平均勤続年数が約 7 年短いことが主な理由となっていると示したうえで，引き続き，女性登用を行っていくと記載している。今後は，上記Ⅴの3で示したような手法に基づく公表が必要となるが，法律上の開示義務がない段階で，男女間賃金差異を積極的に開示している点において先進企業の事例として参考となると思われる。

おわりに・若干の私見

今回の改正府令により，有価証券報告書等の「従業員の状況」欄に，女性活躍推進法および育児・介護休業法に基づく①女性管理職比率，②男性育児休業取得率，および③男女間賃金差異の数値が記載事項とされることとなった。

「従業員の状況」については，企業負担および統一的開示の観点から，他の法律との整合性が考慮されており，具体的に，個別の法律分野であり方を検討のうえ，金商法の有価証券報告書では，当該個別法での対応を前提に，一定の情報開示を求めていくという手法がとられている。今後も，サステナビリティに関する企業への義務づけが必要な場合については，会社法や女性活躍推進法のほか，労働法や環境法といった，個別法の制定や改正を基に，サステナビリティに関する開示が行われていくことも一案と考えられる。

また，有価証券報告書は，あくまで投資家のための投資情報を提供するものである。DWGにおける議論でも指摘されているように，単なる数値の開示では，投資家による企業評価は極めて困難となる。したがって，多様性確保のために企業として改善に取り組むための戦略や，企業の方針，なぜその課題に取り組むのかという理由や，指標・目標設定があるとすればなぜその指標・目標を設定したのかといったストーリーが極めて重要になってくると思われる。

有価証券報告書による開示がなされることにより，EDINETという共通のシステム上で一般に公開されるため，投資家は，多様性を含むサステナビリティ情報に関する同業他社との比較がより容易になる。対象企業の検討を効率的・積極的に進めることが可能となり，記載が不十分または記載がない場合においては，企業に対して質問を投げかけるであろうし，また，他の開示資料（統合報告書やコーポレート・ガバナンス報告書）との整合性も十分留意する必要があるように思われる。これらの前提として，人的資本可視化指針で推奨されている「自社の経営戦略と人的資本への投資や人材戦略の関係性（統合的なストーリー）を構築」することが極めて重要となると思われる。

2022年6月に政府決定した「女性版骨太の方針2022」においては「女性の経済的自立」，「女性の登用目標達成」等，政府全体として今後重点的に取り組むべき事項が定められており，経済分野については，「女性の経済的自立」が「新しい資本主義」の中核と位置づけられている。経産省が競争戦略としてのダイバーシティ経営（ダイバーシティ2.0）を提唱してから5年以上が経過し，また，政府は，2014年の「『日本再興戦略』改訂2014 ― 未来への挑戦 ― 」以降，女性活躍の推進を毎年掲げているが，上記3指標を含め，まだまだ発展途上である。今般の男女間賃金差異の開示義務化は，各企業にとって，人的資本を活用した企業価値向上へのまたとないチャンスを得たといってもよいかもしれない。

各企業は，当該賃金差異の分析を迫られることになるが，その差異が採用の問題なのか，昇進の問題なのか，ライフイベントに関する事象なのか，まさにこれがダイバーシティ課題の突破口になる鍵であることを深く認識し，安易に，女性の管理職への昇進意欲の低さといったような個人の選択の問題とすることなく，マネジメントとして，自社の企業経営に何が求められているのか，人的資本への投資によりどのように企業価値向上を志向していくのかを示すことが求められていると考える。

■著者紹介

松澤　香（まつざわ・かおる）
三浦法律事務所　パートナー弁護士／OnBoard㈱CEO
Harvard Law School（LL.M.）修了後，国会設置の東京電力福島原子力発電所事故調査委員会調査課長，その他公的機関・民間企業の改革に従事。コンプライアンス・ガバナンス，ESG/SDGsおよびヘルスケア業務に加えOnBoard㈱CEOとして，女性役員の育成・紹介およびダイバーシティ経営推進に携わる。

④ コーポレートガバナンスに関する開示「コーポレート・ガバナンスの概要」「監査の状況」「株式の保有状況」

PwCあらた有限責任監査法人 米国公認会計士　古河友紀

Summary

2023年1月に公表された「企業内容等の開示に関する内閣府令」等の改正により，コーポレートガバナンスに関する開示（コーポレート・ガバナンスの概要，監査の状況，株式の保有状況）が拡充され，2023年3月期以降の有価証券報告書等に適用される。金融庁が公表した開示好事例集などを参考に，具体的，かつわかりやすく，そして情報として有用性の高いものとなるよう，企業のコーポレートガバナンスに関する開示のさらなる充実が期待される。

はじめに

コーポレートガバナンスに関する開示については，近年，スチュワードシップ・コード[(1)]の再改訂や，コーポレートガバナンス・コード[(2)]の再改訂など着実な進展がみられる。さらに2022年4月からは，東京証券取引所における上場株式の市場区分が再編され，この新たな市場区分に応じたコーポレートガバナンス・コードの適用が行われるなど，ガバナンス向上に向けた枠組みの整備も進められている。

金融庁では，金融審議会ディスクロージャーワーキング・グループ（以下「DWG」という）において，2021年9月から計9回にわたり，企業情報の開示

---

(1) 機関投資家が，投資先企業との建設的な目的を持った対話を通じて，企業の持続的成長と顧客・受益者の中長期的な投資リターンの拡大という責任（スチュワードシップ責任）を果たすための行動原則を定めたもの。

(2) 上場企業が，幅広いステークホルダー（株主，従業員，顧客，取引先，地域社会等）と適切に協働しつつ，実効的な経営戦略のもと，中長期的な収益力の改善を図るための行動原則を定めたもの。

のあり方について，検討および審議が行われた。DWGでは，企業の情報開示をとりまく経済社会情勢の変化を踏まえ，企業が投資家の投資判断に資する情報を十分かつ正確に，また適時にわかりやすく提供するための，そして，企業と投資家の建設的な対話を促し，資本市場の機能を円滑にするための議論が行われた。

金融庁は，DWGでの議論の結果をとりまとめた「金融審議会　ディスクロージャーワーキング・グループ報告 ― 中長期的な企業価値向上につながる資本市場の構築に向けて ―」（以下「2022年６月DWG報告」という）を2022年６月13日に公表した。2022年６月DWG報告において，「サステナビリティに関する企業の取組みの開示」，「コーポレートガバナンスに関する開示」などに関して，制度整備を行うべきことが提言され，当該提言を踏まえ，金融庁は，2023年１月31日に「企業内容等の開示に関する内閣府令」等の改正（以下「本改正」という）を公表した。

本改正では，有価証券報告書および有価証券届出書（以下「有価証券報告書等」という）の「経理の状況」より前の企業情報（いわゆる非財務情報）において，主に，「サステナビリティに関する企業の取組みの開示」および「コーポレートガバナンスに関する開示」が新たに要求または拡充される。

以下では，コーポレートガバナンスに関する開示について，本改正の改正内容とその背景について解説するとともに，開示上のポイントについて説明する。

なお，文中の意見に関する部分は筆者の個人的な見解であることをあらかじめ申し添える。

Ⅰ　コーポレートガバナンスに関する開示

1　本改正の概要

コーポレートガバナンスに関する情報については，金融商品取引法に基づく有価証券報告書等において企業統治の体制，政策保有株式の状況，役員の状況などが開示されている。また，取引所規則に基づくコーポレート・ガバナンスに関する報告書においてコーポレートガバナンス・コードへの対応状況などが開示されている。

企業内容等の開示に関する内閣府令では，従前，有価証券報告書の場合，第一部【企業情報】第４【提出会社の状況】４【コーポレート・ガバナンスの状況等】において以下の記載を求めている。

- 「コーポレート・ガバナンスの概要」
- 「役員の状況」
- 「監査の状況」
- 「役員の報酬等」
- 「株式の保有状況」

本改正では，上記項目のうち，「コーポレート・ガバナンスの概要」において，取締役会や指名委員会・報酬委員会等の活動状況の記載，「監査の状況」において，内部監査の実効性を確保するための取組みに関する記載，そして「株式の保有状況」において，政策保有株式の発行会社との業務提携等の概要の記載を新たに求めている。**図表１**は，開示府令の主な改正事項を示している。

図表１　開示府令の改正事項

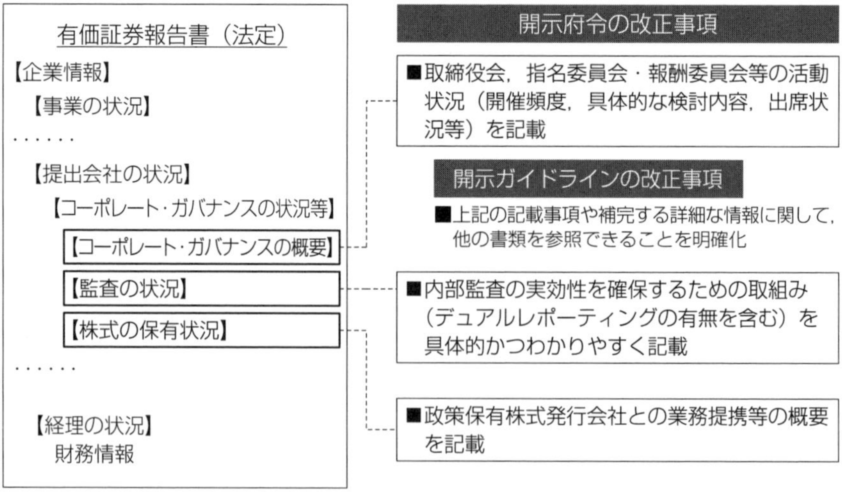
有価証券報告書（法定）
【企業情報】
【事業の状況】
……
【提出会社の状況】
【コーポレート・ガバナンスの状況等】
【コーポレート・ガバナンスの概要】
【監査の状況】
【株式の保有状況】
……
【経理の状況】
財務情報
開示府令の改正事項
■取締役会，指名委員会・報酬委員会等の活動状況（開催頻度，具体的な検討内容，出席状況等）を記載
開示ガイドラインの改正事項
■上記の記載事項や補完する詳細な情報に関して，他の書類を参照できることを明確化
■内部監査の実効性を確保するための取組み（デュアルレポーティングの有無を含む）を具体的かつわかりやすく記載
■政策保有株式発行会社との業務提携等の概要を記載

（出所）「企業内容等の開示に関する内閣府令」等の改正および開示ガイドラインをもとに筆者作成

以下では，「コーポレート・ガバナンスの概要」，「監査の状況」および「株式の保有状況」について，それぞれ改正内容，本改正に至った背景，また開示上のポイントを記載する。

Ⅱ 「コーポレート・ガバナンスの概要」

1　改正内容

「コーポレート・ガバナンスの概要」に関する，改正後の開示府令第二号様式の記載上の注意(54)の内容は以下のとおりである。本改正では，(54) i が新設され，最近事業年度（第三号様式では，当事業年度と読み替える）における提出会社の取締役会や指名委員会・報酬委員会等の活動状況の記載が求められることになった。ただし，企業統治に関して提出会社が任意に設置する委員会その他これに類するもののうち，指名委員会等設置会社における指名委員会または報酬委員会に相当するもの以外のものについては，記載を省略することができるとしている。

> 第二号様式
> (記載上の注意)(54)コーポレート・ガバナンスの概要
> ［a～h略］
> i　最近事業年度における提出会社の取締役会，指名委員会等設置会社における指名委員会及び報酬委員会並びに企業統治に関して提出会社が任意に設置する委員会その他これに類するものの活動状況（開催頻度，具体的な検討内容，個々の取締役又は委員の出席状況等）を記載すること。ただし，企業統治に関して提出会社が任意に設置する委員会その他これに類するもののうち，指名委員会等設置会社における指名委員会又は報酬委員会に相当するもの以外のものについては，記載を省略することができる。

（※）新設された規定に二重下線を付している

なお，「企業内容等の開示に関する留意事項について（企業内容等開示ガイドライン）」（以下「開示ガイドライン」という）において，「コーポレート・ガバナンスの概要」を記載するにあたっては，上記の事項を有価証券報告書等に記載したうえで，当該事項を補完する詳細な情報については，提出会社が公表した他の書類を参照する旨の記載を行うことができるとしている。

また，参照先の書類の虚偽表示等をもって直ちに虚偽記載等の責任を問われるものではないこと（他の公表書類に明らかに重要な虚偽があることを知りながら参照する等，当該他の公表書類の参照自体が有価証券届出書の重要な虚偽記載等になりうる場合を除く）が明確化されている。

企業内容等の開示に関する留意事項について（企業内容等開示ガイドライン）
5-16-4　開示府令第二号様式記載上の注意（30-2）に規定する「サステナビリティに関する考え方及び取組」又は同様式記載上の注意(54) i に規定する「コーポレート・ガバナンスの概要」を記載するに当たっては，同様式記載上の注意（30-2）a から c まで又は同様式記載上の注意(54) i に規定する事項を有価証券届出書に記載した上で，当該記載事項を補完する詳細な情報について，提出会社が公表した他の書類を参照する旨の記載を行うことができる。
また，参照先の書類に虚偽の表示又は誤解を生ずるような表示があっても，当該書類に明らかに重要な虚偽の表示又は誤解を生ずるような表示があることを知りながら参照していた場合等当該書類を参照する旨を記載したこと自体が有価証券届出書の虚偽記載等になり得る場合を除き，直ちに有価証券届出書に係る虚偽記載等の責任を負うものではないことに留意する。

（※）　新設された規定に二重下線を付している

図表 2 では，本改正の「第二号様式　記載上の注意(54)コーポレート・ガバナンスの概要」をもとに，本改正内容を図で示している。

2　本改正に至った背景

コーポレートガバナンスに関する取組みは，わが国政府の成長戦略として2013年に閣議決定された日本再興戦略と関連している。コーポレートガバナンス強化による経済活性化を図るために，2014年にスチュワードシップ・コードが策定され，金融庁によって公表された。また，2015年にコーポレートガバナンス・コードが策定され，東京証券取引所により公表された。その後，それぞれ 3 年ごとに改訂が行われている。

2021年 6 月に公表されたコーポレートガバナンス・コードの再改訂（以下

図表2 改正後の「コーポレート・ガバナンスの概要」における記載事項

有価証券報告書

第4 提出会社の状況

コーポレート・ガバナンスの状況等

コーポレート・ガバナンスの概要(※)

- コーポレートガバナンスに関する基本的な考え方
- 企業統治体制の概要（設置する機関の名称，目的，権限，構成員の氏名）
- 企業統治の体制を採用する理由
- 企業統治に関するその他の事項（内部統制システムの整備状況，リスク管理体制の整備の状況，子会社の業務の適正を確保するための体制整備の状況）

【新規】

- 最近事業年度における次の機関の活動状況（開催頻度，具体的な検討内容，個々の取締役または委員の出席状況等）
  - ➢ 提出会社の取締役会
  - ➢ 指名委員会等設置会社における指名委員会および報酬委員会
  - ➢ 企業統治に関して提出会社が任意に設置する委員会その他これに類するもの（このうち，指名委員会等設置会社における指名委員会または報酬委員会に相当するもの以外のものについては，記載を省略することができる）

（※） 上記は，提出会社が上場会社等である場合に求められる開示を抜粋している
（出所） 改正後の開示府令をもとに筆者作成

「コーポレートガバナンス・コード再改訂」という）では，補充原則4-10①において，取締役会の下に独立社外取締役を主要な構成員とする独立した指名委員会，報酬委員会を設置することにより，指名・報酬などの特に重要な事項に関する検討にあたり，これらの委員会の適切な関与・助言を得るべきであるとされている。特に，プライム市場上場会社は，各委員会の構成員の過半数を独立社外取締役とすることを基本とし，その委員会構成の独立性に関する考え方・権限・役割等を開示すべきであるとされている。このような状況から，指名委員会・報酬委員会等の機能発揮の状況に関する投資家の関心がさらに高まっていると考えられる。

現在，取締役会や法定の指名委員会・報酬委員会のほか，企業が任意に設置する委員会等の活動状況に関する開示は，以下のとおりとなっている。

- 有価証券報告書等では，企業統治の体制の概要（構成，委員会等の設置目的，権限），役員の報酬等の額の決定過程の記載を要求
- コーポレート・ガバナンスに関する報告書では，取締役会等の活動状況（開催頻度，主な検討事項，個々の委員の出席状況等）の記載を推奨

こうしたなかで，有価証券報告書等では，役員の報酬等の額の決定過程の記載が進展しているものの，取締役会，指名委員会・報酬委員会等の活動状況の開示は，限定的となっている。一方で，コーポレート・ガバナンスに関する報告書では，取締役会等の活動状況の記載が推奨されていることにより，取締役会等の活動状況の記載が進展している。

上述のような環境変化にもかかわらず，取締役会，指名委員会・報酬委員会等の活動状況については，具体的な記載がないことにより，各委員会等の実効性をいまだ把握できない場合がある。このような状況に対応するため，2022年6月DWG報告では，以下の点が提案され，制度整備を行うべきであると提言された。

- 有価証券報告書に取締役会，委員会等の活動状況の「記載欄」を設けるべき
- 「記載欄」においては，監査役会等の活動状況の開示と同様に，「開催頻度」，「主な検討事項」，「個々の構成員の出席状況」を記載項目とすべき
- 上記の「記載欄」において，詳細な情報については，コーポレート・ガバナンスに関する報告書や任意開示書類を参照することも有用

金融庁は，こうした2022年6月DWG報告の提言を踏まえ，本改正を公表した。本改正では，企業価値の適切な評価や，投資家と企業との建設的な対話を促すうえで，わかりやすく，そして具体的なコーポレートガバナンス情報を提供することが重要であることを示している。

3　開示上のポイント

金融庁は，2018年6月28日に公表された「金融審議会　ディスクロージャーワーキング・グループ報告 ― 資本市場における好循環の実現に向けて ― 」（以下「2018年6月DWG報告」という）における提言を踏まえ，「記述情報の開示に関する原則」を策定するとともに，投資家・アナリストおよび企業による勉強会を開催し，投資家と企業との建設的な対話に資する充実した企業情報の開示を促すため，「記述情報の開示の好事例集」を公表している。

ここでは，開示上のポイントについて，「記述情報の開示の好事例集」およ

びDWGの議論で使用された事務局資料などから参考になる開示例を交えつつ説明する。

なお，本改正と同日付でサステナビリティ情報等の参考となる開示例を掲載した「記述情報の開示の好事例集2022」が公表された。当該好事例集には，公表時点では，「コーポレート・ガバナンスの状況等」の好事例は含まれていないものの，当該好事例集は随時更新することが予定されており，「コーポレート・ガバナンスの状況等」の項目等についても公表が予定されている(3)。

(1) 取締役会，指名委員会・報酬委員会の活動状況に関する現在の開示状況

コーポレートガバナンスの開示については，東京証券取引所が2019年２月にコーポレート・ガバナンスに関する報告書の記載要領を改訂した。**図表３**は，2019年２月の記載要領改訂を踏まえて，2019年７月までに提出されたTOPIX100構成銘柄（101社）のコーポレート・ガバナンスに関する報告書をもとに，取締役会，指名委員会・報酬委員会の活動状況に関する開示状況を東京証券取引所が集計したものである。

この集計結果は，2021年12月１日開催の「第４回金融審議会ディスクロージャーワーキング・グループ（令和３年度）」の事務局資料においても紹介されており，**図表３**は，これを一部抜粋して加工作成したものである。記載要領の改訂において取締役会等の活動状況（開催頻度，主な検討事項，個々の委員の出席状況等）について記載することが望ましい旨を追加したことを受けて，コーポレート・ガバナンスに関する報告書の開示が一定程度進展している。

(3) 本章脱稿後の2023年３月24日に「記述情報の開示の好事例集2022」が更新され，「コーポレート・ガバナンスの概要」，「監査の状況」，「役員の報酬等」および「株式の保有状況」に関する開示の好事例が追加されているため，参照されたい。

図表3　コーポレート・ガバナンスに関する報告書の開示の状況

	取締役会の活動状況	指名委員会の活動状況	報酬委員会の活動状況
具体的な開催頻度に言及している会社	47社(46.5%)	46社(52.9%)	45社(51.1%)
出席状況（出席率）に言及している会社	39社(38.6%)	26社(29.9%)	26社(29.5%)
うち，個人別の出席状況（出席率）に言及している会社	27社(26.7%)	22社(25.3%)	21社(23.9%)
主な検討事項に言及している会社の比率	88社(87.1%)	78社(89.7%)	79社(89.8%)
うち，前年度の具体的な検討事項に言及している会社の比率	11社(10.9%)	25社(28.7%)	24社(27.3%)

（※）　かっこ内は，それぞれ取締役会（101社），法定および任意の指名委員会（87社），報酬委員会（88社）を設置している会社に占める比率

（出所）　東京証券取引所が2019年11月29日に公表した「【参考】改訂コーポレートガバナンス・コードへの対応状況及び取締役会並びに指名委員会・報酬委員会の活動状況に係る開示の状況（2019年7月12日時点）」より一部抜粋・加工

（2）　有価証券報告書とコーポレート・ガバナンスに関する報告書の記載事項の関係

本改正では，有価証券報告書に「取締役会，指名委員会・報酬委員会等の活動状況の記載欄」が新設されたが，当該記載欄には，たとえば，現在のコーポレート・ガバナンスに関する報告書の類似の記載事項を参考に，より具体的に記載することが考えられる。

図表4は，2022年4月18日に開催された「第8回金融審議会ディスクロージャーワーキング・グループ（令和3年度）」の事務局資料に掲載されていた情報をもとに，有価証券報告書等およびコーポレート・ガバナンスに関する報告書における記載事項の関係を図で示したものである。

図表4　有価証券報告書およびコーポレート・ガバナンスに関する報告書における記載事項の関係図

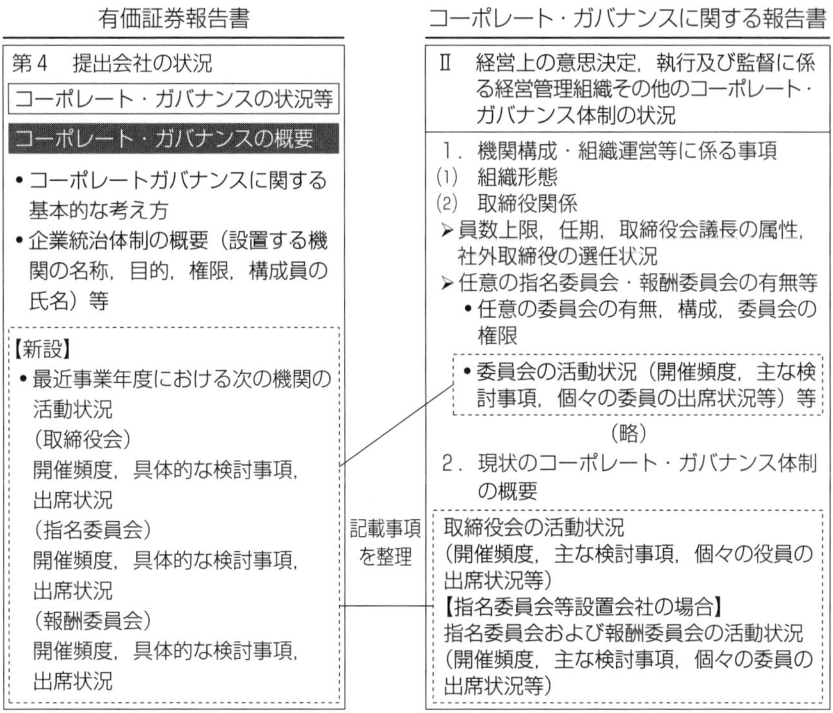
有価証券報告書
第4　提出会社の状況
コーポレート・ガバナンスの状況等
コーポレート・ガバナンスの概要
•コーポレートガバナンスに関する基本的な考え方
•企業統治体制の概要（設置する機関の名称，目的，権限，構成員の氏名）等
【新設】
•最近事業年度における次の機関の活動状況
（取締役会）
開催頻度，具体的な検討事項，出席状況
（指名委員会）
開催頻度，具体的な検討事項，出席状況
（報酬委員会）
開催頻度，具体的な検討事項，出席状況
記載事項を整理
コーポレート・ガバナンスに関する報告書
Ⅱ　経営上の意思決定，執行及び監督に係る経営管理組織その他のコーポレート・ガバナンス体制の状況
1．機関構成・組織運営等に係る事項
(1)　組織形態
(2)　取締役関係
➢員数上限，任期，取締役会議長の属性，社外取締役の選任状況
➢任意の指名委員会・報酬委員会の有無等
•任意の委員会の有無，構成，委員会の権限
•委員会の活動状況（開催頻度，主な検討事項，個々の委員の出席状況等）等
（略）
2．現状のコーポレート・ガバナンス体制の概要
取締役会の活動状況
（開催頻度，主な検討事項，個々の役員の出席状況等）
【指名委員会等設置会社の場合】
指名委員会および報酬委員会の活動状況
（開催頻度，主な検討事項，個々の委員の出席状況等）

（出所）「第8回金融審議会ディスクロージャーワーキング・グループ（令和3年度）」事務局資料をもとに筆者作成

（3）　記載例

①　取締役会等の活動状況

記載例1および**記載例2**は，従前，取締役会等の活動状況を任意に開示しており，本改正の要求事項を満たしている開示例である。**記載例1**では，報酬委員会の活動状況について，年間の総所要時間，開催日付，協議した内容を具体的に記載している。**記載例2**では，統合報告書において取締役会メンバーの個人別の出席状況について開示しているほか，取締役会の議題および開催日などが記載されている。これらの記載例は，2021年12月1日開催の「第4回金融審議会ディスクロージャーワーキング・グループ（令和3年度）」の事務局資料に開示例として掲載された企業の有価証券報告書，統合報告書から一部抜粋し加工作成したものである。

記載例１ アサヒグループホールディングス㈱

【報酬委員会の活動内容を具体的に開示】

（４）【役員の報酬等】

①　役員の報酬等の額又はその算定方法の決定に関する方針，方針の決定権限者，委員会等の活動内容

８）報酬委員会の活動状況

活動状況

※報酬委員会：年間９回開催，年間20時間

回	開催日付	内容
第１回	2019年１月30日	①2019～2021年中期賞与制度の業績指標について討議 ②株式報酬制度の改定について討議 ③取締役報酬枠の改定について討議
第２回	2019年２月14日	①取締役に対する株式報酬制度の改定について決議 ②取締役の報酬等の額改定について決議 ③監査役の報酬等の額改定について決議 ④役員賞与（年次，中期）支給及び株式報酬ポイント付与について決議
第３回	2019年３月７日	①現行報酬の評価と2019年度役員報酬改定の方向性について討議 ②執行役員賞与支給案について討議
第４回	2019年３月26日	①取締役報酬基本方針が目指す報酬水準，報酬構成に照らした取締役報酬の改定について審議
第５回	2019年５月８日	①会社役員賠償責任保険（D&O保険）保険料の会社負担について決議
第６回	2019年７月３日	①日本及びグローバルの報酬の状況について討議
第７回	2019年８月１日	①株式交付規程の改訂について決議（３月26日株主総会決議内容を反映）
第８回	2019年10月２日	①2019年度報酬マーケット，ベンチマーク，当社制度の状況について討議
第９回	2019年12月12日	①役員報酬に関する開示内容について決議 ②2020年役員個人評価スキームについて討議

（出所）　アサヒグループホールディングス㈱2019年12月期有価証券報告書より一部抜粋・加工

記載例２　三井物産㈱

【取締役会メンバーの個人別の出席状況について開示】

取締役会メンバー（取締役・監査役）およびそのスキルマトリクス

当社が取締役・監査役に期待する主な専門性・知見を示したものです。

氏名	女性	外国人	役職など	当社での経験	任期	再任／新任 在任年数	取締役会 出席日数	ガバナンス 委員会*1	指名 委員会*1	報酬 委員会*1	企業経営	Strategic Focus	Innovation & DX	ESG	財務会計 内部統制	グローバル 経験	法務・リスク マネジメント
安永竜夫			代表取締役会長	●機械・イ ●コーポ	1年*3	再任6年	16/16回	◎	○		●			●	●	●	
堀　健一			代表取締役社長（CEO）	●化学品 ●次世代 ●コーポ		再任3年	16/16回	○	○		●		●	●	●	●	
内田貴和			代表取締役副社長CFO	●コーポ		再任3年	16/16回			○	●			●	●	●	●
藤原弘達			代表取締役副社長（エネルギー／化学品）	●エネルギー		再任2年	16/16回				●	ES HN		●		●	
大間知慎一郎			代表取締役副社長CSO	●金属 ●コーポ		再任1年	12/12回	○			●		●	●	●	●	
米谷佳夫			代表取締役専務CDIO（モビリティ・インフラ／エネルギーソリューション／ICT）	●機械・イ		再任2年	15/16回				●	ES ASIA	●	●		●	
吉川美樹			代表取締役専務（食料・流通／N&A／ウェルネス）	●生活産業		再任1年	12/12回				●	HN ASIA	●	●		●	
宇野元明			代表取締役専務（鉄鋼製品／金属資源／CD）	●鉄鋼製品 ●金属		新任	−				●	ASIA ES		●		●	
竹増喜明			代表取締役常務CHRO兼CCO	●化学品 ●コーポ		新任	−			○	●			●	●	●	●
小林いずみ	●		取締役（元メリルリンチ日本証券㈱社長・元世界銀行グループ多数国間投資保証機関長官）	独立社外*2		再任7年	16/16回		◎	○	●			●	●	●	
ジェニファー ロジャーズ	●	●	取締役（アシュリオンジャパン・ホールディングス合同会社ゼネラル・カウンセル アジア）	独立社外*2		再任6年	15/16回	○			●			●	●	●	●
サミュエル ウォルシュ		●	取締役（元 Rio Tinto Limited CEO）	独立社外*2		再任4年	16/16回	○			●	ES	●	●	●	●	
内山田竹志			取締役（トヨタ自動車㈱取締役会長）	独立社外*2		再任2年	16/16回		○		●	ES	●	●	●	●	
江川雅子	●		取締役（一橋大学大学院経営管理研究科特任教授）	独立社外*2		再任1年	12/12回	○		○	●			●	●	●	
鈴木　愼			常勤監査役	●機械・イ	4年*4	現任2年	16/16回				●			●	●	●	●
塩谷公朗			常勤監査役	●コーポ		現任2年	16/16回				●			●	●	●	●
松山　遙	●		監査役（弁護士）	独立社外*2		現任7年	16/16回	○						●	●	●	●
小津博司			監査役（弁護士・元最高検察庁検事総長）	独立社外*2		現任6年	16/16回		○					●	●	●	●
森　公高			監査役（公認会計士・元日本公認会計士協会会長）	独立社外*2		再任4年	16/16回			◎				●	●	●	●

*1. 各諮問委員会の◎は委員長です。
*2. 独立役員です。
*3. 取締役の任期は，選任された定時株主総会から１年以内に終了する事業年度のうち最終のものに関する定時株主総会終結の時までです。
*4. 監査役の任期は，選任された定時株主総会から４年以内に終了する事業年度のうち最終のものに関する定時株主総会終結の時までです。

【凡例】 ES：Energy Solutions　HN：Healthcare/Nutrition　ASIA：Market Asia　DX：Digital Transformation　ESG：(E)Environment, (S)Social, (G)Governance

【取締役会の議題および開催日など記載】

取締役会

取締役会は経営執行および監督の最高機関です。その機能の確保のために，当社は取締役の人数を実質的な討議を行うのに適切な規模としています。取締役の任期は１年として毎年改選しますが，再任を妨げないものとしています。会長が当社の取締役会を招集し議長にあたります。なお，当社における会長の役割は，主として経営の監督を行うことであり，執行役員を兼務せず，日常の業務執行には関与しません。また，取締役会の諮問機関として，ガバナンス委員会，指名委員会，報酬委員会を設置しており，いずれの委員会も委員（委員長を含む）の過半数は社外役員で構成されています。

取締役会は，取締役会付議・報告事項に関する内規に従い，当社の経営に関する基本方針，重要な業務執行に関する事項，株主総会の決議により授権された事項の他，法令および定款に定められた事項を決議し，また，法令に定められた事項および重要な業務の執行状況につき報告を受けます。取締役会は，原則毎月１回開催する他，必要に応じて随時開催しています。2021年３月期は合計16回開催しました。

取締役会での主な審議テーマ・付議報告件数

分類	2020年３月期	2021年３月期
経営戦略・サステナビリティ・ガバナンス関連	26	28
決算・財務関連	17	16
監査役・会計監査人関連	7	5
リスクマネジメント・内部統制・コンプライアンス関連	6	8
人事関連	4	5
個別案件	12	26
合計	72	88

2021年３月期取締役会／サステナビリティ・内部統制・リスクマネジメントなど関連の報告

取締役会の議題	開催日	報告対象	参考）リスク管理体制・制度
内部統制状況レビュー	2020/4/8	• 内部統制全般	• 権限分掌制度，稟議制度，コーポレートスタッフ部門の監視・支援 • ポジション限度設定，専門部署モニタリング • ポートフォリオ管理委員会
サステナビリティ関連	2020/7/31 2020/9/9 2021/4/7	• 人権方針の策定 • 英国現代奴隷法声明文更新 • サステナビリティ活動全般	• サステナビリティ委員会
コンプライアンス体制・運用状況	2021/1/15 2021/4/7	• コンプライアンスリスク	• コンプライアンス委員会 • 三井物産役職員行動規範の制定・遵守 • 内部通報体制の整備 • 研修の実施など
金融商品取引法に基づく内部統制評価	2020/6/19	• 財務報告に係る内部統制	• J-SOX委員会 • 内部統制の有効性についての評価対象部署による自己評価，独立部署によるテスティング
内部監査結果	2020/9/9	• 内部監査結果	• 内部監査部を中心とする内部監査体制
当社のリスクエクスポージャーとコントロール	2021/2/3	• 信用リスク（商事債権，社外宛貸付金・保証，定期預金など） • 市場リスク（商品・為替売買越，在庫） • 事業リスク（事業資産，関連宛投融資保証，社外宛投資） • カントリーリスク	• 信用程度・稟議の審査とモニタリング • 商品・為替売買越の稟議審査，在庫実査など • 稟議プロセスによる審査，投資案件の果実化・良質化 • カントリーリスク関連情報収集・分析，国別ポジションモニタリング，取引停止国・特定国の指定，国別対応方針の策定
サイバーセキュリティ	2021/1/15	• サイバーセキュリティ	• 技術的対応，人的対応（セキュリティ啓発活動含む），関係会社対応

（出所）　三井物産㈱2021年３月期統合報告書より一部抜粋・加工

さらに，2021年12月１日開催の「第４回金融審議会ディスクロージャーワーキング・グループ（令和３年度）」の事務局資料では，先進事例として海外の事例も紹介されていた。**記載例３**は，事務局資料に開示例として掲載された企業のAnnual Reportから一部抜粋し加工作成したものである。当該事例では，取締役会における主要な議題として，COVID-19，BREXITについて検討内容を記載している。また，取締役会の開催頻度や各取締役の出席状況について具体的に開示されている。

記載例３　Marks & Spencer

【取締役会における主要な議題（COVID-19，BREXIT）について検討内容を記載】

WHAT WAS ON THE BOARD'S AGENDA IN 2020/21?

Board meetings are an important mechanism by which the directors discharge their duties, including under Section 172(1) of the Companies Act 2006.

For more information, see p34-36 for our Section 172(1) statement and p68-69 for decision case studies unpacking the Board's Section 172(1) considerations.

Board meetings are also an important platform for the Board to debate robustly and challenge management on elements of the Company's performance, specific projects or areas of strategic significance.

Meeting agendas, agreed in advance by the Chairman, CEO and Company Secretary, combine a balance of regular standing items, such as reports on current trading and financial performance, with one or two detailed "deep dives". These pages give an overview of the main topics on the Board's agenda throughout the year.

Key to stakeholder groups:	Shareholders	Colleagues	Suppliers	Customers	Communities	Partners

Key to the Never the Same Again priorities:	① Faster Food growth with Ocado retail	② Capture value in Food supply chain	③ Simplify range and value in C&H	④ Turbocharge growth at M&S.com	⑤ Store estate for the new world

STRATEGY *Never the Same Again* AND TRANSFORMATION

［略］

COVID-19

The Board has continued to reflect on, and direct the Company's response to, the ongoing impacts on the business resulting from the Covid-19 pandemic. In each of its strategic discussions, it has considered how best to manage the uncertainties associated with Covid-19 (and therefore this has not been repeated in the Strategic Deep Dives section below). Most notably, the Board has discussed during the year: the importance of improving and accelerating the shift to online in the C&H business, especially during various lockdowns in the UK and internationally when non-essential retail has been closed; the urgency in future-proofing the UK store estate, increasing our Food presence in popular retail parks and out of town locations for more spacious and convenient "weekly shops"; and, ensuring the success of the Ocado partnership amid increasing online demand. ①②③④⑤

BREXIT

As with Covid-19, Brexit preparedness and its potential impact has been continually discussed across all strategic areas. The negotiations with the EU were monitored closely, but the Board and management's focus has remained resolutely committed to mitigating the impact and ensuring that the businesses remained focused on providing the best possible service to customers. The Board has considered in detail throughout the year: the potential financial impact on profits of the various scenarios of leaving the EU with or without a trade agreement; post-deal, the need to reshape our supply chain and overcome the logistical difficulties of sending product from the UK, specifically to the island of Ireland; and finally, coming to terms with the new operating model for the International business, due to the increase in tariffs and administrative burden Brexit caused. ①②③④⑤

【取締役会の開催頻度，各取締役の出席状況について開示】

BOARD MEETING ATTENDANCE AND DIRECTOR RESPONSIBILITIES IN 2020/21

［略］

	Attended		Max possible		
CHAIRMAN	Scheduled	Additional	Scheduled	Additional	Independent
Archie Norman*	11	12	11	12	
*Considered independent on appointment.					
EXECUTIVE DIRECTORS					
Chief Executive Steve Rowe	11	12	11	12	
Chief Financial Officer Eoin Tonge (appointed 8 June 2020)	9	2	9	2	
NON-EXECUTIVE DIRECTORS					
Full Year Andrew Fisher	11	12	11	12	✓
Andy Halford	11	12	11	12	✓
Justin King	11	12	11	12	✓
Retired in 2020/21 Katie Bickerstaffe	3	9*	3	10	✓
Alison Brittain	3	10	3	10	✓
Pip McCrostie	11	12	11	12	✓
Appointed in 2020/21 Sapna Sood	9	6	9	6	✓
Tamara Ingram	9	6	9	6	✓
Evelyn Bourke	2	–	2	–	✓

*Unable to attend one meeting due to other business commitments.

（出所） Marks & Spencer 2021年３月期Annual Reportより一部抜粋・加工

前述のとおり，本改正では，取締役会や指名委員会・報酬委員会等の活動状況として開催頻度，具体的な検討内容，出席状況等の記載を求めているため，たとえば，**記載例１**や**記載例２**，**記載例３**にあるような取締役会メンバーの個人別の出席状況，および取締役会等での議題や具体的な検討内容を有価証券報告書において記載していくことが考えられる。

なお，取締役会や指名委員会・報酬委員会等の活動状況の例示として挙げられている「開催頻度」については，最近事業年度における実績を指すことが，「『企業内容等の開示に関する内閣府令の一部を改正する内閣府令（案）』に対するパブリックコメントの概要及びコメントに対する金融庁の考え方」（以下「金融庁の考え方」という）において示されている。また，金融庁の考え方では，「具体的な検討内容」については，取締役会等におけるすべての議案を記載することは必須ではなく，有価証券報告書等の利用者である投資家にとってわかりやすいよう要約するなどして記載することも考えられるとされている。

取締役会，指名委員会・報酬委員会等の役割の範囲，権限の程度，開催頻度などは，会社ごとに異なるため，取締役会，各委員会等がどのような役割を担っているか，各委員会等の活動状況や構成について具体的に開示することが有用である。さらに，企業における中長期的な課題への対応を監督する取締役会や各委員会等が，経営状況や課題を適切に認識しているかどうかを具体的に記載していくことで，当該開示が，投資家にとって取締役会等の実効性を判断するうえでの有用な情報になると考えられる。金融庁の考え方では，本改正の趣旨を踏まえ，開示内容については，2021年12月１日開催の「第４回金融審議会ディスクロージャーワーキング・グループ（令和３年度)」の事務局資料の開示例や記述情報の開示の好事例集も参考に，企業において，投資家の投資判断や，投資家との建設的な対話の観点から，検討することが考えられることが示されている。

②　任意に設置する委員会その他これに類するものに関する記載の省略

本改正では，記載上の注意(54) i において，企業統治に関して提出会社が任意に設置する委員会その他これに類するもののうち，指名委員会等設置会社における指名委員会または報酬委員会に相当するもの以外のものについては，記載を省略することができるとされている。

金融庁の考え方では，企業統治に関し，提出会社が任意に設置する委員会その他これに類するものは，企業ごとに様々なものがありうるため，個別に判断する必要があるが，その活動状況の記載が必要な指名委員会等設置会社における指名委員会または報酬委員会に相当する任意の委員会以外では，たとえば，経営会議やサステナビリティ委員会についても，企業によっては，活動状況の開示に含まれうると考えられるとされている。

③　公表した他の書類の参照

開示ガイドラインにおいては，公表した他の書類を参照する旨の記載を行うことができるとしている。これには，参照先の書類として任意に公表した書類のほか，他の法令や上場規則等に基づき公表された書類，たとえばコーポレート・ガバナンスに関する報告書も含まれうる。これは，2022年６月DWG報告において，これまでの開示の進展を活かす観点から，詳細な情報については，コーポレート・ガバナンスに関する報告書や任意開示書類を参照することも有用と考えられることが示されたことを受けて追加されたものである。

コーポレートガバナンスの開示においては，上記を踏まえた，有価証券報告書等の利用者の利便性に資する開示が期待される。

Ⅲ 「監査の状況」

1 改正内容

「監査の状況」に関する，改正後の開示府令第二号様式の記載上の注意(56)の内容は以下のとおりである。本改正では，(56) a (b)の監査役および監査役会等の活動状況の開示のうち，従来の「主な検討事項」を「具体的な検討内容」に変更し，b (c)，c (c)が新規に設けられ，内部監査の実効性を確保するための取組みに関する記載が求められることになった。

なお，内部監査の実効性を確保するための取組みの開示については，上場会社等以外にも記載が求められている。また，(56) a (b)にある最近事業年度は，第三号様式では，当事業年度と読み替える。

第二号様式
（記載上の注意）
(56) 監査の状況
a 監査役監査の状況について，次のとおり記載すること。
(a) ［略］
(b) 最近事業年度における提出会社の監査役及び監査役会（監査等委員会設置会社にあっては提出会社の監査等委員会，指名委員会等設置会社にあっては提出会社の監査委員会をいう。b及びdにおいて同じ。）の活動状況（開催頻度，具体的な検討内容，個々の監査役の出席状況及び常勤の監査役の活動等）を記載すること。

b　提出会社が上場会社等である場合には，内部監査の状況等について，次のとおり記載すること。
[(a)・(b)略]
(c)　内部監査の実効性を確保するための取組（内部監査部門が代表取締役のみならず，取締役会並びに監査役及び監査役会に対しても直接報告を行う仕組みの有無を含む。cにおいて同じ。）について，具体的に，かつ，分かりやすく記載すること。
c　提出会社が上場会社等以外の者である場合には，内部監査の状況等について，次のとおり記載すること。
[(a)・(b)略]
(c)　内部監査の実効性を確保するための取組について，具体的に，かつ，分かりやすく記載すること。
d　[略]

（※）　新設された規定に二重下線を付し，変更された箇所に下線を付している

図表5は，本改正の「第二号様式　記載上の注意(56)　監査の状況」をもとに，本改正内容を図で示している。

図表5　改正後の監査の状況における記載事項

有価証券報告書

第4　提出会社の状況

コーポレート・ガバナンスの状況等

監査の状況

- 監査役監査の状況について，次のとおり記載（具体的，かつ，わかりやすく記載）
  - 監査役監査の組織，人員，手続
  - 提出会社の監査役および監査役会の最近事業年度の活動状況（開催頻度，具体的な検討内容，個々の監査役の出席状況および常勤の監査役の活動等）【変更】

（上場会社等の場合）
- 内部監査の状況等について，次のとおり記載（具体的，かつ，わかりやすく記載）
  - 内部監査の組織，人員，手続
  - 内部監査，監査役監査，会計監査の相互連携，これらの監査と内部統制部門との関係

【新規】
  - 内部監査の実効性を確保するための取組み（内部監査部門が代表取締役のみならず，取締役会ならびに監査役および監査役会に対しても直接報告を行う仕組みの有無を含む）(※)

（※）　内部監査の実効性を確保するための取組みの開示は，上場会社以外にも記載が求められる
（出所）　改正後の開示府令をもとに筆者作成

2　本改正に至った背景

監査の状況の開示についての議論は，不正会計事案などを契機として，改めて会計監査の信頼性が問われる中，2015年10月に設置された「会計監査の在り方に関する懇談会」において，会計監査の信頼性を確保するために必要な取組みが議論され，2016年３月に公表された提言（「『会計監査の在り方に関する懇談会』提言 ― 会計監査の信頼性確保のために ―」）がきっかけとなっている。

DWGでは，会計監査に関する情報は，株主による監査人の選解任の判断のみならず，投資判断の基礎となる財務情報等の信頼性確保の観点からも重要であり，投資家に対して十分かつわかりやすく提供される必要があると考え，有価証券報告書等における会計監査に関する情報の充実に向けた議論を行ってきた。その結果，監査の状況の開示については，2018年６月DWG報告以後の取組みとして，有価証券報告書等における監査役等の活動状況の開示，監査報告書での監査上の主要な検討事項（Key Audit Matters：KAM）の導入，内部監査部門が取締役会や監査役会等に対して適切に直接報告を行う仕組み（デュアルレポーティングライン）の構築が進められている。

（1）　監査役等の活動状況の現在の開示

監査役会等の活動状況の開示については，従前，有価証券報告書等において常勤の監査役等だけでなく，非常勤の監査役等の活動も含めた監査役等の活動状況に関する基本的事項（「開催頻度」，「主な検討事項」，「個々の構成員の出席状況」）の記載を求めており，開示が進展している。

（2）　監査上の主要な検討事項

KAMについては，会計監査の信頼性確保のための取組みとして2018年７月に監査基準が改訂され，監査人が実施した監査の透明性を向上させ，監査報告書の情報価値を高めるため，2021年３月期決算から，監査報告書への記載が導入されている。

(3) 内部監査部門による報告の仕組み

内部監査部門による報告の仕組みについては，コーポレートガバナンス・コード再改訂の補充原則4-13③において，上場企業は，取締役会および監査役会の機能発揮に向け，デュアルレポーティングラインを構築すること等により，内部監査部門と取締役・監査役との連携の確保が求められている。

元来，日本企業では，内部監査部門設置の歴史的な経緯から，内部監査部門は代表取締役社長直轄の執行側の組織として認識され，ガバナンス上の内部監査部門の権限や責任が限定的であった。しかしながら，代表取締役社長などが絡む不祥事が発生した場合に，代表取締役社長の直属の場合，内部監査部門の役割，独立した機能が発揮されないという懸念がある。実際に不祥事が発生している場合もあり，内部監査の機能不全という問題に焦点が当たり，コーポレートガバナンス・コード再改訂においてデュアルレポーティングラインの構築が明文化された。

こうしたなか，監査の状況については，2022年6月DWG報告において，監査の信頼性確保の観点から，以下が提言された。

- 監査役または監査委員会・監査等委員会の委員長の視点による監査の状況の認識と監査役会等の活動状況等の説明を開示することが望ましい
- デュアルレポーティングラインの有無を含む内部監査の実効性の説明を開示項目とすべき

金融庁は，上記の提言を踏まえ，本改正を公表した。本改正では，監査役または監査役会等における実質的な活動状況の開示，また内部監査の実効性を確保するための取組み（デュアルレポーティングラインの有無を含む）について開示を求めており，投資家と監査役等との対話を促進させていくことが重要であると示している。

3 開示上のポイント

(1) 投資家やアナリストにとって有用な情報とは

「監査の状況」の開示については，金融庁が公表した「記述情報の開示の好事例集2021」において，開示例やアナリストが期待する主な開示のポイントが紹介されている。具体的には，次のような事項を開示することが投資家やアナリストにとって有用な情報になりうるとされている。

- 財務報告において監査役等がどのような責任を負っているか，具体的にその責任をどのように果たしているか
- 監査役等が何に注目し，何を行い，どのように評価したか
- 常勤監査役と社外監査役の活動内容の違い
- 往査の実施状況について，特に海外子会社の状況の把握をどのように行っているか
- デュアルレポーティングの実施状況
- KAMに関する会計監査人との協議の実施状況や監査役等による検討状況

本改正では，監査役監査の状況について，「具体的な検討内容」を開示することを要求し，また，内部監査の実効性を確保するための取組み（デュアルレポーティングラインの有無を含む）について，具体的，かつわかりやすく記載することを求めているため，上述の投資家，アナリストが期待する主な開示のポイントが参考になると考えられる。

上述のとおり，本改正では，従来の「主な検討事項」を「具体的な検討内容」に変更している。ただし，金融庁の考え方では，これは，単に規定された検討事項ではなく，実際に監査役会において検討した内容の開示を求める趣旨を明確化するため用語を見直したものであり，開示事項を実質的に変更するものではないことが示されている。

（2） 記載例

① 重点監査項目と具体的な検討内容

記載例4は，監査委員会の重点監査項目と議論された内容が記載されており，また，監査委員会および常勤の監査委員ごとに監査対象先等に区分して，実施の頻度を含めて監査活動が記載されている。また，**記載例5**は，監査等委員会の重点監査項目と実施した活動内容が具体的に記載されている。

これらの記載例は，「記述情報の開示の好事例集2021」に掲載されていた「監査の状況」の開示例であり，本改正の開示要求事項を満たしている開示例であ

る。上述のとおり，本改正では，従来の「主な検討事項」を「具体的な検討内容」に変更しているため，たとえば，**記載例4**や**記載例5**にあるような監査委員会等の重点監査項目とそれに対する議論の内容（ポイント），また，一般的な内容の記載のみならず，どのような活動を行っているのか，より具体的に記載していくことが考えられる。

記載例4　**三井住友トラスト・ホールディングス㈱**

【監査役監査での重点監査項目と各項目で議論された内容】

（3）【監査の状況】

①　監査委員会監査の状況

（監査委員会監査の手続，活動状況）

ニ．監査委員会監査の基本方針

監査委員会は，取締役会の監督機能の一翼を担う機関として，当グループの経営課題の解決に向けた業務執行状況に対して，グループ全体の最適確保の観点を重視した監査を実施しています。

監査委員会の監査活動にあたっては，当グループ全体の内部統制状況の検証活動を通じ，業務執行の効率性・実効性，健全・公正な価値観や企業風土の醸成・向上が図られているかどうかを確認することを基本方針にしております。

そのうえで，当事業年度においては，新型コロナウイルス感染症の影響が拡大・継続し，従来以上に多様なリスクと不確実性の高い経営環境が想定されること，及び新中期経営計画の初年度であることを踏まえ，リスク管理の高度化や同計画の進捗状況の確認を課題として認識し，監査活動を実施しています。

ホ．当事業年度の重点監査項目と各項目で議論された内容

	重点監査項目	監査の主なポイント
1	新中期経営計画の進捗状況	外部環境の影響，施策の成長性・収益性
2	新型コロナウイルス感染症の影響の把握とそれに基づく施策の立案状況	危機管理対応態勢，ニューノーマルに向けた業務態勢の構築
3	三線防御体制（スリーラインズ・オブ・ディフェンス）を基本としたグループ全体のリスク管理体制の構築状況	当グループに相応しいリスク管理及びコンプライアンス態勢の整備
4	その他の統制の構築・運用状況	IT開発に係る統制態勢，グローバル・ベースの規制への対応態勢
5	適正・的確な財務報告及び開示に係る統制の状況	財務報告プロセス，監査上の主要な検討事項に係る会計監査人との協議，情報開示の適切性
6	資産運用・管理業務の高度化に係る対応状況	株式会社日本カストディ銀行の設立と運営態勢，資産運用会社の戦略推進状況

ヘ．主な具体的監査活動

主たる担当	相手方等	監査活動
監査委員会（全監査委員）	取締役会室	• 取締役会・事前協議会（社外取締役等に対して取締役会議案等の事前説明を行う会合）への出席，意見の申述
	執行役等	• 代表執行役との意見交換（年２回） • 執行役との意見交換（各執行役ごとに年１回）
	内部監査部	• 監査結果報告の受領（毎月） • 監査計画への意見の申述
	会計監査人	• 会計監査計画の説明の受領 • 会計監査の実施状況報告の受領（年４回） • 会計監査人の評価の実施
	常勤の監査委員	• 日常の監査活動の報告の受領（毎月）
	グループ各社	• 主要なグループ各社の代表者等との意見交換（各社ごとに年１回） • 主要なグループ会社の監査等委員会等との意見交換
	社外取締役	• 共同でのヒアリング活動を通じた重要な監査事項に関する意見交換
	書類の査閲	• 重要な社内資料等の査閲，質疑の実施
常勤の監査委員	経営会議等	• 経営会議等の重要な会議への出席，監査意見の申述
	部長等	• 主要部署の部長との意見交換（三井住友信託銀行株式会社の部長を含む。部長ごとに年１～６回）
	内部監査部	• 監査情報の交換（毎月）
	会計監査人	• 会計処理上の論点の確認（年４回） • グループ各社に対する会計監査の状況に係る報告の受領（年２回）
	グループ各社の監査役等	• 主要なグループ各社の監査役等との意見交換（各社ごとに年１～６回）

（出所）　三井住友トラスト・ホールディングス㈱2021年３月期有価証券報告書より一部抜粋・加工

記載例5　**第一生命ホールディングス㈱**

【監査等委員会の重点監査項目と実施した活動内容】

（3）【監査の状況】

d．監査等委員の主な活動

［略］

監査等委員会は，当事業年度は主として⒜成長リソースの確保と経営態勢の強化，⒝国内事業構造の進化，⒞海外生命保険事業・アセットマネジメント事業の基盤拡大，⒟イノベーションの創出，⒠会計監査に係る取組みを重点監査項目として取り組みました。

また，監査等委員佐藤りえ子は，取締役会の任意の諮問機関である指名諮問委員会の委員に就任し，当事業年度は5回出席いたしました。

同じく，監査等委員朱殷卿，監査等委員増田宏一は，取締役会の任意の諮問機関である報酬諮問委員会の委員に就任し，当事業年度は監査等委員朱殷卿が7回，監査等委員増田宏一が7回出席いたしました。加えて，上席常勤監査等委員長濱守信は，両委員会にオブザーバーとして，指名諮問委員会に5回，報酬諮問委員会に8回出席いたしました。

重点監査項目		実施した活動内容
⒜	成長リソースの確保と経営態勢の強化	成長リソースの確保の観点から，グループERM・資本政策・財務戦略等の枠組み，取組状況，及びリスク管理状況を確認するとともに，次期中期経営計画の検討プロセスを確認いたしました。また，生産性向上・効率化推進に係る取組みについて，監査等委員会においてグループ人財戦略並びに国内及びグローバルでの人財育成取組みを確認いたしました。 経営態勢の強化の観点からは，重要な連結子会社である第一生命保険株式会社の一連の不祥事案について，原因分析と再発防止策と共に，一連の金銭不正行為撲滅に向けた態勢整備・充実，企業風土改善に取り組んでいることを確認いたしました。また，国内グループ会社については内部統制システム全般の高度化・運用状況，ITガバナンス態勢強化の取組状況等を確認するとともに，海外グループ会社についても，グループコンプライアンス推進取組方針に基づく各種取組み，特にマネー・ローンダリング防止・贈収賄防止，個人情報保護及び顧客保護の対応状況並びに新型コロナウイルス拡大に伴う影響を確認しております。
⒝	国内事業構造の進化	業務執行取締役へのヒアリング及び重要会議への参加等を通じて，グループ戦略の実効性並びに第一生命保険株式会社，第一フロンティア生命保険株式会社及びネオファースト生命保険株式会社それぞれの事業計画・施策の遂行状況を確認いたしました。
		業務執行取締役へのヒアリングや日常監査を通じ，海外生命

(c)	海外生命保険事業・アセットマネジメント事業の基盤拡大	保険事業及び国内外アセットマネジメント事業における戦略の取組状況や各社の事業計画・施策の遂行状況を確認いたしました。また，海外の地域統括会社及び一部のグループ会社を対象としたリモート形式でのヒアリングを実施し，各社経営陣とのコミュニケーションを通じて，海外グループ各社の経営環境認識，事業戦略，及びそれを支える経営管理・内部統制状況等を確認いたしました。
(d)	イノベーションの創出	業務執行取締役へのヒアリングや日常監査を通じて，次期中期経営計画の柱である「体験価値（CX）の改善を通じてお客さま満足度の向上を図るCXデザイン戦略」や，「テクノロジーを活用した新規顧客展開や新たな事業モデルの創出」に向けた検討・取組状況を確認いたしました。
(e)	会計監査	会計監査人との四半期毎の三様監査及び意見交換会を通じて，会計上の見積りの開示に関する会計基準（企業会計基準第31号），KAM（監査上の主要な検討事項）等について協議しました。また，業務執行取締役へのヒアリングや日常監査を通じて，上記に関連する情報開示についても検討・取組状況を確認いたしました。

（出所） 第一生命ホールディングス㈱2021年３月期有価証券報告書より一部抜粋・加工

② デュアルレポーティングライン

続いて**記載例６**および**記載例７**は，従前，内部監査部門が内部監査の結果を監査役にも直接報告する仕組み（デュアルレポーティングライン）を構築し，整備状況について任意に開示しており，本改正の開示要求事項を満たしている企業２社の開示例である。これらの事例では，内部監査の結果について，取締役会および経営会議のみならず，監査役および内部統制機能を所轄する部署へ報告する仕組みや，内部監査，監査役監査および会計監査の相互連携ならびにこれらの監査と内部統制部門との関係が開示されている。

当該記載例は，2021年12月１日開催の「第４回金融審議会ディスクロージャーワーキング・グループ（令和３年度）」の事務局資料に掲載された企業の有価証券報告書から一部抜粋し加工作成したものである。本改正では，デュアルレポーティングラインの有無についても記載することを求めているため，デュアルレポーティングラインを構築している場合，たとえば，**記載例６**および**記載例７**のように記載することが考えられる。また，**記載例７**では，内部統制の整備等について文書での説明に加えて，内部統制等の整備の概要について図で説明されている（本章では割愛）。図の説明があると指揮監督権限がどのようになっているのか，内部統制等の整備，仕組みがどのようになっているのか明瞭でわかりやすい。

なお，金融庁の考え方では，内部監査の専門性や独立性を確保する仕組み等についても企業における取組状況に応じて記載していくことが考えられると示されており，デュアルレポーティングラインの有無等に限らず，当該事項も記載することでより有用な情報を提供することになる。

記載例６　不二製油グループ本社㈱

【内部監査部門が内部監査の結果を監査役等に直接報告する仕組みを構築し，その旨開示】

（３）【監査の状況】

②　内部監査の状況

当社内部監査の状況は以下のとおりです。

⑴　組織

当社内部監査部門は，取締役会が直轄する組織として「内部監査グループ」を設置しております。従って，内部監査の活動及び結果等については取締役会に報告しております。

⑵　員数：４名

⑶　運営

内部監査の効率化を図るため，国内における事業会社（子会社）である不二製油株式会社の内部監査部門である「内部監査室」（２名）と連携を図る形で運営しております。

⑷　活動

当社内部監査部門は，当社及び当社グループ会社を対象として，「内部監査規程」に基づき，業務の適正性を監査するとともに，財務報告に係る内部統制を含めた内部統制システム・プロセスの整備，運用状況の監査を実施しております。本事業年度は，海外のオーストラリア，インドネシア，マレーシアの３カ国３グループ会社の業務監査を実施しました。財務報告に係る内部統制の評価は，当社及び連結子会社16社を対象として全社的な内部統制の評価を行い，連結子会社５社を対象として業務プロセスに係る内部統制の評価を行いました。これら内部監査の結果については，当社の取締役会及び経営会議のみならず，監査役及び当社のグループ内部統制機能を所轄する部署（ESG所管部門，コンプライアンス所管部門，経理部門，安全・品質・環境所管部門等）へ報告するとともに，直接課題提起，改善提案を行うことで，内部統制システムの向上に努めております。また，会計監査人あずさ監査法人とは監査法人往査への同行，主な内部監査結果及び改善の報告，監査役とは連絡会を随時実施，及びグループ会社監査を実施，等により相互連携を図りました。

（出所）　不二製油グループ本社㈱2021年３月期有価証券報告書より一部抜粋・加工

記載例 7 **日本通運㈱**

【内部監査部門が内部監査の結果を監査役等に直接報告する仕組みを構築し，その旨開示】

（3）【監査の状況】

② 内部監査の状況

［略］

b．内部監査，監査役監査及び会計監査の相互連携並びにこれらの監査と内部統制部門との関係

> 内部監査および監査役監査は，監査計画においてスケジュールの連携をとって設定し，内部監査結果については，社長とともに監査役に対しても，デュアル・レポーティングラインで月次での報告を行っております。また，会計監査人の監査計画についても，内部監査部門および監査役と協議のうえで設定を行っております。
>
> 当社では会計監査人と四半期毎に定例会議を設定しており，その際には監査役と監査部長が会計監査の状況，結果の報告を受けるとともに意見交換を行い，相互の連携を図っております。
>
> また，内部監査部門では，内部統制部門に対して定期的に監査結果の検討会議を開催し，監査結果についての情報共有化を推進しており，監査役監査については，内部統制部門に対して進捗状況を月次で報告するとともに，経営会議にて年度末における監査役監査の結果を説明しております。社内のコンプライアンス委員会については，常勤監査役１名および監査部長もメンバーであります。

会計監査人は内部統制部門とは「経営者ディスカッション」等の機会を通じて，経営課題に対する対応状況のヒアリングを行っております。

今後においても，三様監査（監査役監査，会計監査人監査，内部監査）の連携強化を推進するとともに監査の有効性を向上させ，当社グループのガバナンスの維持・発展を図ってまいります。

（出所） 日本通運㈱2021年３月期有価証券報告書より一部抜粋・加工

監査役監査の状況の「具体的な検討内容」については，金融庁の考え方において，2021年12月１日開催の「第４回金融審議会ディスクロージャーワーキング・グループ（令和３年度）」の事務局資料の開示例や記述情報の開示の好事例集も参考に，企業において，投資家の投資判断や投資家との建設的な対話の観点から，その記載内容の検討が考えられることが示されている。

監査役監査の状況および内部監査の実効性を確保するための取組み（デュアルレポーティングラインの有無を含む）について，具体的，かつ，わかりやすく記載することで，有価証券報告書の利用者は，監査役等との対話を促進することが可能となる。

Ⅳ 「株式の保有状況」

1 改正内容

「株式の保有状況」に関する，改正後の開示府令第二号様式の記載上の注意(58)の内容は以下のとおりである。本改正では，(58) d (e)を新規に設け，政策保有株式の発行会社との間の営業上の取引，業務上の提携等の概要の記載を新たに求めている。

> 第二号様式
> （記載上の注意）
> (58) 株式の保有状況
> 　提出会社が上場会社等である場合には，提出会社の株式の保有状況について，次のとおり記載すること。
> ［a～c略］
> d 保有目的が純投資目的以外の目的である投資株式（非上場株式を除く。以下dにおいて「特定投資株式」という。）及び純投資目的以外の目的で提出会社が信託契約その他の契約又は法律上の規定に基づき株主として議決権を行使する権限又は議決権の行使を指図する権限（以下dにおいて「議決権行使権限」という。）を有する株式（提出会社が信託財産として保有する株式及び非上場株式を除く。以下dにおいて「みなし保有株式」という。）のうち，最近事業年度及びその前事業年度のそれぞれについて，銘柄別による貸借対照表計上額（みなし保有株式にあっては，当該株式の事業年度末日における時価に議決権行使権限の対象となる株式数を乗じて得た額。以下dにおいて同じ。）が提出会社の資本金額（財務諸表等規則第60条に規定する株主資本の合計額が資本金額に満たない場合には，当該合計額）の100分の１を超えるもの（当該株式の銘柄数の合計が60に満たない場合には，当該貸借対照表計上額の大きい順の60銘柄（みなし保有株式が11銘柄以上含まれる場合には，みなし保有株式にあっては貸借対照表計上額の大きい順の10銘柄，特定投資株式にあっては貸借対照表計上額の大きい順の50銘柄。ただし，特定投資株式が50銘柄に満たない場合には，開示すべきみなし保有株式の銘柄数は，60から当該特定投資株式の銘柄数を減じて得た数）に該当するもの）について，特定投資株式及びみなし保有株式に区分して，銘柄ごとに次に掲げる事項を具体的に記載すること。この場合において，特定投資株式及びみなし保有株式に同一銘柄の株式が含まれる場合にそれぞれの株式数（みなし保有株式にあっては，議決権行使権限の対象となる株式数をいう。以下dにおいて同じ。）

及び貸借対照表計上額を合算していない場合には，その旨を記載すること。 [(a)〜(d)略] (e)　保有目的が提出会社と当該株式の発行者との間の営業上の取引，業務上の提携その他これらに類する事項を目的とするものである場合には，当該事項の概要 (f)〜(h)［略］ ［e・f略］

（※）　新設された規定に二重下線を付し，変更された箇所に下線を付している

図表6では，本改正の「第二号様式　記載上の注意(58)　株式の保有状況」をもとに，本改正内容を図で示している。

図表6　改正後の株式の保有状況における記載事項

有価証券報告書

第4　提出会社の状況

コーポレート・ガバナンスの状況等

株式の保有状況(※1)

- 提出会社の貸借対照表計上投資有価証券に該当する株式（「投資株式」）の区分の基準や考え方
- 純投資目的以外の目的の投資株式について，以下を記載
  - 保有方針，保有の合理性の検証方法
  - 個別銘柄の保有適否に関する取締役会等における検証内容
  - 非上場株式とそれ以外の株式の区分ごとの銘柄数，貸借対照表計上額の合計額，株式数が前期から変動した銘柄の増減銘柄数，増減に係る取得価額・売却価額の合計額，増加の理由
- 特定投資株式(※2)とみなし保有株式(※3)について，銘柄ごとの次の事項（当期と前期で，銘柄別の貸借対照表計上額が提出会社の資本金額の100分の1を超えるもの(※4)）

①銘柄，②株式数，③貸借対照表計上額，④保有目的

【新規】

⑤保有目的が提出会社と当該株式の発行者との間の営業上の取引，業務上の提携その他これらに類する事項を目的とするものである場合，当該事項の概要

⑥経営方針・経営戦略等，事業の内容，セグメント情報と関連づけた定量的な保有効果（記載が困難な場合は，その旨，保有の合理性の検証方法）

⑦株式数の増加理由（前期より増加した銘柄に限る）（以下略）

（※1）　上記は，提出会社が上場会社等である場合に求められる開示を抜粋している
（※2）　特定投資株式とは，保有目的が純投資目的以外の目的である投資株式で非上場株式でないものをいう
（※3）　みなし保有株式とは，純投資目的以外の目的で提出会社が信託契約その他の契約または法律上の規定に基づき議決権行使権限を有する株式のうち，信託財産として保有する株式や非上場株式でないものをいう
（※4）　当該株式の銘柄数の合計が60に満たない場合は，貸借対照表計上額の大きい順の60銘柄を記載する
（出所）　改正後の開示府令をもとに筆者作成

2 本改正に至った背景

(1) スタディグループ報告書

開示府令において「株式の保有状況」の開示が求められるようになったのは，2010年3月の改正からである。これは，2009年6月に金融審議会金融分科会の「我が国金融・資本市場の国際化に関するスタディグループ」が報告した「上場会社等のコーポレート・ガバナンスの強化に向けて」（以下「スタディグループ報告書」という）の提言を受けたものである。

政策保有株式には，相互に株式を持ち合うもの（いわゆる持合株）と，それ以外のものがあり，主に保有が問題視されているのは前者である。スタディグループ報告書では，株式の持合いにつき，資本や議決権の空洞化を招き，株主によるガバナンス機能を形骸化させる等の問題点が指摘されていることが示されていた。そのため，持合いの解消も含めた，株主によるガバナンス機能強化の必要性を強調するとともに，一定の持合い状況の開示について，制度化に向けて検討されるべきである旨が提言されていた。

(2) コーポレートガバナンス・コード

2015年5月に東京証券取引所からコーポレートガバナンス・コードが公表され，政策保有株式につき保有の方針を開示し，毎年，主要なものにつき中長期的な経済合理性や将来の見通しを検証するとともに，保有目的の合理性について具体的な説明を行うべきであるとされた（原則1－4）。その後，2018年6月にコーポレートガバナンス・コードが改訂され，上場会社が政策保有株式として上場株式を保有する場合には，政策保有株式の縮減に関する方針・考え方など，政策保有に関する方針を開示すべきであるとされた。また，毎年，取締役会で，個別の政策保有株式について，保有目的が適切か，保有に伴う便益やリスクが資本コストに見合っているか等を具体的に精査し，保有の適否を検証するとともに，そうした検証の内容について開示すべきであることが定められた。

コーポレートガバナンス・コードの改訂などの取組みを受け，投資家と企業との対話をより建設的で実効的なものとしていくため，より充実したガバナンス情報が提供されるとともに，提供方法の改善が求められてきた。

(3) 2018年6月DWG報告

コーポレートガバナンス・コードの改訂と平仄を合わせて，2018年6月DWG報告では，保有目的の説明が定型的かつ抽象的な記載にとどまり，保有の合理性や効果が検証できないとの指摘が示され，政策保有に関する方針，目的や効果について具体的かつ十分に説明されるべきであることが提言された。

特に投資家からは，政策保有株式の保有が少数株主軽視や資本コストに対する意識の低さにつながるリスクが高いとして，保有の目的，効果，合理性等について戦略，事業内容等と関連づけた具体的な記載を求める意見や，開示対象となる銘柄数を増やすべきであるという意見が報告された。

2018年6月DWG報告の指摘を踏まえて，2019年3月期以降の有価証券報告書等において，開示対象となる銘柄数の増加に加えて，政策保有株式の保有方針，個別銘柄ごとの保有目的・効果等の開示が求められている。有価証券報告書等における記載箇所については，従来，「株式の保有状況」は「コーポレート・ガバナンスの状況」の中で記載が求められていたが，独立項目として記載されることになった。これにより，政策保有株式に関する開示が拡充された。

(4) 2022年6月DWG報告

金融庁は，投資家が好事例と考える開示と実際の開示の乖離が大きいとの投資家からの意見を受け，好事例集の公表に代えて，2019年11月に「政策保有株式：投資家が期待する好開示のポイント（例）」（以下「好開示のポイント」という）を公表した。しかしながら，DWGの議論の中では，依然として政策保有株式についての情報が不足しており，株式資本コストの観点から，政策保有株式の保有の是非を投資家が判断できない状況があるとの意見があった。このような状況を踏まえ，2022年6月DWG報告において以下の点が提言された。

- 政策保有株式の発行会社と業務提携等がある場合の説明を開示項目とすべき
- 政策保有株式の議決権行使の基準も，たとえば，「記述情報の開示の好事例集」等を通し，積極的な開示を促すべき

なお，2022年6月DWG報告では，有価証券報告書等における開示の提言ではないものの，今後期待される取組みとして，以下の点についても付言している。

- 「純投資目的」の保有株式について，純投資と政策保有の区分の考え方や両者の間の区分変更の動向，両区分における銘柄別の保有期間などの実態を調べ，適切な開示に向けた取組みを進めることが期待される

政策保有株式について，さらなる開示の充実の観点から，業務提携等を行っている場合の説明を開示すべきとする投資家からの意見を踏まえ，本改正では，銘柄ごとに保有目的が提出会社と当該株式の発行者との間の営業上の取引，業務上の提携その他これらに類する事項を目的とするものである場合には，当該事項の概要の記載を求めている。

3　開示上のポイント

(1)　好開示のポイント

「株式の保有状況」における政策保有株式の開示について，金融庁は，前述のとおり好事例集の公表に代えて，好開示のポイントを公表した。その後，好開示のポイントに沿った事例もいくつかみられる状況を踏まえ，2021年3月に好開示のポイントに沿った事例を更新している。また，金融庁は，好開示のポイントと合わせて改善の余地があると考えられるポイントについても説明している。好開示のポイントでは，投資家が期待する好開示のポイントの例として，保有先企業のノウハウ・ライセンスの利用等，経営戦略上，どのように活用するかについて具体的に記載することなどが示されていた。

このようななか，保有目的を事業や取引と関連づけて具体的に記載するなど，一部の企業では改善がみられるものの，保有方針について，「経営戦略を勘案し保有効果を検討している」という記載では不十分であることや，保有の合理性の検証方法について，「合理性がある」とした具体的な理由等が不明瞭なものが見受けられることが示されていた。また，個別銘柄ごとに定量的な保有効果を記載している開示はあまりみられないことが，好開示のポイントにおいて報告されている。

(2)　保有目的を業務提携等とした場合の留意点

2022年6月DWG報告では，政策保有株式の発行会社と業務提携等がある場合の説明は，有価証券報告書等における重要な契約や関連当事者情報等とも関

連づけて記載すべきであると考えられることが報告されている。

また，2022年６月DWG報告では，「政策保有株式については，その存在自体が，我が国の企業統治上の問題であるとの指摘もあるところ，投資家と投資先企業との対話において，政策保有株式の保有の正当性について建設的に議論するための情報が提供されることが望ましい」と提言された。この提言を踏まえ，政策保有株式の保有目的を業務提携等とした場合には，その背景，提携内容等について，投資者と企業の対話に資する具体的な開示を求めるものであることが金融庁の考え方において示されている。このような趣旨を踏まえ，保有目的に関して，「営業上の取引」または「業務上の提携」といった定型的な記載にとどまるのではなく，今般の改正による記載事項も活用して，投資者と企業の対話に資する具体的な開示内容となるよう各企業において適切に検討することが期待されている。そのため，保有目的が複数ある場合には，それぞれについて，具体的に説明する必要があることも金融庁の考え方では示されている。

政策保有株式の開示においては，個別銘柄ごとに定量的な保有効果を記載し，保有目的が業務提携等である場合は，その背景や提携内容等について記載していくことが考えられる。

(３)　記載例

記載例８および**記載例９**は，従前，政策保有株式の銘柄別の保有目的について，企業のビジネスに照らし，企業価値向上等の観点も踏まえて，業務・資本提携している旨や，保有目的，定量的な保有効果など各銘柄の状況を踏まえて任意に開示しており，本改正の開示要求事項を満たしている開示例である。これらの記載例は，2021年３月に公表された好開示のポイントの更新版に掲載されていた企業の有価証券報告書から一部抜粋し加工作成したものである。

また，金融庁が2021年４月16日に公表した説明資料「『コーポレート・ガバナンスの状況等』の開示」[4]において記載されていた改善の余地があると考えられるポイントでは，政策保有株式の開示においては，保有目的および効果について，戦略・事業内容およびセグメントと関連づけ，さらに抽象的な表現で

(4)　https://www.fsa.go.jp/news/r2/singi/20210416/06.pdf

はなく，経営戦略上，どのように活用するかを関連する事業や取引と関連づけて記載することが考えられる点が挙げられている。

記載例８ ㈱ディー・エヌ・エー

【政策保有株式の銘柄別の保有目的について，自社のビジネスに照らし，企業価値の向上等の観点も踏まえて記載】

（５）【株式の保有状況】

② 保有目的が純投資目的以外の目的である投資株式

ｃ．特定投資株式及びみなし保有株式の銘柄ごとの株式数，貸借対照表計上額等に関する情報

特定投資株式

銘柄	当事業年度 株式数（株） 貸借対照表計上額（百万円）	前事業年度 株式数（株） 貸借対照表計上額（百万円）	保有目的，定量的な保有効果及び株式数が増加した理由	当社の株式の保有の有無
任天堂株式会社	1,759,400 73,209	1,759,400 55,527	当社と任天堂株式会社は，2015年３月17日に，グローバル市場を対象にしたスマートデバイス向けゲームアプリの共同開発・運営及び多様なデバイスに対応した会員制サービスの共同開発に関する業務・資本提携を締結しています。こうした業務提携を行うにあたり，各々の事業に対する相乗効果と中長期に渡る関係強化を図るうえで，両社は資本提携を行っております。また，当社は，「第２　事業の状況　１　経営方針，経営環境及び対処すべき課題等（４）　会社の対処すべき課題」等にも記載のとおり，ゲーム事業では，外部有力パートナーとの提携関係に基づくタイトルの開発・運営や，グローバル市場も視野に入れたタイトル展開を通じ，既存の有力タイトルを強化するとともに，優良コンテンツのラインナップを充実させ，既存の有力タイトルのさらなる成長と継続的なヒットタイトルの創出のための取り組みを強化することとしております。	有
株式会社ギフティ	500,000 643	－ －	日本市場におけるｅギフトサービスの展開のリサーチ等を目的に，2019年９月の当該銘柄の上場以前より株式を保有しております。	無

（注）定量的な保有効果については記載が困難であります。保有の合理性は取締役会で検証しております。

（出所）㈱ディー・エヌ・エー2020年３月期有価証券報告書より一部抜粋・加工

記載例9　㈱丸井グループ

【政策保有株式の銘柄別の保有目的について，各銘柄の状況を踏まえて記載】

（5）【株式の保有状況】

② 保有目的が純投資目的以外の目的である投資株式

c．特定投資株式及びみなし保有株式の銘柄ごとの株式数，貸借対照表計上額等に関する情報

特定投資株式

銘柄	当事業年度	前事業年度	保有目的，定量的な保有効果(注1)及び株式数が増加した理由	当社の株式の保有の有無(注2)
	株式数(株)	株式数(株)		
	貸借対照表計上額(百万円)	貸借対照表計上額(百万円)		
東宝㈱	2,578,800	2,578,800	店舗建物の賃借の他，「ゴジラ・ストアTokyo」のマルイへの出店や提携カード「ゴジラエポスカード」の発行などの取引を行っており，協業を円滑に進めるために保有しています。	有
	8,510	11,462		
BASE㈱(注4)	1,261,200	－	BASEでネットショップを開設したオーナーの常設リアルショップ「SHIBUYA BASE」をマルイに出店するなどの取引を行っており，協業を円滑に進めるために保有しています。	無
	1,373	－		
㈱三菱UFJフィナンシャル・グループ	2,440,000	2,440,000	主要金融機関として，取引の円滑化を図るために保有しています。	無(注3)
	983	1,342		
㈱ノジマ	460,000	460,000	「nojima」店舗のマルイ・モディへの出店のほか，提携カード「ノジマエポスカード」の発行などの取引を行っており，協業を円滑に進めるために保有しています。	有
	820	924		
㈱ギフティ(注5)	500,000	－	エポスカード公式アプリ内のギフトサービスに関する取引を行っており，協業を円滑に進めるために保有しています。	無
	643	－		
㈱千葉銀行	127,338	127,338	金融機関として，取引の円滑化を図るために保有しています。	有
	60	76		
㈱ワコールホールディングス	25,000	25,000	マルイへのテナント出店や仕入取引などの営業取引の円滑化を図るために保有しています。	無(注3)
	58	68		
㈱三井住友フィナンシャルグループ	15,025	15,025	金融機関として，取引の円滑化を図るために保有しています。	無(注3)
	39	58		
イオン㈱	2,000	2,000	業界動向等の情報収集のために保有しています。	無
	4	4		
㈱三越伊勢丹ホールディングス	340	340	業界動向等の情報収集のために保有しています。	無
	0	0		

（注）［略］

（出所）㈱丸井グループ2020年3月期有価証券報告書より一部抜粋・加工

政策保有株式については，投資家と企業との対話において，政策保有株式の保有の正当性を建設的に議論するための情報が提供されることが望ましい。また，銘柄ごとの保有目的について事業や取引と関連づけて具体的な内容が開示されることで，有価証券報告書等の利用者は，政策保有株式の保有の正当性について，一定程度，理解を深めることができる。

おわりに

企業のコーポレートガバナンス改革への取組みは，スチュワードシップ・コードの再改訂，コーポレートガバナンス・コードの再改訂，さらに市場区分に応じたコーポレートガバナンス・コードの適用が行われるなど，ガバナンス向上に向けた枠組みの整備が進められていることで，着実な進展がみられる。適切なガバナンス機能を有する一方で，有価証券報告書等におけるコーポレートガバナンスに関する開示については，依然としてさらなる充実を求める声があるのが現状であろう。

本改正により，コーポレートガバナンスに関する開示のさらなる拡充が求められる。企業は，情報開示の透明性や財務報告の信頼性を担保しつつ，有用性の高い情報を提供することが期待されているのはもちろんのこと，自社のガバナンスに係る情報について，有価証券報告書の利用者との間で建設的な対話を行ううえでの基盤となることも踏まえ，具体的かつわかりやすい開示を提供することが期待される。

■著者紹介

古河友紀（ふるかわ・ゆき）

PwCあらた有限責任監査法人　品質管理本部　アカウンティング・サポート部所属。米国公認会計士。2011年９月より2013年９月までPwC米国法人ロサンゼルス事務所に出向し，米国企業の監査業務に携わる。帰国後は，アシュアランス業務部門において，主にSEC登録の日本企業のPCAOB監査に従事し，現在は，アカウンティング・サポート部で，主に法人内での日本基準およびIFRS適用に関する相談業務に従事している。

サステナビリティ情報等の有報開示に対応
2023年改正開示府令の実務ガイド

2023年4月30日　第1版第1刷発行

編　者　中　央　経　済　社
発行者　山　本　　　継
発行所　㈱　中　央　経　済　社
発売元　㈱中央経済グループ パブリッシング

〒101-0051　東京都千代田区神田神保町1-31-2
電話　03（3293）3371（編集代表）
03（3293）3381（営業代表）
https://www.chuokeizai.co.jp

印刷／昭和情報プロセス㈱
製本／㈲ 井 上 製 本 所

ISBN978-4-502-46311-2　C3034